JN061314

①

③

②

診察無料　薬價治療費低減　年中無休

社團法人實費診療所大阪支部開設

大阪市民諸君に告ぐ

日本唯一の中等階級救濟機關

④

写真

①―五六、七歳頃の加藤時次郎

②―実費診療所の支部を紹介した絵ハガキ　一九一四（大正三）年頃

③―実費診療所本部における診察のようす。『生活の力』より

④―大阪実費診療所開設に際して撒かれたビラ　一九一四（大正三）年一一月

⑤―平民病院の全景　一九一七（大正六）年頃

⑥―平民食堂兼平民クラブの建物

⑦―平民演芸みのる会の舞台

⑧―加藤夫妻の二回目の渡欧見送り記念写真　前列右から四人目内田愚童、七人目堺利彦、九人目西川光二郎、その後ろ斎藤兼次郎、階段左端森近運平、上段右から九人目時次郎、一六人目さき　一九〇六（明治三九）年一二月一二日薩摩丸船上

⑨―『結婚の革命』一九二一（大正一〇）年一月　生活社発行

⑤

⑥

⑦

⑧

⑨

新版　加藤時次郎

成田龍一　著

不二出版

本書は、成田龍一『加藤時次郎』（小社刊、一九八三年九月第一刷発行）に、新稿を追加収録した新版である。なお、旧版部分も、適宜、句読点を補ったほか、文脈上ごくわずか加筆した箇所がある。ただ、文意は一切変えていない。

目次

新版　加藤時次郎

加藤時次郎は、はじめ吉松姓、ただちに加治姓となり、一八八三年（明治一六）二月から一九二〇年（大正九）七月まで加藤姓を名のり、そののち、再び加治姓に復す。しかし、本文中ではすべて加藤姓で統一した（ただし、引用文中はこの限りではない）。時次郎は元来は加治姓で、加藤姓は一時期であるとして加治時次郎で統一する瓜生敏一氏の見解もあるが、私は、彼の活動は加藤姓の時期に形成展開されたと考え、このようにした。

また、引用文献中、加藤時次郎が執筆したものは、原則として署名を省いた。引用文中の傍点は、すべて原文のものである。

医師としての出発

生いたち
東京での苦学
社会と医療
加藤病院の設立

生いたち

父と母

加藤時次郎は、一八五八年（安政五）一月一日、豊前国田川郡香春村（現在の福岡県香春町）に、父元簡（一八二七年〈文政一〇〉―一八九九年〈明治三二〉九月二七日）、母きく（?―一八六三年〈文久三〉一〇月二五日）の次男として生まれた。父の元簡は、加治家の出身、彦山座主の侍医をつとめていた加治了益の次弟利八の子で、同じく代々医を業とする吉松家に養子に入っていたとき、時次郎をもうけたのである。*

＊ 兄の誉之助は、一八四九年（嘉永二）に生まれ宮田家に養われ宮田菊次郎と称したが、一八八二年（明治一五）一一月一〇日に没している。

吉松家は郷士分として周囲の尊敬をあつめる旧家で、当主は代々文庵を名乗ったが、元簡の養父文庵は「深く仏教に帰依し、布施喜捨を専らとし」（「おもひで草」加治さき編『ありし面影』〈一九三〇年〉所収）、毎朝四、五時に起きて物乞いに与える握り飯をつくるなどし、医業ははやっていたものの、生活は楽ではなかったという。その吉松家は、香春一の岳のふもとに、居を構えていた。時次郎は、生家は「山間僻地……お城下まで出るにも容易ではなかつた」（同右）と記すが、香春岳と川とにはさまれ、現在は山下町となっている地である。

瓜生敏一氏の御教示によると、その地はかつての福岡法務局香春出張所の隣にあたるらしい。一九八〇年（昭和五五）夏に私が当地を訪れたとき、出張所跡を示す石碑附近は、民家が建ちカー・ポートも建っていたが、山が間際まで迫っているのに驚かされた。近年でこそ、炭坑やセメント業により道路・鉄道が敷かれひらけているが、山に囲まれている地であり、小倉や豊津に出るにも容易でなかったことはうかがえる。なお、そこから五分ほど歩いた光願寺が、吉松家の菩提寺である。

この香春岳をあおぎみる地で、時次郎は、どのような幼年時代をすごしたのであろうか。時次郎が残した二篇の自伝*と、この時期の様子を伝えているいくつかの資料**により、探ってみよう***。

＊　「おもひで草」と「思想の変化」。前者は時次郎が死去する直前に、所金蔵に口述筆記をさせたもので、年代の誤りが多いのはいなめないが、彼の幼少期を知るこの上ない素材である。二〇歳頃までが対象となっており、追悼集『ありし面影』に収められた。後者は『自由評論』第八巻第八号、第一〇号（一九二〇年八月、一〇月。なお第九号は未見）に一部が発表されたのち、『第二維新』（一九二一年）に収録された。五五歳頃までが対象となっているが、詳しいものではない。

＊＊　「大正五年十一月二十九日」に、罫紙三枚に毛筆で書かれた、自筆の履歴書（以下『履歴書』と記す）、「欧米渡航送別会席上」での「談話」（無署名「加藤氏送別会」『光』第一巻第二八号〈一九〇六年一一月二五日〉）、および、方舟（山根吾一）による小伝「加藤時次郎氏」（『社会主義』第八年第一号〈一九〇四年一月三日〉）。

＊＊＊　時次郎の幼年時代については、瓜生敏一「加治時次郎伝」（『郷土田川』第一〇号、第一二号、第一三号〈一九五七―五八年〉。のち、『田川の文学とその人びと』〈一九八二年〉に収録）に多くを拠っている。瓜生氏は、福岡県田川郡の同郷人として、多数の資料にあたりつつ、加藤を紹介した。加藤の発掘ともいえる先駆的な仕事であり、私も瓜生氏の評伝に導かれて、加藤を調べるにいたった。特記しておきたい。ただ残念なことに、幼年時代が綿密に調査されているのに比し、加藤が様々な事業を開始し展開する時期は、紹介程度におわっている。

時次郎の幼少期の最初の大事件は、父母の離婚であった。文庵の喜捨好きとおりあわず、元簡は止める袖を振り払って養家を去り、豊前国京都郡崎山村で、医師を開業したのである。時次郎はこのとき五歳、当時の慣習で元簡に引き取られたものの、元簡は面倒をみることができなかったため、猪膝村古園で農業をいとなむ祖父の利八に育てられた。それからほぼ一年後の一八六三年（文久三）一〇月二五日、実母きくが死亡した。一説に自殺といわれるが、きくは最初の養子と離別、二人の子も夭折、そして第二の養子元簡にも去られるという幸薄い女性であった。時次郎はこの後二年ほど吉松家の祖母と暮らし、七歳の頃から、ようやく元簡とともに暮らすことになる。

崎山村での元簡との生活は楽ではなく、「家は玄関と座敷とだけ満足に畳が敷いてあるが、其の他は根太が丸出しといふ態たらく、納戸などには草が生えて居」（「おもひで草」）り、あるときなど、破れ畳を突き破って家の中に筍がはえてきたという。時次郎はこの貧生活で「水を汲み薪を伐り走り使や飯炊まで皆んな」行い、「木刀を持つて二里も三里もある山道を越え」る使いにも出かけている（無署名「加藤氏送別会」）。貧窮者への共感と頑強な体は、この生活でつちかわれたのであろう。

さて、時次郎が大きな感化をうけた最初の人物は、元簡と思われるが、元簡は吉松家にいた時分「足掛け三年」長崎で苦学をし、蘭学を学んでいた。そして当地で、元簡は、日本近代医学の発展につくした松本順の知遇をえている。彼は蘭方医として活躍し、時次郎に「和蘭のエ、ビー、シー位」を手ほどきしている（「思想の変化」）。だが、元簡は幕末期の地方知識人にふさわしく、勤王の志が篤く、漢学、国学の素養をもち、孫の加藤時也（時次郎の長男、後述）によれば、「晩年は有恒と号して万葉研究に没頭してゐた」（加藤時也『猪名野』一九三四年）という。瓜生敏一氏が発掘された、元簡の漢詩を、掲げておこう（初出は『硯海新詩』一八八一年）。

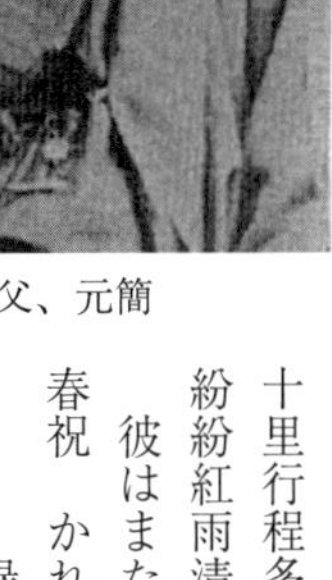

父、元簡

福岡途中赤間作

十里行程多是山　春暄恰好向花攀
紛紛紅雨清明後　満袖香風入赤間

彼はまた、和歌もよんでいる。

春祝　かれぬべく見えにし去冬の柳をも
　　　緑にかへす春の楽しさ
菫　紫にさける菫の花むしろ
　　しくものもなき野辺の色かな

（加藤時也『猪名野』所収）

こうした元簡のもとで、時次郎は向学心にもえた。おりしも、元簡は、田川郡夏吉村若八幡神社の神官原田重枝の娘とも*（一八四三年〈天保一四〉—一八七六年〈明治九〉六月一三日）と再婚し、彼女の親戚のいる田川郡位登村に居を移す。現在、猪位金小学校の運動場となっているあたりというが、時次郎が九歳頃のことであった。元簡・ともの間には、一女つね（一八六九年〈明治二〉—一八八九年〈明治二二〉一二月七日）が生まれるが、**一家は位登村で大いに歓迎され、「村民に屋敷まで造つて貰つ」（「おもひで草」）ている。

* 瓜生敏一氏の考証による。加治家所蔵の『系図』では、「夏吉村原田備中守妹」となっている。

** 元簡はこののち、小倉藩士内藤伝兵衛の長女あやめ（一八四二年〈天保一三〉—一九三〇年〈昭和五〉三月二五日）と再々婚し、二人の間にしづ（一八七八年〈明治一一〉一〇月一六日—一九三四年〈昭和九〉七月二七日）、てい（一八八〇年〈明治一三〉一〇月二五日—一九六〇年〈昭和三五〉一一月四日）、季男（一八八四年〈明治一七〉五月一三日に生後七日で死亡）、覚（一八八六年〈明治一九〉八月一〇日—一九四九年〈昭和二四〉八月九日。東京の石井家に養われる）をもうけた。ていと覚は後年、平民病院大阪分院につとめている（『平民』第九九号〈一九一八年一月一五日〉）。元簡はこののち、一八九九年〈明治三二〉九月二七日に加藤病院で死亡、墓は位登村の小高い丘に建立された。墓には「加治元簡源有恒　同妻菖蒲刀自霊碑」と刻まれている。

向学心にもえて

時次郎は一〇歳のとき、田川郡猪膝村の伊藤浚明の私塾に通い、勉強をはじめた。伊藤は豊前きっての本草学の大家で、漢学の造詣も深い人物であるが、時次郎は父親のあとをつぎ、医師たらんとしたのであろう。時次郎の意志をさらに強固にする事件も、この時おこった。彼は喧嘩をして相手に足をかまれ、それが原因で骨髄炎となったのである。外科医術の発達しない時分で、「脚が立たず。脛骨の一部は表面に露出し、その骨の腐敗するにつれて臭気堪へ難く、躄の如き生活を続くること二年」（「おもひで草」）、時次郎はとうとう思いきって、釘抜きで腐骨を抜きとる。「医とならば外科医たらんと決心したのは此の時であつた」（同右）と記している。

もっとも、このことは、時次郎がただちに医学に専念したことを意味しない。傷が癒えた時次郎は、京都郡稗田村の村上仏山の私塾水哉園に学ぶ。村上仏山は、『仏山詩抄』で著名な漢詩人だが、人間形成を目的とした教育をおこない、幾多の門人を出していた（友石孝之『村上仏山』一九五五年）。水哉園の入門帳には「明治五壬申年五月九日　田川郡上糸村　入門　加治時二郎（ママ）　紹介　毛利貢」と記されている。なお兄の誉之助も、「慶応二丙寅二月廿日」に、星野微也の紹介で水哉園に入門しており、*貧窮のなかで息子二人を私塾に学ばせた元簡の教育への熱意をうかがうことができよう。いまだ医学教育体系は確立されておらず、時次郎は、地方の一少年がおこなう伝統的な学問習得の方法をとったのである。

＊　このとき居住地は、「仲津郡崎山村」を記されている。

こうした時次郎が、藩校ができるとすぐに入学を希望するのは自然であろう。一八七〇年（明治三）に、豊津に洋学教育を目的として育徳館が創設された。翌年には育徳校と改称されたが、藩学思永館のあとをつぐものである。だが、育徳館入学を希望した時次郎の願書は、却下された。入学生は、士族以外には大庄屋か帯刀御免の家柄の子弟に限り、平民の子弟は罷りならぬという理由であった。この体験は時次郎にとり、士族、そして身分秩序との最初の対決であり、元簡ともども、大いに憤慨した。いや、後々まで藩の仕打ちが忘れられず、時次郎は、このとき以来「どういふ機会があつても、推撰があつても、決して官吏には成るまいと思定めた」（「思想の変化」）と、憤懣を書きつけている。時次郎が生涯官僚とならず、在野で活動し、権威をふりかざすものに絶対に協調しない遠因をこの体験にみても、あながち邪推とばかりいえないであろう。

だが、この事件により、時次郎は「モウ此れからの世の中は洋学で無ければ駄目である。だから貴様は長崎へ行つて独逸学を研究せよ」（同右）という元簡の助言を受けいれ、崎陽医学校で「正則独逸学」を学ぶ。『履歴書』によれば、一八七三年（明治六）一月から翌年二月までの一年間である。時次郎が長崎という西洋医学のメッカで、近代医学教育の原型ともいうべきポンペの医学伝習所・養生所（のち精得館と改称）の後身である崎陽医学校（長崎医学校）で学び、本格的に医学の道に出発したこと、しかもドイツ学を選択した点で、一つの画期となろう。これに先立つ一八六九年（明治二）前後に、政府は岩佐純、相良知安の提言により、ドイツ医学を採用したが、そのような風潮のもとで、日本医学の正系であるドイツ医学を彼は学びはじめる。

時次郎は、かつて父も学んだ長崎へ「将来の成功を脳裡に描き、血潮の高鳴を感じつゝ」（「おもひで草」）むかう。長崎遊学も貧困との闘いで、「家から送つてくれる金額は二円位で、やつと月謝と食費とを支弁し得るに過ぎ」ず（同右）、脚気を病み苦しんだこともある。そうこうするうち崎陽医学校の組織制度があらたまり一旦廃校されることになったので、時次郎は当時元簡が居住した企救郡小倉へ帰った。時次郎の眼は、一八七四年（明治七）に東京医学校と改称されたばかりの大学東校――西洋医学教育の総本山で、廃校となった崎陽医学校の設備・備品も移譲されたという――へむいている、「青雲の志抑へ難く、どうしても上京して大学東校に入りたくて堪らない」（同右）。元簡は充分な学費は送れないといいつつ、月々二円五〇銭の送金を約束してくれ、叔父吉松文治*を頼って、時次郎は東京へ遊学することになった。吉松文治は、元簡の義理の弟で医師、後に東京日本橋浜町で吉松病院を経営する人物で、宮内省侍医吉松駒蔵の養父である（『人事興信録』）。時に一八七五年（明治八）春、時次郎は故郷を旅立った。

* 吉松文治は、一八八三年（明治一六）に日本橋区区医となり（『東京医事新誌』第二七一号〈一八八三年六月九日〉）、一八八七年（明治二〇）には「府下開業医の内弟子にして昼間通学するの時間なき者の為めに一の夜学校」である東京医生夜学講習所の開設を発起する（『中外医事新報』第一六五号〈一八八七年二月一〇日〉）。人望あり、後進の育成にも配慮をする人物であったという。

だが、時次郎の精神世界は、いまだ国学の世界である点には注意しよう。やや後になるが、一八八〇年（明治一三）「臘月」に時次郎と同郷の瓜生駒太郎が、「北豊ノ憂慨士」の名で草した「敬神ノ起意」なるものがある。毛筆で半紙六葉にしたためられ、「天照皇大神ヲ大陽(ママ)ト誤説スルハ恐ラクバ(ママ)非説ナラン」「愛国ノ基礎ハ祖神ヲ敬スルニ在リ」「方今ノ日本人ハ好ンテ他国人ト為ラント欲スル乎」の三題よりなる。荷田春満、本居宣長、平田篤胤の歌を表紙に掲げ、第一講では「天照皇大神」を太陽と謬説するため、「国ノ道（即チ神道）益々衰ヘ実ニ慨嘆ニ忍ビザルモノアリ」と説く。第二講では、国の基礎は「祖先即チ天津神ニシテ皇統連綿其志ヲ続クモノハ／皇帝」であり、皇帝に対しては臣の道を尽すようにいう。その道とは「大和魂」に他ならぬのだが、「今我邦人ノ況状ヲ視察スルニ或ハ仏ニ流レ或ハ洋／教ニ沈（ママ）ケリ甚シキニ至ツテハ我祖神ヲ嘲ルモノ少ナシトセズ」、「皇国ノ道衰ヘタルコト未ダ嘗テ此ノ如ク甚シキモノヲ／見ズ」と嘆くのである。そして第三講では、このように「衆人洋癖ニ陥リ其国ノ何ニモノタルヲ忘」れては「其身ハ皇国ニ在ルモ精神ハ他国ニ在ルト謂フヘシ」と述べ、繰り返し「神ヲ敬スル」ようにいう。元簡や村上仏山の影響、すなわち幕末の地方知識人のもつ国学的精神世界を時次郎は有し、近代的医学を学ぶ姿勢と同居させていた。医学それ自体はきわめて合理的精神に支えられているのだが、彼はその技術を学ぶだけではなく、「医道」へ通ずる回路をもっていたといえよう。また、後に述べる「中等貧民」救済や晩年の仏教帰依も、こうした教養体験と全く無縁ではなかろう。

なお、時次郎は明治維新については「維新の鴻業が成つたのは私が十歳許りの頃であつた」（「思想の変化」）と書きつけるのみで、さしたる行動をとった様子はない。幼少であり、医師の子であったためであろう。長州藩と争って敗れた「賊軍」小笠原藩についても、全く言及していない。

東京での苦学

壬申義塾・警視医学校・東京大学医学部

時次郎が医師を目ざして修行をつんだ時期は、おりしも、日本の近代医学教育、および医制の整備期で、彼は幾多の変遷を重ねている。時次郎は、まず東京本郷春木町の壬申義塾で、一八七五年（明治八）四月から九月まで*「独逸学正則」を学ぶ。

＊『履歴書』では翌年九月までと記されているが、一八七六年（明治九）九月には警視裁判医学校に入学しており、「おもひで草」にも「義塾に寄宿してゐた半年間」と記されているため、同年九月とした。

このときも苦学しており、壬申義塾へ寄宿料・月謝二円五〇銭を支払うと金がなくなり、湯にも入れぬため、吉松文治から小遣いとして月に「五〇銭補助して貰つて凌ぎをつけた」（「おもひで草」）という。さらに九月から翌一八七六年（明治九）五月まで、「大学医学部予備校」――東京医学校の予科であろう――で、「独逸学」を研究している。同校は、下谷和泉橋通の旧藤堂邸にあり、「飯盛氏、川上氏、飯塚氏等がそれぞれ物理学、独逸学、数学を教授」（同右）したが、移転にともなう再編のためか「廃止セラル丶ニ及」（『履歴書』）び、あらたに、一橋にあった外国語学校に編入して、九月までドイツ語にはげんだ。長屋の二階「二畳半の一室を借り受けて自炊生活」をおこない、副食物は一週間で沢庵一本にきりつめ、「稀に、肴といつても高価なものには手が出せないから、鰯を買ふ」（「おもひで草」）、という生活状態であった。

そうこうするうち、川路利良東京警視庁長官が、一八七五年（明治八）九月に、浅草猿屋町に警視医学校を設け、時次郎は入学試験をうけここに入学した。同校の目的は、法医学を教授し警察医を養成することにあったが、時次郎は「正則独乙（ママ）学を以て……理化学生理解剖動植物鉱物学等」（『履歴書』）を学ぶ。天谷千松、高木友枝、湯目補隆らが、同窓であった。

＊ 加藤は自伝、『履歴書』に警視裁判医学校と記しているが、正式には警視医学校という。

しかし西南戦争にともなう予算難のため、一八七八年（明治一一）四月に、警視医学校は廃止され、時次郎は警視庁の委託生となり、こんどは東京大学医学部予科第三級に編入する。同級生には、斉藤春香、柳琢蔵、小野寺秀太、上原直之助（のち青山潔）、堀内真志雄らがいた。東京大学医学部は医学科と製薬学科からなり、予科三年、本科五年、一八七七年（明治一〇）当時の学生総数一、〇四〇名、教員は内国人二四名、外国人一一名であった（厚生省医務局『医制百年史』一九七六年）。同校は、当時もっとも教育方法の完備していた医育機関で、一八七九年（明治一二）二月二四日の「医師試験規則」（内務省達甲第三号）第三条でも、「日本官立大学」の一つとして、医術開業試験免除の特権をもつ。時次郎は、一八八〇年（明治一三）八月、三級から二級に進級するとき、「事故アリテ退学」（『履歴書』）している。「おもひで草」「思想の変化」では、ドイツ人教師の横暴に対し排斥運動をおこない、その結果退学したというが、主因は、この年に警視庁が委託生制度を廃止したことにあろう。当時の仲間である天谷千松は、排斥運動には一切ふれず、時次郎は「速成的に医師たらん事を志し」（「追憶記」『ありし面影』所収）退学したと、語っている。あと六年以上も在学するだけの経済的余裕を、時次郎はもちえなかったのである。

東京大学医学部を二年に満たずして退いた時次郎は、再び叔父吉松文治の食客となり、薬局の手伝いをしながら、本郷湯島の済生学舎に通い「医学一般を学ぶ」（『履歴書』）。済生学舎は、一八七六年（明治九）、医術開業試験受験の医学生のために長谷川泰が創立した学校である。『中外医事新報』第八六号（一八八三年一〇月一〇日）には、済生学舎生徒で、医術開業試験に合格し開業免状を下附されるものは、東京で毎年平均八〇名、地方では二〇名におよび「全国の及第医師に比すれば其五分一を占る」と記されている。済生学舎自身も、在学の医術開業試験及第者を宣伝に利用するが、時次郎は、ここに通い、医術開業試験に合格して医師たらんとしたのである。済生学舎は、月謝一円、前後期にわかれ、一応三年で修了するが、時次郎は、一八八〇年（明治一三）九月から翌年一二月まで一年三月あまり在籍しただけで、退学している。薬局の仕事以外の雑用が多く、「自習の時間とては殆んど無」（「おもひで草」）く、叔父の家を出たためという。

このことによって、当面の目標を失った時次郎は、ふと「八犬伝類」に接し、「天地が変つて別世界へ来たやうに面白かつた」。そして「稗史小説のみを耽読し」、さらに芝居の世界に足をふみいれ、狂言作者になろうとする（「劇作家志望より一転医術修業奮闘径路」『成功』第二六巻第三号〈一九一四年一二月〉）。いかにも唐突であるが、当面医師への途がとざされたことは時次郎にとり、大きな失望であり、落胆であったことをうかがわせる。そして、彼は香取という人物の紹介で河竹黙阿弥の弟子竹柴金作（のちの三世河竹新七）の家へ寄寓し、作者部屋に出入りをしながら見習をするにいたった。だが、芝居の世界の内部がだんだんわかるにつれ、熱がさめ、「自分の長い間の目的であつた医学を捨てゝゐた事が急に反省された」（同右）。時次郎は、浅草の小林病院に「半分食客で、半分薬剤師」（方舟「加藤時次郎氏」）のかたちで勤め、再び医療の世界にもどる。一八八二年（明治一五）一月のことである。

小林病院は、院長小林玄海。一八七七年（明治一〇）ごろ開院したが、警視病院を継承したといわれ、その関係で時次郎は勤務したと思われる。なお、ここにいる間、一八八二年（明治一五）、時次郎は「限地医術開業免許状」により、代診資格をえたと「おもひで草」に述べている。これは「医師免許規則」（太政官布告第三五号）第五条「医師ニ乏キ地ニ於テハ府知事県令ノ具状ニヨリ内務卿ハ医術開業試験ヲ経サル者ト雖トモ其履歴ニヨリ仮開業免状ヲ授与スルコトアルヘシ」の条項を指していると思われるが、同規則の施行は一八八四年（明治一七）一月一日であり、以下に述べる医術開業試験の受験の時日と齟齬をきたす。そのため、加藤が代診の資格を得たのは、どの規則によるのか定かではない（もっとも、すぐふれるように、彼の医術開業試験の受験年月日も、不明な点が多いのだが）。

さて「手腕も従前よりは上達したつもり」（「おもひで草」）の時次郎は、院長によって抜擢される。資格をいかし、代診をつとめるようになったものの、「一日の患者数が四百人にも上」（同右）り、勉学の時間が思うようにとれず、月給もなかなかあがらないために、小林病院を去ることにした。『履歴書』に同年九月のこととある。時次郎はこの後、有賀玎一の斡旋により、本郷真砂町にある陽成堂医院の薬局に勤め、さらに、後述する警視庁梅毒病院副当直医を兼務しつつ、医術開業試験の合格を目ざして勉学に励んでいった。

医師加藤時次郎の誕生

医師の資格制度を定めるための医術開業試験は、一八七八年（明治一一）ごろから、ほぼ全国の府県で実施されるようになったのち、一八七九年（明治一二）二月二四日「医師試験規則」（内務省達甲第三号）で全国的統一がはかられ、年四回の試験と「合格ノ者ニハ免状ノ付与」（第一四条）がなされる。時次郎は、『履歴書』に「明治十六年九月成規（ママ）の試験を経て同十七年三月内務省医術開業免状を受く」と記した。方舟「加藤時次郎氏」も同様に「（明治——註）十六年の九月には独学を以て開業免状を得」というが、「おもひで草」では一八八四年（明治一七）「埼玉県浦和町に行つて試験を受け、首尾よく合格」と述べられ、これに呼応するように、真下喜久治は「浦和にて免許状の月桂冠を獲た」（「追憶」『ありし面影』所収）という。

若き時次郎（1886年）

一八八三年（明治一六）は、一〇月二三日に「医術開業試験規則」（太政官布達第三四号）が提出され、試験制度の変更があきらかにされた年である。翌年一月一日から施行されるこの規則では、毎年二回、前後期の試験となり、試験挙行の地方は、六ヶ月前に告示される――ちなみに一八八四年（明治一七）の第一回は、東京、名古屋、仙台、岡山、大阪、松山、弘前、金沢、長崎である――こととなった。

そのため、時次郎の受験は、制度変更前の一八八三年（明治一六）中の可能性が大きいが、私は、内務省衛生局報告「成規（ママ）ノ試験ヲ経及東京大学医学部ノ卒業証書ニ拠リ開業免状ヲ授与シタル医師并薬舗人名」に、その名前を見出しえなかった。この年九月には、どこでも試験がおこなわれず、[*]一番近い例で、一〇月三〇日から東京府第四期試験が開始され、受験者一三一名で合格者は五三名、翌年一月に、免状が下附されている（『医事新聞』第一〇九号〈一八八四年一月一五日〉）。また地方での実施状況をみれば、和歌山では、一一月に第三期試験が一八、九名の予想受験者で（『東京医事新誌』第二九二号〈一八八三年一一月三日〉）、京都でも、同じく第四期試験が一一月に五四名の受験者で（『東京医事新誌』第二九四号〈一八八三年一一月一七日〉）実施されているが、埼玉の記載はみあたらず、実施されたかどうかも判然としない。私は、一八八一年（明治一四）から一八八五年（明治一八）まで幅をひろげ、念のために『中外医事新報』『東京医事新誌』『医事新聞』の三誌にあたり、試験合格者名簿から時次郎の受験時日を確認しようとしたが、はたせなかった。

＊ 通例、二月、五月、八月、一一月となっている。

いくつか確認できない点もあるが、医療制度が変更をかさね確立されていくなか、苦労を重ね医師たることをえた時次郎に関して、二つのことがらをつけ加えておこう。ひとつは、岡千代彦の伝えるところによると、一八八一年（明治一四）に浅草須賀町井生村楼で開かれた商業演説会に、時次郎が立憲改進党員小川三千三、洋物商矢沢勘治郎、煙草製造岩谷松平、および若き日の伊藤痴遊*とともに出席していることである（岡老生「加藤八山と伊藤痴遊㈠」『凡人の力』第三八八号〈一九三九年二月一〇日〉）。商業演説会とは、演説愛好者に演説をさせ、それを商売とする催しだが、時次郎はすでに長崎にいた時分からルソーの『民約論』をさかんに読んだといい、おりからの自由民権運動の政治熱を彼なりにうけとめていた。そのゆえの参加であった。

＊ のちに政治談議で名をはせる伊藤痴遊に、演説の手ほどきをしたのが、加藤であったという（岡老生「加藤八山と伊藤痴遊㈡」『凡人の力』第三八九号〈一九三九年三月一〇日〉）。

いまひとつは、時次郎が一八八三年（明治一六）二月二五日に、加藤サダ（一八四六年〈弘化三〉―一八九八年〈明治三一〉二月一八日）と養子縁組をし、娘せん（一八六七年〈慶応三〉―一九四三年〈昭和一八〉七月二〇日）と結婚したことである。加藤家は「官許神油*」という切傷、火傷、しもやけなどにつける膏薬の製造・販売で著名な薬問屋であり、東京京橋区水谷町一一番地に居を構えていた。二代目当主の万兵衛は、一八八一年（明治一四）一月二五日に死亡しているが、一八七八年（明治一一）三月改選の「第一大区町代人氏名」に「八小区　町総代非改選人名　加藤万兵衛」として名をつらねる、地元の有力者であった（『中央区三十年史』上巻　一九八〇年）。

＊ 万兵衛膏と、一般によばれていたようである。なお、加藤家の墓は谷中墓地にある。

加藤家のあととりに時次郎がむかえられたのは、「伊藤、沢村両氏の斡旋」（「おもひで草」）というが、詳細はわからない。一説に、吉村文治と加藤万兵衛が懇意であり、万兵衛が死去したため時次郎を養子にしたともいう。時次郎はせんとの間に、時也（一八八四年〈明治一七〉九月九日―一九六九年〈昭和四四〉四月四日）、時矩（一八八六年〈明治一九〉六月―?）、時世（生没年不明）をもうけ、ここに活動の基盤をもった。医師加藤時次郎が、誕生したのである。

社会と医療

医師の倫理を求めて

加藤時次郎が医師となった頃、全国で医師は三万九、〇〇〇人余、ほぼ人口一、〇〇〇人に一人の割合で、上層の医師から下層の医師までいたとはいえ、免許制度、特殊技術の独占、高価な薬価とあいまち、特権的な階層となっていた。患者は大きな負担を強いられ、川上武『現代日本医療史』（一九六五年）によれば一八八七年（明治二〇）に、入院料は、特別一円、上等六〇銭、中等五〇銭、下等四五銭（順天堂）、往診料は、院長往診の場合、東京府下五円以下、府外は里程に従い三〇―二〇〇円（山龍堂）、薬は一日分五―六銭で、米一升の代金とほぼ同じという。

苦労して医師となった加藤は、特権をふりかざし民衆から収奪を行う医師ではなく、彼らの困窮に積極的に関与する医師として、活動を開始した。遺族のもとに遺された公式書類*をたどってみると、加藤はまず一八八三年（明治一六）三月七日に、警視庁梅毒病院副当直医となる。月給一二円、有賀玘一の紹介というが、梅毒は公衆衛生と密接な関連をもつ病気であり、加藤自身も「其処に於ける見学が私をして他日の要素を作らしめた」（「劇作家志望より一転医術修業奮闘径路」）と述べ、病気と社会との関係を強く意識させる病院であった。この病院を、翌年一月二二日に辞した加藤は、長谷川泰**を訪問し、京橋区医となることを願い出、一八八六年（明治一九）二月まで、区医と検疫医を兼務する。この間、一八八四年（明治一七）七月三日に、「区医慰労金七七円三三銭一厘」、一二月二二日に「区医慰労金二六円」、一八八五年（明治一八）一二月二六日には「嘱託医慰労金二八円」をうけとっている。区医は、当初の任命制から、一八八五年（明治一八）ごろには試験採用にかわるが、試験には裁判医学、衛生学のほか、種痘法、伝染病予防法など「医師の心得へき法律」（無署名「郡区医登用試験規則」『中外医事新報』第一三三号〈一八八五年一〇月一〇日〉）が含まれており、かなりの力量と公共的精神を必要とする職であったと思われる。

＊　一八八三年（明治一六）三月七日から一八八七年（明治二〇）一二月一九日までの日附をもつ、一〇葉の書類で、東京府庁、東京府知事、警視庁などが発行している。

＊＊　長谷川泰は、このとき内務省衛生局長。加藤は、済生学舎に通っていたときに長谷川と面識を得た、と思われる。

また、一八八六年（明治一九）は、コレラが一八七九年（明治一二）に次ぐ流行をみせ、患者一五万五、九二三名、そのうち死者一〇万八、四〇五名を数えた年であるが、加藤は、民衆の惨状を看過しえず、一一月二五日に京橋区嘱託医に応じる。* そして、「いろは歌」として「い　命をば大事に思ふ人なればまづこの歌をこゝろへておけ　ろ　論よりも証拠こそあれ清潔なる住居に流行やまひ少なし　は　はき溜めと下水井ば（ママ）た流がし元また雪隠は清らかにせよ……す　好きとても水菓子類は気をつけて熟せぬものは食ぬがよし」と、軽妙な言いまわしのコレラ予防歌をつくり、印刷・配布している。** これにより、一二月二七日に京橋区衛生会長より感謝状をうけるが、「いろは歌」を作りコレラ予防をよびかける点といい、その歌の言いまわしといい、民衆啓蒙の姿勢がうかがわれよう。

＊　一八八七年（明治二〇）まで勤務したようで、同年一二月一九日付の「区医慰労金三三円」と記された書類が遺されている。

＊＊　コレラが流行のきざしをみせた一九一六年（大正五）に、『生活の力』第五三号（一〇月五日）に再録された。引用はこれによっている。

同時に、このとき、加藤がコレラが猖獗を極めた原因のひとつとして「不埒な医師が上流社会のコレラ患者を隠蔽した」（「おもひで草」）ことをあげるのは、注目に価する。加藤は、社会と医療を関連させ、社会的責任をもつ存在として医師を把握し、その観点から医師の姿勢を問うたのだが、ここでは、その論旨を普遍化し展開した「衛生探偵ノ必要」（『大日本私立衛生会雑誌』第三四号〈一八八六年三月二七日〉）を紹介しておこう。加藤が一八八六年（明治一九）一月に、後にふれる大日本私立衛生会常会で、「今我国民間ニ堆積スル衛生上ノ弊害ヲ列挙シ以テ衛生探偵ノ一日モ忽諸ニス可カラサル所以」を報告した記録である。飲食店の不潔、鍼灸や産婆の非科学性、宗教のもたらす迷信などが「愚民ヲ欺キ非常ニ衛生ヲ害スル」ため、衛生探偵が必要だと述べているが、加藤が最も強調するのは、「悪医」の存在にほかならない。伝染病であることを知りながら、適切な処置をとらない医師、名義を貸し他人に診療させる医師、診療をせずに適当に薬を投ずる医師、これら自らの利益を得ることに汲々とした、悪徳を平気でおこなう医師を、加藤は告発し、「医師ニ就テ充分ナル法律ヲ設ケ探偵ヲ厳密ニシ彼ノ弊害アル医師ヲ廃シ以テ社会公衆ニ害ヲ与フル所ノ根源ヲ断ツハ今日ニ在テ一大急務」と述べた。上から取締るという発想をもつが、医師のありようをきびしく追求している。

公衆衛生から医師を考察すれば当然、民衆の存在が意識される。とくに、松方正義のおこなったデフレーション政策で、民衆の疲弊している時期である。加藤は、医師の倫理を追求するとともに、医師は「病ヲシテ其ノ発セサルニ防遏スルノ重任アル」（『通俗衛生講談会聯区一週之祝詞』一八八四年）*といい、「衛生教導」にも乗り出した。これは、一八八四年（明治一七）八月に岩田雅正、永島貞、鈴木万次郎が発起し、結成した東京通俗衛生会、のちの大日本通俗衛生会への参加を通じて実践される。

＊ 半紙四葉に毛筆でしたためられ、末尾に「明治十七年十一月九日　本会々員　加藤時次郎謹述」とある。

大日本通俗衛生会は、衛生問題は「下流社会」にあるという認識にもとづき、「俗語平談以テ今日ニ適切ナル衛生ノ法ヲ講究シ下流社会ヲシテ容易ニ其法ヲ知ラシメント欲ス」（『中外医事新報』第一〇五号〈一八八四年八月一〇日〉）る団体であった。衛生の啓蒙に関心をはらう加藤の参加は、自然である。会長長谷川泰のほか、会員は『東京通俗衛生会会員名簿』（一八八四年）によれば、木梨精太郎、江馬春熙、木寺安敦、岡田乾児、吉松文治、八島九皐、有賀琢二、安斉篤敬ら一二一名。* 後藤新平や岩谷松平の名もみえるが、ほとんどは区医か開業医である。

* 甲類会員、乙類会員、乙類賛助員にわけて記載してある。後に退会した者も多いが、記載されている人名をすべて合計した。なお、後藤、岩谷は賛助員として加わっている。

衛生を旨とする団体には、一八八三年（明治一六）五月に結成された、全国組織の大日本私立衛生会があり、毎月の例会、機関誌『大日本私立衛生会雑誌』の発行をつうじて衛生問題研究や啓蒙活動をおこなっていた。だが、これは会頭に佐野常民を戴き、長与専斎、石黒忠悳、三宅秀、後藤新平、高木兼寛らが参加する半官半民団体で、衛生官僚による教化臭がつよい。そのため、加藤は大日本私立衛生会に参加はするものの、* 活動はもっぱら大日本通俗衛生会でおこなう。

* 一八八八年（明治二一）一月の会員名簿に、「東京府　会員」として加藤の名が記載されているが、翌年以降の名簿にはみられない。加藤は一八八六年（明治一九）一月常会で報告したほか、同年二月二七日常会における討論会「運動法中　欧州の体操と本邦固有の武術（剣柔術）と衛生上の得失如何」に鈴木万次郎、渡辺鼎、並河新、柳下士興とともに参加している（『東京医事新誌』第四一五号〈一八八六年三月一三日〉）。

大日本通俗衛生会の活動の中軸は、演説会である。これまでに判明したものは、「大日本通俗衛生会演説会および総会」として講師・演題とともに掲げておいたが（〈表二〉）、演説会はなかなか好評であった。一八八四年（明治一七）八月一五日には聴衆が一、〇〇〇余名も集り、気をよくした同会は「府下各区中両区を一聯とし其中央に於て毎月二回宛（演説会を――註）開会する」（『中外医事新報』第一〇六号〈一八八四年八月二五日〉）ことを決定している。

加藤が大日本通俗衛生会の演説会の主要メンバーの一員であることは〈表二〉からうかがえるが、彼が「通俗衛生演説の旗頭」（長尾藻城「加治時次郎君の思出」『ありし面影』所収）で、会のなかで「一番若くて好男子で、且つ演説に人を牽き附ける力があつた」（浅田繁次郎「敬友加治時次郎君の往年を偲びて」同右）という声もあった。

加藤が熱心に活動していたことは、一八八四年（明治一七）一一月九日の同会第二回大集会で祝辞をのべ、翌年一一月に京橋区水谷町の彼の家に事務所をおき、さらに、一八八七年（明治二〇）六月一一日に鈴木万次郎、江馬春熙、佐藤保、森島松兵衛とともに幹事議員に、一八九〇年（明治二三）一一月二五日には鈴木万次郎、江馬春熙、雨宮綾太郎、田原利、吉松文治、堀口昇らとともに評議員に選任されている点からも知りうる。

大日本通俗衛生会は、一八八六年（明治一九）には雑誌刊行を計画し、女性の洋風束髪奨励の運動をおこすが、一八九五年（明治二八）二月に、総会で「本会存廃の件」を審議（『東京医事新誌』第八八二号〈一八九五年二月二三日〉）しており、この頃まで活動したようである。

加藤はその後留学するが、帰国後も同会に参加しており、一八九〇年（明治二三）一二月一三日

〈表一〉　大日本通俗衛生会演説会および総会

日　時		場　所	備　考
1884年	7月	中　村　楼	第1回　集会
	8月15日	日本橋区 馬喰町　群台楼	井野春毅「歯の衛生」、丸山貞「人智は病の敵」、佐々城本支「富者の短命にして貧者の長命なるは如何」、加藤時次郎「小笠原流の衛生に於る効用」、元田衛「産後の養生」、木梨精太郎「梅毒の予防法」、長田足穂「朝夕の心得」、鈴木万次郎「虎列刺忌むべし恐るべからず」、伊藤長彦「飲用水の話」
	10月5日	向両国江東小学校	第4回演説会　賀来千春「金を大事にして身を粗末にする勿れ」、千葉吾一「酒は百薬の長」、河野和「小児の養育について母親の心得」、吉松文治「おもちやの心得違ひ」、加藤時次郎「毒忌の話」
	11月9日	中　村　楼	第2回　集会
1885年	1月11日	京橋区役所議事堂	第9回演説会　加藤時次郎「何故に独り病のみ不景気を見さるか」、石川清忠「人体器械使用の利害」、八島九皐「春の衛生」、木寺安敦「習慣の利害」、永嶋貞「呼吸の説」、鈴木万次郎「一月は衛生上に如何なる関係ありや」、江馬春熙「薬とは何物」、渡辺鼎「衛生の穴探し（第3回）」、岩谷松平「人命の長短は口にあり」
	11月14日	井　生　村　楼	定　期　大　会

1886年	1月5日	日本橋区馬喰町 群台楼	神保半四郎「衛生の注意は四ツの穴にあり」、岩谷松平「衛生は粗忽にすべからず」、市東謙吉「藤田茂吉吉(ママ)補訳の繫志談を読て感あり」、和田義正「衛生の妖魔退治」、加藤時次郎「経済と衛生との関係」、鈴木万次郎「劇場に関する衛生の利害」、渡辺鼎「新年の婦人束髪と衣食」、木寺安敦「育児法」、討論会「家屋の西洋造りと日本造りと何れが衛生上に利ありや」
	2月4日	常盤橋外　柳屋	小集会
	2月21日	麹町　富士見学校	雨宮綾太郎、和崎義路、市東謙吉、江馬春熙、田原利、吉田宗佐、木梨精太郎、堀口昇、討議「日本の武術と西洋体操術との衛生上利害」
	3月28日	千住　加藤病院	安斉篤敬、立花晋、鈴木万次郎、江馬春熙、木寺安敦、堀口昇、加藤時次郎
1887年	6月11日	京橋区竹川町 花月楼	集会
	6月17日	京橋区宗十郎町 大日本私立衛生会楼上	相談会
	6月25日	京橋区築地入舟町4丁目和田義正宅	臨時演説会
	11月2日	京橋区銀座1丁目 小吾妻	評議員会
	11月20日	神田区神田明神社内　開花楼	第8次総会
1888年	4月15日	吉原梅毒検査所	臨時演説会　小島鼎六「生命の本源」、林東一「口の話」、木寺安敦

年	月日	会場	内容
			「遊歩場の必要」、広瀬佐太郎「生命の価額」、鈴木万次郎「遊廓衛生上条件」、須藤末吉「花柳病の話」、矢野寿光「登楼も亦衛生の一部乎」、佐藤保「何をか衛生の情死といふ」、江馬春熙「松竹梅を見て感あり」
	11月15日	神田区神田明神内 開　花　楼	第９次　総会
1889年	３月30日	深川洲崎遊廓内	
	７月19日		臨時大会
	11月28日		第10次　総会
1890年	11月５日	深川区洲崎弁天町 梅毒病院	常会　原履信「コレラ病に就て」、佐藤保「血の道の話」、深川照阿「府の衛生」、江馬春熙「衛生小言」
	11月15日	神田区神田明神社内　開花楼	第11次　総会
	12月13日＊	四ツ谷見附 大　泉　亭	常会　佐藤保「栄養物に就て」、花岡麗左右「年齢の話」、原履信「窮民と衛生の関係」、堀口昇「衛生と生命保険の関係」
1891年	１月26日	日本橋区蠣殻町３丁目　友楽館	佐藤保、加藤時次郎、田原利、江馬春熙、原履信、猿田皓太、深川照阿
1895年	２月22日	神田区錦町 三 河 亭	

1）『中外医事新報』『東京医事新誌』より作成。

2）1890年12月13日（＊印）には、加藤時次郎と田原利も弁士に予定されていたが、時間の都合で演説はしていない。

の「常会」では、加藤の演説が予定され[*]、翌年一月二六日には演説をしている。

＊　このときは時間不足で、演説はしていない（『東京医事新誌』第六六四号〈一八九〇年一二月二〇日〉）。

さて、加藤は以上の活動をつうじて「糊口ニ閑ルシミ假令病痾ニ罹ルモ概ネ医ニ活ヲ求ルノ資力ナキ」（『通俗衛生講談会聯区一週之祝詞』）民衆に目をむけ、社会と医療の関連、医師の社会的責任、民衆のための衛生に対し発言した。「医ハ仁術ナリト称スルハ只名ノミ」（同右）という加藤の憤懣が聞こえてくるが、しかし、このときは病気や患者を社会的に把握していなかった点は指摘しておかねばならない。

特権的存在としての医師を批判し、その倫理を確立する点に力点があり、民衆や患者は、啓蒙され衛生知識を与えられる〝愚民〟として、非主体的な存在と認識されている。非衛生的な環境や病気が社会的矛盾と深いかかわりをもち、そのことに医師は、いわば〝啓蒙専制君主〟としてたちふるまっているという意識は、加藤にはまだなかった。とはいうものの、民衆に目をむけ、彼らに語りかけていったことは、その克服のための第一歩である。さらに二つ、加藤の民衆への接触を紹介しておこう。

ひとつは、東京京橋区衛生会である。同会の設立に加藤が加わったか否かは不明だが、『京橋区衛生会設立之大意』『京橋区衛生会規則』[*]が遺品として残されているのは、彼が会に関与したことを示す。京橋区衛生会は官製の地方衛生会ではなく、「区内有志ノ男女集合シテ……衛生上ノ談話演説等ヲナシ共ニ緻密ノ衛生法ヲ講究シ其得ル所ヲ平常非常ニ実行シ公衆ノ幸福ヲ計」（『京橋区衛生会設立之大意』）ることを目的とし、半年に三〇銭ずつ集めた（『京橋区衛生会規則』第八条）。とくに女性の衛生面における役割を重視し、『規則』第二条には「殊ニ婦人ヲシテ生衛（ママ）百般ノ事項ヲ会得セシムル」旨が記されている。公衆衛生を考じ、生活と女性に着目するのであった。

＊　両者が半紙五葉に毛筆でしたためられ、こよりでとじてある。年月日は記載されていない。

いまひとつは、東京乳牛倶楽部の結成で、『東京毎日新聞』一八八八年（明治二一）五月一五日に、前田留吉、小野寺太三郎、福原有信、雨宮綾太郎らが発起、樫村清徳、松山棟庵、安藤正胤、高村凌雲、吉松文治、鈴木万次郎、そして加藤が協議した旨が報じられている。同倶楽部は、「市街に遠隔なる広濶の地に養牛場を設け健康なる乳牛を飼養し、化学者をして一々乳汁を検査し、滋養に富めるものを世人の需用（ママ）に供する」（同右）もので、資本金一〇万円、京橋区八宮町の香雪堂に事務所を置いた。加藤はやや後に、日本人は食物が粗末で体格が悪い、「何卒か肉食を勧めたいものだと言ふ所から牛乳牛肉を廉価に買ふ組合」（「消費組合設立に就いて」『直言』第一巻第九号〈一九〇四年八月五日〉）を発起した、とその意図を説明している。東京乳牛倶楽部は結局機能しなかったが、加藤は事業を営み、民衆の健康に寄与しようという姿勢を示した。一八八〇年代後半に、加藤は民衆生活に目をむける姿勢を確立して、医療と衛生に関する様々の活動を行うのであった。

留　学

加藤は、医師としての技倆を備えることも忘れていない。一八九〇年（明治二三）に雑誌『真理』

（一月二〇日号）が科目別に東京府名医を一名ずつ挙げたとき、「候補者の最も多かりしは皮膚病医と衛生医にして甲は小田耕作、スクリパー、加藤時二郎、伊勢錠五郎、江口襄、後藤昌文、佐藤三吉、高木兼寛、片桐重明、荒井作の諸氏……指名せらる」と記されており、その名をすでに知られていた。だが彼は倦むことなく、一八八八年（明治二一）七月より、一八九〇年（明治二三）一二月まで足かけ三年ドイツへ留学し、さらに研鑽を積む。費用は、一八八六年（明治一九）に一坪五〇銭で買っておいた一、〇〇〇坪の地所の騰貴利金一、二〇〇円と、「色々工面」した借金二、三〇〇円でまかない、とくに外科、皮膚病、梅毒の研究に力を注ぐことを目的としたという。

出立にあたり、佐藤進、長谷川泰、実吉安純、田代基徳が発起人となり、六月三〇日に芝公園内の三縁亭で送別会を開いたが、「東京医会会員、衛生会員、国政医学会員等にして無慮百四五〇名」（『中外医事新報』第一九九号〈一八八八年七月一〇日〉）が参会、武昌吉、松山誠二、角田真平、岩谷松平、長与専斎、鈴木万次郎が祝辞を述べた。すでに、医師として、社会的地位を築いていたことがわかる。

加藤は一八八八年（明治二一）七月八日に横浜を出発、船でマルセイユまで往き、そこから陸路でスイスを経由し、ドイツに入った。まず、ヴェルッブルヒの夏期休業学校で繃帯学、整形外科学、一般外科学を学び、「成るべく経費のかからない学校、成るべく日本人の居ない所」（「おもひで草」）をさがし、一〇月にエルランゲン大学に入学した。

意欲的に勉学に励み、日本へ「此冬学期は内科ストリコンベル氏、外科ハイネツケ氏、脱臼及ひ骨傷グラーゼル氏、病体解剖及病体組織付検微鏡実施チエンケル氏、腫瘍学ハウゼル氏、梅毒論フ

ドイツ留学中の加藤時次郎（1891年）

ライセル氏等にて日々六時間乃至八時間は学校に在りて頗る多忙」（『中外医事新報』第二一三号〈一八八九年二月一〇日〉）と書き送っている。その成果あり、翌年四月に *Das Panaritium und seine Bedeutung für die Gebrauchsfähigkeit der Hand*（瘭疽とその手の使用能力に及ぼす重要性）で学位をえた。語学、医療に力量を示し、ここにドクトル・メディチーネとなったのである。その後加藤は、ブレスラウ（ヴロックフ）大学で「第一の目的はゴノコックス（皮膚病――註）の親王（ママ）ナイセル氏、第二は外科にてフヒッシエル氏」（『中外医事新報』第二〇二号〈一八八九年六月二五日〉）とのべ、皮膚病、外科を修める。ウィーン大学、ベルリン大学へも研修に出かけ、ドイツ医学を存分に摂取した。

　この留学は加藤の最初の洋行で、自伝中には多くの思い出が記されているが、ブレスラウで初めて社会主義者に接したことも書かれている。もっとも、彼が下宿していた家の大工が小鳥に皇帝の幼名をつけ、選挙運動の際に蓆旗をもち活動することに注目するにすぎず、せいぜい社会主義の存在を知りえた程度であろうが、彼はこのことに新鮮な驚きをうけている。

留学中には、多くの人間関係もえた。一八九〇年（明治二三）八月四日から九日まで、ベルリンで開かれた第一〇回国際医学会に出席、このとき同席した入沢達吉、山根正次、金杉英五郎、緒方収次郎、瀬川昌耆、北里柴三郎、後藤新平、三浦謹之助、川本恂蔵、吉松駒蔵らの知遇をえている。時のベルリン公使西園寺公望、陸軍少尉土方久明とも知りあい、とくに土方には多くの恩恵をうけた。久明は若死するものの、父久元、子与志とは、後年まで長く交流をもつこととなった。また往きの船中で、日本鉄道会社社長で、直後に沖縄県知事となる奈良原繁、同社技師仙石貢、皮膚科医師村田謙四郎、耳鼻科医師小此木信一郎、帰りには星亨、その縁戚野沢雞一、外務省嘱託飯塚茂太郎と同船している。星とはとくに懇意になり、帰国後も横田千之助を介して、星が横死するまで交際を続けた。

加藤は「帰朝後開業に必要な外科の機械」（「おもひで草」）と書籍を三百数十円も買いこみ、一八九〇年（明治二三）一〇月四日に帰国した。*購入した書籍には、Gustav Behrend, *Lehrbuch der Hautkrankheiten*（一八八三年　皮膚病教本）、Otto Roth *Klinische Terminologie*（一八八四年　臨床用語集）、Med. Michaelis, *Recept Taschenbuch"*（一八八九年　処方ハンドブック）、*Lehrbuch der speciellen Pathologie und Therapie der inneren Krankheiten*（一八八七年　内科病の特別病理および治療教本）、A. Krüche, *Allgem Chirurgie und Operationslehre*（一八八八年　一般外科および手術教程）などがふくまれている。

＊　一八九〇年（明治二三）一〇月二〇日、加藤の帰国および松本順、長与専斎、橋本綱常の貴族院議員就任、石黒忠悳の陸軍軍医総監就任を祝して、江東中村楼で宴会がもたれた。佐藤進、佐々木東洋をはじめ、「無

慮八十余名」が出席している（『中外医事新報』第二五四号〈一八九〇年一〇月二五日〉）。

加藤病院の設立

開業

帰国後、加藤は京橋区水谷町に加藤病院を設立、ドイツ帰りの新しい知識と技術をもった医師として診療をおこなう。これ以前にも加藤は開業していたようで、『朝野新聞』は一八八六年（明治十九）三月二八日に、千住加藤病院の開院を報じている。古い友人たちは、彼が芝区高輪に高輪病院をひらいていたことを伝えている。*

＊『ありし面影』に収められた、神代貞三「医界稀に見る偉材」、浅田繁太郎「敬友加治時次郎君の往年を偲びて」が高輪病院にふれる。また、加藤時也は瓜生敏一氏に、加藤は「高輪南町ニ住シ此処ニモ高輪分院ヲ開業」した、と書き送っている。なお戸籍によれば、加藤は一時、東京市芝区愛宕町二丁目三番地に籍をおいていた。

一八九四年（明治二七）二月二〇日に加藤は、水谷町よりほど近い京橋区木挽町に地所を購入し、

加藤病院の全景（東京市京橋区木挽町）

加藤病院移転を計画した。日本鉄道会社本社跡地で、神代貞三の仲介により購入価格七、〇〇〇円、一〇年年賦。『日本鉄道会社ニ契約シタル病院家屋年賦払償却証』（一九〇四年）では、頭金五〇〇円、年二回三二五円ずつ支払っており、加藤の財務能力のほどがうかがえる。そして六月九日に、長与専斎、佐々木東洋、田代基徳、松山棟庵ら懇意の人々一〇〇名を帝国ホテルに招き、工事落成を祝したのち、京橋区木挽町六丁目一〇番地に加藤病院を開院した。現在ビルが建っているが、新橋駅から銀座にむかいほど近い場所で、ここに居所も構えた。*なお、このとき前記の高輪病院がどうなったかは不明である。

* 神奈川県橘樹郡神奈川町青木台にも、家を構えていた。

さて、加藤病院は外科・皮膚病科のほか、ドイツドクトル平野光太郎を聘し産科・婦人科を新設して、午前九時から午後三時まで診療した。五年後の一八

〈表二〉 **加藤病院における医局員および患者数**（単位　人）

年度	医局員				入院患者	退院患者			現在入院数	外来患者
	医員	調剤員	産婆	看護人		全治	死亡	其他の事故		
1906	4	2	—	6	169	85	4	79	6	1844
07	3	2	—	6	190	145	3	42	6	2935
08	3	2	—	6	173	154	2	15	8	1403
09	2	2	—	5	169	158	2	9	8	1244
10	2	2	—	5	142	134	2	14	—	1014
11	4	2	—	4	225	201	1	17	6	1179
12	4	2	—	6	400	373	2	22	9	1039
13	4	2	—	6	573	551	—	19	12	1436
14	4	2	1	6	559	542	2	19	8	1236

1）『警視庁統計書』より作成。同書は1912年版より統計の項目が若干かわるが、本表では処理してその違いを示していない。
2） 分院は除いてある。
3） 患者数は実人数であり、延人数ではない。

九九年（明治三二）の広告では、院長加藤、副院長田島丈作、外科・皮膚病を専門とし梅毒、癩病、痔疾のほかハンセン病、外科的婦人科、尿道器械的療法を設置し、午前九時から正午まで診療している。また一八九六年（明治二九）二月一〇日に、神奈川県青木台に分院を開き、小田原十字町海岸にも、別荘を兼ねた分院を設けた。加藤は、神奈川分院には月曜、水曜、金曜日午後三時から五時、小田原分院には月曜日午前中、出むいているが、いずれも入院設備をもち、当時にあっては設備の整った部類にはいるであろう。

診察料は、小田原分院の場合、初診料一円、往診料院長五円、医員一円。手術料は「病症ノ難易手術ノ大小ニ依リ之ヲ定」め、入院料は一等一円五〇銭、二等一円二〇銭、三等九〇銭、四等五〇銭――但し四等は食料、夜具、炭油など自弁であった（「診察仮規定」一九〇

えよう。三年）。川上武氏の紹介する、福岡医科大学の入院料一円―三円、薬価一〇銭などに比し、相場とい

加藤病院の規模・患者数は、やや後の資料だが、〈表二〉「加藤病院における医局員および患者数」のとおりである。決して大規模とはいえないが、『警視庁統計書』一九一三年版にみられる一三四の私立病院の標準規模――医員四・八名、調剤員二・三名、産婆〇・四名、看護人一六・〇名――を保つ。患者数も、外来患者こそやや少ないが、私立病院平均患者数である入院患者二七四・一名、退院患者二〇三・四名、外来患者三、六二六・二名と比較して、遜色はない。患者の階層はわからないが、星亭の秘書山崎林太郎はじめ、星の門下人が加藤病院に通院したことは伝えられている。こうして、当時の平均的病院に拠って、加藤は自己の拠点を築いたといえる。

だが、医療を社会との関連で考察する加藤は、加藤病院を単なる病院にとどめず、困窮者に目をむけその窮状にいく分なりともかかわり、「貧者薄給者其他事情アル者ハ外来往診共診察料ヲ低減若クハ全ク省クコト」（「診察仮規定」）を図った。

もちろん「医は仁術」という考えから民間で営まれた救療事業は、一八九二年（明治二五）ごろの東京における例だけでも、井田武雄らの東京慈恵病院設立による貧困者施療（四月）、佐々木東洋による駿河台杏雲堂附属施療病室設置（一一月）、高田耕安による貧民救療会（一八九三年三月）、芝区高山歯科医学院の学生実習による貧困者施療（一八九四年一月）など少なからぬ例をあげうる。*

＊　朝倉幸治『日本医療保健発達史年表』（一九五七年）を参照した。

また「兵士、学生諸君及び労働期成会々員、鉄工組合員、活版工組合、誠友会員、厚信会員諸君は総て診察料を要せず而して薬価は半価とす」（『労働世界』第六四号〈一九〇〇年八月一日〉）る北辰堂医院（本郷湯島天神町）があらわれ、「労働者ノ為メニ……薬価割引スルヲ目的トス」（『労働世界』第三六号〈一八九九年五月一五日〉）る、東京慈恵薬院（浅草区茶屋町）の開院も予告されている。とくに、これらは医療救済を自覚的、組織的に推進した労働組合期成会の成果にほかならない。同会が、神保院（神田区神保町。院長鈴木万次郎）をはじめとする病院の協力を得て、「会員及其家族の患者に限り薬価半額入院料三分の二を以て治療」（『労働世界』第三〇号〈一八九九年二月一五日〉）しており、日本医療保護史上に評価されるべきことがらであった。

加藤は、貧困そのものが病気の大きな要因であるという認識をいまだもたぬため、これらの動きとは接触をもたず、救療の組織化やその意味を自覚していない。だが、加藤病院での試みは、こうしたながれの一翼に連なり、後の事業の素地を養ったといえる。また、加藤は「海浜気候ノ宜シク人身ニ及ス効験ノ理ヲ悟ラ」せるため『海辺気候療法』（発行年不詳だがこの頃の発行）というパンフレットを著わし、環境衛生に対する注意を促すなど、啓蒙的姿勢も保っていた。

一方、この間も研鑽を怠ることなく、一八九三年（明治二六）五月一〇日に、川上元治郎、遠山椿吉、田代義徳、宮本仲、金杉英五郎、岡田乾児、浅田重太郎ら東京府下の開業医が、「交情ヲ温メ医事ヲ談スル」（『中外医事新報』第四五二号〈一八九九年一月二〇日〉）研究団体である十日医会に加わる。同会は、患者をつれてきて症状を研究したり、各自の研究報告を行ったりしたという。また一八九九年（明治三二）四月一日には、日本外科学会の第一集会第六席として、「加藤氏尿道『ブージー』に就て」を報告している。

持続する社会参加の姿勢

社会への眼をもちつづける加藤は、さらにいくつもの社会的実践活動をおこなう。もちろん、いずれも衛生、医療と関連するものだが、まず医術開業試験について発言する。加藤は一八九〇年(明治二三)一一月二一日の東京医会臨時会で、医術開業試験は「民度」に適しなければいけないとして、㈠後期試験で学術に合格し実地で落第した場合、次回は実地のみを受験させよ、㈡眼科・産科の問題は各々二題に増加せよ、㈢試験科目増加に際しては実地にあまり必要でない衛生学などでなく眼科実地を加えよ、と主張した。東京医会は加藤の意見を採用、彼をふくめ安斉篤敬、高松凌雲、鈴木万次郎ら一〇名を、医術開業試験規則改正委員に任命し検討を開始するが、加藤の意図は「大に実用医師を養成する」(『東京医事新誌』第六六四号〈一八九〇年一二月二〇日〉)点にあることは明白である。いまだに漢方医が多く、西洋医学の普及がおくれており、医術開業試験も合格めあての勉強が優先し、技倆がともなわない医師が目立つとき、近代医学の知識をもち技倆をもった医師の育成を図ったといえる。

漢方医といえば、彼らは浅井国幹、浅田宗伯らを中心に漢方存続をはかり、医術開業試験や医師免許の改正を要求し、一八九一年(明治二四)の第二回帝国議会へ請願、翌年の第三回帝国議会には塩田奥造ほか一二名が「医師免許規則改正法律案」を提出するにいたった。このとき、この「皇漢医術」存続の動きに反対し立ちあがった中心メンバーが、川上元治郎、金杉英五郎、田代義徳、そして加藤で、加藤らは演説会開催、議員訪問など盛んに運動し、漢方医の動きを封じた。

加藤は、さらに、一九〇三年（明治三六）一〇月一六日に、十日医会が設置した「医師にあらざる者の営業的治療に関する調査委員会」の一員に、富士川游、川上元治郎、遠山椿吉、岡田和一郎、呉秀三、宮本仲、峯秀世、寺田織尾、細野順とともに任命されている。これらは、彼が非科学的な治療をおこない、民衆に弊害を与えるものの排斥を目ざしており、よりよき医療と健康な身体の維持に、熱意をもっていたことを示していよう。*

＊　もちろん、現在では近代医学の弊害面も指摘されるように、近代医学がすべてに有効で、漢方や鍼灸が全く無効であるとはいえない。また、加藤自身ものちに、呼吸術を奨励している。ここでは彼が、近代医学の知識が普及していない時代に、すべてを治癒しようとした漢方医のもたらす弊害を指摘した点を評価したい。

加藤はまた、日清戦争に従軍した人夫（軍夫）の衛生面からの救護のために、北里柴三郎、青山胤通、小金井良精、中浜東一郎、川上元治郎、岡田和一郎、宮本仲、川上昌保、入沢達吉、岡田乾児らと軍夫救護同盟会の結成を策す。軍夫は、食糧や弾薬輸送のため雇傭されるが、戦地で罹病、負傷しても帰国後ただちに解雇されてしまう。彼ら自身の健康はもとより、病疫の伝播も憂慮されていた。いわば社会的に醸成された病者で、しかも救済手段が講じられず放置されており、加藤が着目するのは自然であった。

だが軍夫救護同盟会は、一八九五年（明治二八）二月二四日に救護病院を開院し、活動を開始するものの、「陸軍省より内諭らしきものありて」解傭軍夫救護会と改称し、「各親王家及各大臣に特別賛成員たるを乞」（『東京医事新誌』第八八一号〈一八九五年二月一六日〉）い官製団体の要素を強める。会長に近衛篤麿、特別賛成員は板垣退助、伊藤博文、岩崎久弥、蜂須賀茂韶、二条基弘、大隈重信、楠本正隆ら二六名の政財界人で、医師は、理事にようやく小金井良精、北里柴三郎、宮本仲が名をつらねるにすぎない。このためであろう、加藤は同会より手をひき、評議員のみならず施療医員にも顔をみせない。施療医員とは、東京で軍夫の治療にあたる医師で、入沢達吉、金杉英五郎、高田耕安、江馬春熙、鈴木万次郎、川上元治郎、遠山椿吉、安斉篤敬、浅田繁太郎、岡田和一郎、岡田乾児らこれまで活動を共にした人々が加わっているにもかかわらず、加藤は参加しなかった。彼はあくまで、民間、在野で活動する姿勢を貫いているといえる。

加藤はまた、「二六新聞や中央新聞が盛んに医師の攻撃をやり出したので」（「おもひで草」）、これに対抗するために新聞を創刊した。一八九八年（明治三一）一一月二三日発刊の『千代田新聞』である。『千代田新聞』は日刊、六頁だてで発行兼印刷人は片岡哲、編輯人は佐久間清、本社を京橋区木挽町二丁目一三番地におき、「株式募集の便宜や資金融通の都合から」第三十五銀行監査役某*を社長、加藤は専務取締役となり、北里柴三郎、岸田吟香らも加わった。

＊ 稲岡義偉と思われるが確証はない。

同紙は、第一面に社説、講談、第二面は国内の動向、議会報告、第三面は花柳界、小説、巷の出来事、第四面は株式、第五面は医事衛生、第六面に広告という体裁をとる。社説は政党に関するものが多く、松堂居士「衛生小言」、「通俗衛生問答」を除けば、衛生欄は常設されず、『千代田新聞』

は広告こそ病院関係が目立つものの、衛生面に積極的に発言した新聞とはいえない。当初から金銭をめぐる内紛がたえず、加藤の意嚮が充分に発揮しえないためであったろうか。加藤は「遂に癇癪を起して社長排斥の運動をはじめ」訴訟をおこし、社長派と争うが、社長派は『千代田新聞』紙上で加藤を攻撃したため、「自衛上之と対抗すべく」(同右)『千代田日報』を刊行する。

私のみた『千代田新聞』には、加藤への攻撃記事は見当らなかったが、一八九九年(明治三二)二月一四日に、「緊急社告」として「吾千代田新聞は稲岡義偉一個にて組織し……(ているが――註)吾社と同町同番地に於て千代田新聞合資会社なるものを明治三二年二月七日設立したる者あり 右は吾千代田新聞社とは全く別物にして毫も関係無之候」と記されており、内紛の存在が知られる。これまで毎日掲載されていた加藤病院の広告も、一八九九年(明治三二)二月二二日を最後として、姿を消した。

さて『千代田日報』は、一八九九年(明治三二)四月三日に発刊、日刊、四頁だて。本社は京橋区築地三丁目一一番地におかれ、発行人兼印刷人は、正福巳之助、編輯人は、多喜豊次郎。加藤は社長となった。記者は、社会部に岡鬼太郎、硬派主筆に熊田葦城、外交に工藤鉄男がおり、岡は「演芸記事の如きは、自ら毎日駆け廻つて走り種を集め」(「加治先生を憶ふ」『ありし面影』所収)たと語っている。『千代田日報』は「殊に衛生方面の記事に注意」(「おもひで草」)したというが、実際、衛生関係の記事が多く、加藤の面目を保つ。

常設欄として、読者の医療相談「養生教草」が設けられるほか、社説で「衛生官府の独立」を八回連載(?―一八九九年一一月二四日)、「ペスト防疫論」を三回連載(一八九九年一二月九日―一二日)、

「赤痢撲滅策」を四回連載（一八九九年一一月二六日―一二月二日）する。また、松山棟庵「非医薬分業法」（一八九九年一一月三〇日―一二月一日）や、吉松文治「防疫論」（一八九九年一二月二八日―一九日）などの医事評論、明治医会・中和医会・東京医会などの動向、医術開業試験及第者名の掲載、あるいは伝染病の報道「黒死病彙報」（一八九九年一一月二二日―?）、「大阪ペストと停車場検疫の遺漏」（一八九九年一二月三日）、「検疫医の不整頓」（一八九九年一一月二五日）を載せた。また、大阪の検疫医がペストで死亡したとき、「其職に斃る実に軍士の戦死するものと其義を同じふせり」（一九〇〇年一月一三日）と述べ、義捐金をよびかけた。あるいは、「乱暴極まれる効能書を付し無智の輩を欺き私利を図る」（一八九九年一二月二三日）売薬を実例をあげ摘発し、「冬季衛生暖室法」を教授し（一八九九年一二月二三日―?）、いわゆる三面記事でも、無免許医や貧者の病気をとりあげている。

千代田日報社の名刺をみると、その裏面で、同紙は「政党政派に関せず不偏不党独立独行」で「家庭教育の良師」「医事衛生の良友」「社会改善の急先鋒」「実業経済の指南車」であることを標榜し、「小説に講談に小年（ママ）子弟の士気を作振し婦人女子の節操を淬励し社会の惰気と汚行とを一洗」することを謳う。すでにあきらかなように、「平生医事普及を計」（無署名「一周年の所感」一九〇〇年四月三日）る点に、もっとも精彩を放っていた。*

＊『千代田日報』は経営が思わしくなく、一九〇〇年（明治三三）六月一一日に「千代田日報毎夕新聞合刊の辞」を掲げる。「家庭の改良を図り衛生の普及に勉め教育の拡張を謀り超然として其特色を保」つというものの、以後は相場取引の記事が大半を占め、同年七月三〇日をもって廃刊し、『千代田毎日』となる。

結局新聞経営は失敗したものの、『千代田日報』発行をつうじて、加藤は広範・多様な階層の民衆に対応すると同時に、民衆生活の実態やその息吹きにふれ、これまで以上になまなましい局面に接したと思われる。そして、このことは衛生・医療問題の背後にある社会そのものの存在を知らしめ、そこへの働きかけの必要を決意させたであろう。衛生・医療面から社会参加の姿勢を示した加藤は、*こののち、直接の社会参加、社会問題への対応をおこなっていくのである。

＊　こののちも加藤は、一九〇六年（明治三九）に、「花柳病ノ国内ニ蔓延スルヲ予防シ且之ニ依リテ生スル危険ヲ制遏シムル」目的をもつ日本花柳病予防委員会（一九〇五年四月三日発会。会頭　芳川顕正、副会頭　窪田静太郎・大沢謙次郎）から、委員の委託をうけている。

初期社会主義の一員として

直行団

社会主義の保護者

留学と社会改良主義の選択

「冬の時代」下の発言

直行団

社会問題への対応

一九〇一年（明治三四）五月一八日、加藤時次郎は、東京市会議員三級補欠選挙に、数十名の医師の推挙をえて、京橋区から立候補した。対立候補が高木兼寛という医界の重鎮であるため、様々な医療・衛生面での活動をおこない、すでに信望をえていた加藤が推されたのであろう。とともに、彼は郡市懇話会に拠っており、星亨との関係もみのがせない。星は伊藤痴遊を介して加藤に東京市議に立候補するようにすすめていたという。選挙前の下馬評では「郡市派は必死と加藤を助くべければ多分加藤のものならん」（『万朝報』一九〇一年五月一九日）といわれたが、有権者三、〇三七名のうち、六八九票は高木に投票され、六七〇票の加藤は次点におわった（『万朝報』同年五月二一日）。

郡市懇話会は「収賄派」であると、新聞がさかんに郡市懇話会批判のキャンペーンをはり、『万朝報』も「市民の膏血を絞りて一身の営利を図……収賄疑獄の大失態に依りて市民の面目を汚辱したる暴戻の徒党」（五月一九日）と語をきわめて糾弾したことなどが原因であろう。加藤は、初めての直接の社会参加において民心をつかみえず、落選の憂き目をみたといえるが、これを転機として彼

は より民衆や社会問題に目をむけるようになった。その直接の触媒となるのは、社会問題講究会と理想団である。

社会問題講究会は、一九〇一年（明治三四）五月に矢野龍渓が結成し、幹事に田川大吉郎、会員に安部磯雄、幸徳秋水、片山潜、国木田独歩、小栗貞雄らがいた。矢野の「『新社会』を読んで社会主義といふものに興味を持ち出した」（「思想の変化」）という加藤は、同会に参加し「社会の衛生」（一九〇三年二月一二日）、「都市的衛生」（一九〇三年三月三〇日）と、衛生問題について報告している。

一方、理想団は、『万朝報』社長黒岩涙香が一九〇一年（明治三四）七月二日に、「社会救済の第一歩」としてよびかけ、黒岩、内村鑑三、山県五十雄、幸徳秋水、円城寺清、天城安政、堺利彦、斯波貞吉の発起で、七月二〇日に発会式がもたれた社会改良団体である。理想団は一九〇一年（明治三四）末までに二、〇五八名の入会者をみたが（飛鳥井雅道「資料・明治三〇年代民主主義運動の一面」『人文学報』一七　一九六二年）、「理想団加入者報告」中、目につくままあげても、佐治実然、竹内余所次郎、竹内きみ、安部磯雄、木下尚江、小泉策太郎、吉田璣、深尾韶、今村力三郎、牧野充安、片上伸、高橋秀臣ら、社会問題解決に心をつくす広範な人々が参加していた。

加藤は、社会問題講究会における人的交流や、「万朝報の労働問題に惚れて」（方舟「加藤時次郎氏」）いたため理想団に加わったと思われるが、熱心な団員であった。「稀に加治君の出席を見ないと、会員は寂寥を感ずる程で、毎会（ママ）必ず加治君の出席を求むる為に、加治君の病院に差支のない月曜日を会の日に定めたこともあつた」（斯波貞吉「考へた事は実行する人」『ありし面影』所収）といわれている。加藤は、理想団の有志晩餐会で「衛生上の談話」を語り（一九〇二年五月一二日）、理想団候補者予選会では、立会人をつとめている（一九〇二年七月二六日）。

社会問題講究会も理想団も、産業革命期に都市に頻出した社会問題の告発をおこなう多様な団体の一つだが、その他にも、加藤は安部磯雄、幸徳秋水、堺利彦らが講師をつとめるユニテリアン協会の惟一館日曜演説にも参加し、「外科皮膚病の社会に及ぼす関係」を報告した（一九〇三年二月一日）。

こうした活動は、加藤が社会問題に着目し、その解決を図る動きの一翼に積極的に参加していることを示すとともに、新たな人間関係を形づくらせ、さらに、衛生問題を社会問題の一環として把握する視点を養わせたといえる。加藤は斯波貞吉、幸徳秋水、内村鑑三はもとより、同郷で終生の友人となる堺利彦とも、この時はじめて知りあう。また片山潜の主宰する『社会主義』を購読し、社会主義を研究する団体である社会主義協会に、一九〇四年（明治三七）頃入会するようにもなった。そして「衛生を守ると云ふ事は中等以上の生活を為して居るものには困難でないが、貧乏な人達には到底出来ない」（「国民の発展」『社会主義』第八年第九号〈一九〇四年七月〉。なおこれは六月一六日の渡米協会政談演説会における、加藤の講演記録である）、という認識を示すにいたる。紹介してきた演説が再録されていないため、これ以上ふみこむことはできないが、加藤は、衛生問題を社会的視野で考察して、社会的貧困が衛生環境の悪化や衛生思想の欠如をもたらし、病気を誘発しているとした。衛生問題を背後に存在する社会問題にまでたちいって把握したのである。

直行団の結成

社会問題に〝開眼〟した加藤は、活発に民衆の困窮に対し発言し活動していくが、その舞台は、直行団である。直行団は一九〇三年（明治三六）一〇月一〇日に京橋区木挽町の加藤宅に、大沢興国（天仙）、島本清隠、村山漂浪、榊原常吉（松籟）、小倉秀峯、原霞外が集まり、「吾人は決して現在の社会を以て満足する事は出来ぬ」（『直言』第一巻第一号〈一九〇四年一月五日〉）として結成された。直行団の命名者は、加藤である。いかにも率直な団名だが、目的を『直行団主意書及び団則』*（発行年不明）でみると、「自由、平等、博愛」という社会を構成するものに反するすべてを「公敵と做し、之れと戦ひ、之れを仆し、素志を串貫して、全社会を理想境に投ぜん」という。

また「今の空理の学術、形式の教育、偽信の宗教」を排し、「人類危殆の救急」に任ずるとする。大きな目標を掲げるが、直行団は「風教」や「徳操」の弛緩を危機意識の中核としており、社会や社会問題を構造的に分析したり、またそこから行動を割り出すのでなく「直言」「直行」、すなわち、「各自先づ躬ら行ひ、而して人に及ぼし、漸次大なるに及んで、社会汎般に普及せしむ」ことを旨とする。

『直言』創刊号の表紙

大状況の分析から社会に向きあうのではなく、身の廻りのことがらから出発し、その外延の拡大を図った。「直行団々則」第二条は、「本団の目的は躬賤実行自他相戒飭するの主旨に基づき漸次今の頽廃せる社会人心を改鋳し進んで人類の利益幸福を増進せん事を期す」と述べられている。

＊『直言』第一巻第一号（一九〇四年一月五日）の巻頭に、「直行団の組織に就て」「直行団々則」として掲げられたものと同じである。ただ、こちらには、解説が附されている。なお「主意」と「団則」は、村山漂浪、島本清隠、「註訳」は、大沢興国の手によるという。

直行団は、事務所である直行社を東京京橋区築地二丁目二〇番地におき[*]、先の発起人七名を理事[**]として活動を開始した。会費は五銭。「団員名簿[***]」によれば、団員は八八名を数え山口弧剣（義三）、吉田璣、吉瀬才市郎、岡千代彦、山根吾一らの社会主義者、岡本近造、棚橋雅治、重藤正俊らの加藤病院関係者も顔をみせている。

＊　一九〇四年（明治三七）二月二一日より、加藤病院におかれ、四月に一旦、日本橋区蠣殻町の磯部検三宅に移されるが、八月に再び加藤病院にもどされた。

＊＊　「辱知諸君」（『直言』第一巻第六号〈一九〇四年五月五日〉）では、「社主　加藤時次郎」と記されている。

＊＊＊　機関誌『直言』に数度掲載されたが、第一巻第一三号（一九〇四年一二月五日）に「紙面の都合により団体名簿を略す」とされつつ、そのまま終刊号まで未掲載である。団員数は、さらに多いことは間違いない。

直行団の活動のひとつは、月一回の団員会で、その一覧は〈表三〉「直行団団員会」に掲げておいた。一九〇三年（明治三六）一二月一五日に加藤病院で開かれた第一回団員会は、事実上の発会式で、田川大吉郎、幸徳秋水、堺利彦、石川三四郎、山根吾一、岸市五郎、中島藤吉、川畑秀太郎、保坂彦蔵、鎌田市太郎、渡辺真吉、沢田宗四郎、伊達琢之、磐井彦太郎、柳沢保太郎、高木唯雄、加藤良勘郎、杉島末吉、棚橋雅治、岡本近造、重荘正位ら三〇余名が出席するという盛会であった。加藤の開会の辞につづき、田川、堺、幸徳、石川、山根が演説した。社会主義者、自由主義者が幅広く参加している様子がうかがえる。

また直行団は、機関誌『直言』を発行し言論活動もおこなう。月一回、一部三銭で、*発行兼編輯人原霞外、印刷人大沢興国、および村山漂浪というスタッフが**加藤病院の二階を編輯室としている。一九〇四年（明治三七）一月五日の創刊から、翌年一月五日の終刊まで、全部で一四号を発行した。

＊　一九〇四年（明治三七）二月のみ、第二号が五日、第三号が二〇日に発行されたため月二回となっている。なお定価ははじめ五銭、そして三銭五厘から三銭となった。

＊＊　第一巻第一二号（一九〇四年一一月五日）より、白柳秀湖が編輯を担当している。

もっとも「直言の初号が発刊さる、や間もなく、発起人中の重だつた人々は或る事情の為、遂に袖をつらねて去つて了」（原霞外「『直言』活動の時」『直言』第二巻第一号〈一九〇五年二月五日〉）ったという。島本清隠、小倉秀峯らが離れたと思われるが、第一巻第一号には、幸徳秋水「予は直言す」、堺枯川（利彦）「直言の本義」、斯波貞吉「直言に寄す」の祝詞が掲げられており、社会主義者の執筆をめぐる問題が〝離反〟の原因ではなかろうか。第一号は三八頁で発行されたが、以後は菊二倍版八頁で発行された。

直行団に関する記述が長くなったが、『直言』、直行団での加藤の言動をみることにしよう。『直言』誌上で、加藤は依然、衛生問題に発言し、第一号に「衛生叢談」を寄せ、旅行中の衛生法を説く。ここでは、「多くの伝染性を有する病毒は、交通機関の頻繁に伴ひて四方に運搬せらる」という認識をしめし、啖壺、消毒液、禁煙室の設備を交通機関に設けること、乗客は人前で咳をしないこと、喫煙や子供の排便には十分配慮することをよびかけている。

また磯部検三と共同執筆した「睾丸摘出事件を論ず」(『直言』第一巻第二号〈一九〇四年二月五日〉)では、当時をにぎわした「去勢」事件を材にとりつつ、「医の業務はどこまでも、正当なる人身の健康状態を、保衛することを目的とす」と医療を論じる。ここでは、さらに「医師たるもの、其地位を奨進し、其業権を伸長せんと欲せば、先づ自己の執務に於て神聖なるを要す」と、医師の倫理の必要性も説いた。*

* 『直言』第一巻第一号には、この他にも「衛生時事」、磯部孔夏(検三)「首府の衛生行政」が掲げられる。直行団発起人の加藤、村山漂浪、後見役的存在の磯部検三は、いずれもみな医師で、『直言』は「社会の衛生問題、医事問題は今日以後に於て特に切論すべし」(磯部孔夏「余が直言の方針」『直言』第一巻第五号〈一九〇四年四月五日〉)という編集方針をもっていたように思われる。

だが加藤の関心は、徐々に衛生問題から二つの領域――ひとつは慣習、いまひとつは女性・家庭へとむかい、それらに対して発言をはじめる。慣習への言及は、虚礼の批判として展開され、門松注縄、「金銭の上から言つても時間の上から言つても、実に不生産極ま」(「非なる儀式を排す」『直言』第一巻第二号〈一九〇四年二月五日〉)る年賀状などに代表される正月の儀礼、故人の知らぬ人まで通知をし香奠の贈答にのみ気をつかい「礼を受る人も礼を為る人もお互に虚偽の競争である」（加藤・磯部検三「葬式の虚礼」『直言』第一巻第六号〈一九〇四年五月五日〉）葬式を俎上に載せた。そしてそれらは、時間と費用の浪費のみならず、「人の心をだん〳〵軽薄に流」（同右）す、と厳しく批判した。人間の真情をあらわす礼式を望むのである。

一方、家庭のあり方に対しても、「家庭に階級といふ悪い制度を立てる一の媒介物で……非文明的野蛮的」（「玄関番廃止論」『直言』第一巻第三号〈一九〇四年二月二〇日〉）遺物として玄関番の廃止を主張した。また、女性の権利拡張を論じて、「今日の社会に於ける経済組織の一変するか、然らずんば女子に自営独立の道を開き得るまでは到底完全なるは望み得ない」（「家庭に於ける女子の改良」『直言』第一巻第一三号〈一九〇四年一二月五日〉）と留保をつけつつ、もっとも手近な衣服の改良や紅粉の廃止を唱えた。

これらの虚礼廃止も家庭改良も、いずれも実行にうつされ、加藤は年賀状、玄関番を廃止し、自ら「生涯筒袖の衣服のみを用ひ……夫人も……筒袖の衣服のみを着用」（関守造「実行の人」『ありし面影』所収）した。そして時には、木下尚江、田川大吉郎、山根吾一、矢野龍渓と「互に其家庭の有様を語り合」（『直言』第一巻第四号〈一九〇四年三月五日〉）った。*

＊　夫婦で着たこの改良服は「一般社会の耳目を聳動させた」（無署名「科学的精神に充ちたる加藤時次郎氏の家庭」『サンデー』第一二四号〈一九一一年四月二三日〉）という。

しかし、さらに重要なことは、慣習と家庭・女性への言及は加藤にとり、社会そのものを論じているのにほかならないことである。牽強付会と思われるかもしれない。だが加藤は、「貧富不平等なる社会と虚偽形式を重むづる家庭と徳義日々に弛廃せる人心を黙視するに不忍」（「辱知諸君」『直言』第一巻第六号〈一九〇四年五月五日〉）と述べ、社会と虚礼、家庭および個人の徳義の改良・改革を関連づけて、同一のレヴェルで考えていた。また、「如何にせば人類の生活を単純ならしめ、容易ならしめ得るかを講究し、以て頽敗（ママ）せる道徳をして自然復活の途に就かしめん」（「菜食論㈠」『家庭雑誌』第四巻第七号〈一九〇六年七月一日〉）という関心から、菜食論に言及した。さらに、女性問題について記しておけば、加藤は愛国婦人会が「賤業婦」の入会を拒否した事件をとりあげ、「かゝる醜業を要求する社会の改革に努めん」（「醜業婦は何が故に公共団体に入る事を得ざる乎」『直言』第一巻第一一号〈一九〇四年一〇月五日〉）と論ずる。

こうして、社会を考察するということは、天下国家を構造的に把握してみせることではなく、卑近な日常生活のなかに存在する不合理や抑圧、差別の摘発をおこなうこととなる。これは加藤の文体にもうかがえ、これまでの引用からもわかるように、志士的な漢語の多い悲噴慷慨調の文脈ではなく、誰にでも読解できる平易な文章であった。加藤は「当分は社会改良主義ぐらゐに止めやう」（原霞外「『直言』活動の時」）と語ったというが、以上の立場は社会改良主義といえるであろう。

ただ社会改良主義は、目前のことがらには柔軟に対応できるものの、状況におしながされるという弱点をもつ。日露戦争のとき、加藤は「飽く迄も戦争の罪悪なる」ことを指摘しつつ、戦端がひらかれると「今日は最早主戦論非戦論の時にあらず、両者正に一致して、国家の安寧と国民の幸福とを保持するに務む可き也」（加藤・原霞外「平民戦後の覚悟」『直言』第一巻第三号〈一九〇四年三月二

○日〉）と、戦争自体を容認してしまう。[*] そして、その枠の中で「戦争によつて利を得る者は、軍人なり官吏なり御用商人なり投機者流なり、而して利を失ふ者に至つては独り平民のみ労働者のみ」（同右）と、戦争は民衆に何ら利益を与えず、かえって苦難を強いる旨を指摘する。

＊ 堺利彦によれば、加藤は一九〇四年（明治三七）三月一四日の理想団晩餐会でも、非戦論の表明をさけたという（枯川生「理想団晩餐会の記」週刊『平民新聞』第一九号〈一九〇四年三月二〇日〉）。

〈表三〉 直 行 団 団 員 会

日　時		場　所	備　考
1903年			
	12月15日	加藤病院	第１回団員会　石川三四郎、山根吾一ら30数名出席。加藤時次郎、田川大吉郎、幸徳秋水、堺利彦、原霞外、石川三四郎、山根吾一が演説。
1904年			
	２月26日	加藤病院	第２回団員会
	３月23日	直 行 社	第３回団員会　磐井彦太郎、甲田倭文兄、岡千代彦、岸一五郎、中島藤吉、白柳秀湖、山口孤剣、吉田璣、角兼豊次、原霞外、磯部検三、加藤時次郎が出席。甲田提出の貸家問題を討論。
	５月６日	山 城 屋	第４回団員会　加藤時次郎、加藤さき、石能信高、大杉栄、長谷川二郎、幸内久太郎、村岡清次、角兼豊次、桑田右一、吉田璣、山口孤

年	月日	場所	内容
			剣、村松楽水、白柳秀湖、山根吾一、神代智明、榊原常吉、磯部検三、原霞外が出席。榊原、山根、村松、白柳、山口を委員に選出。
	6月14日	加藤病院	第5回団員会　14名出席。『直言』第1頁に直行団の主旨を載せること（簗田提出）、消費組合設立（加藤提出）を決議。
	8月5日	加藤病院	第6回団員会　岡千代彦、白柳秀湖、三瓶秀太郎、吉瀬才市郎、神代智明が出席。
	9月7日	加藤病院	第7回団員会
	10月6日	加藤病院	第8回団員会　11名出席。消費組合開始について論議。
	11月9日	加藤病院	来会者少なく四方山話をして散会。
	11月19日	不　明	臨時団員会　島本団員の送別会を兼ねる。
	12月12日	加藤病院	消費組合員総会を兼ねる。
1905年			
	1月21日	加藤病院	直行団1周年紀念会　山田道兄、加藤時次郎、西川光二郎、安部磯雄、斯波貞吉、岡千代彦ら12名出席。西川、安部、斯波の演説と岡の落語、加藤の浄瑠璃、社会劇がおこなわれる。

1）『直言』、週刊『平民新聞』、『光』より作成。

2）『直言』第1巻第13号（1904年12月5日）には、「いつも乍ら来会せらるゝ諸君は大概同じ方々のみにて……例会には御繰合之上御出席を乞ふ」と記されている。

3）こののち、1905年12月に毎月第二金曜日の例会を加藤病院で催すことにしたというが、実際に開会されたかは不明である。

とはいえ、ここに示される視点には、加藤の面目があらわれていると私は思う。彼は「富豪にのみ或一種の租税を課して、献金と言ふ如き任意的のもので無く、法律を以て之を強要」し、「電話電燈電鉄等を市の事業として市有財産を増殖し」、それらの金を、戦争で貧窮する「貧民救護の資」にあてるようにも主張している（「戦時貧民救護法」『直言』第一巻第四号〈一九〇四年三月五日〉）。状況自体を——戦争を阻止するのではないが、現状のなかでもっとも窮迫させられる人々へ着目しその救済をはかっており、社会問題告発の姿勢のひとつに数えうることができよう。非戦の主張を貫きとおした幸徳秋水、堺利彦、あるいは内村鑑三のように、孤立をしても信念をまげず原則を守りぬく強靭さはないが、非戦論からは欠落してしまう、戦時下に現実に困惑している人々に、加藤は照明をあてたのである。

こうして、衛生から出発した加藤は、「衛生てふ事は畢竟衣食住の注意が充分に届けば其れ以外に衛生法と言ふ者無き如く、今日に於ける社会問題も要するに衣食住の問題である」（「消費組合設立に就て」『直言』第一巻第九号〈一九〇四年八月五日〉）と、認識するに至った。

消費組合と貸屋問題研究会

直行団は、民衆に直接訴え、社会問題に対処するため、一九〇四年（明治三七）三月一一日に、芝区兼房町玉翁亭で公開演説会を開く。*

＊ 原霞外が開会主旨を述べたあと、山口孤剣「資本家の犬と戦争狂」、白柳秀湖「争童の悪口に似たり」、石川三四郎「兵士の家族」、山根吾一「兵士と細君」、岡千代彦「戦争労働者」、磯部検三「文明と人種」、加藤

時次郎「戦時貧民救済法」のほか、吉田璣、松崎源吉がとび入りで演説した。

また、団員小川美明が東京府下赤羽に結成した共楽会のため、同年四月二三日に山根吾一、岡千代彦、山口孤剣、丸山虎之助、吉田璣、原霞外が地方遊説を行った。

だが直行団の社会問題への対応の中核は、消費組合である。一九〇四年(明治三七)六月一四日の第五回団員会において加藤が提案し、可決されている。平民文庫の一冊として刊行されたばかりの石川三四郎『消費組合之話』(一九〇四年)や、「オーエンの共産主義の思想」(「消費組合の設立に就て」『直言』第一巻第九号〈一九〇四年八月五日〉)に想をえるが、「衣食住の必要品を廉価く買つて生活向の金銭を少なくする目的の組合」(「消費組合設立之檄」『直言』第一巻第八号〈一九〇四年七月五日〉)であり、自治的、共同方式で生活に直結する社会問題対策である。加藤は、消費組合は、同じ社会問題への対応でも慈善事業とは異なり「恩恵的でも一時的でも無く其組合員は立派に大意張(ママ)で加之も永遠に利益を得ると言ふ誠に結構な貧乏除の方法」(同右)である点を強調している。

直行団は、消費組合の宣伝および組合員募集を兼ね、七月一〇日に宝生倶楽部で公開演説会を予定するが暴風雨のため中止し、七月一八日あらためて今金で開催した。弁士は原霞外、岡千代彦、斎藤兼次郎、堺利彦、石川三四郎と加藤で、岡は演説を中止させられた。来会者は数十名にすぎなかったというが、演説会広告を、週刊『平民新聞』第三五号(一九〇四年七月一〇日)に掲載し、堺や石川に弁士を依頼するなど社会主義者に積極的にはたらきかけた。社会主義者も好意的に対応し、堺は「(加藤らの提案は――註)大いに聴衆の賛成を得た」(堺生「平民日記」週刊『平民新聞』第三七号

〈一九〇四年七月二四日〉）と記している。

「消費組合募集広告」は『直言』（第一巻第一〇号〈一九〇四年九月五日〉）と、週刊『平民新聞』（第四三号〈一九〇四年九月四日〉）に掲げられ、出資金一口三円、二〇〇名を限り募集、米、塩、砂糖、醬油、味噌、薪炭を扱い現金売買のうえ配達もおこなう、と概要をあきらかにした。つづけて加藤、石川三四郎、原霞外の名で「直行団消費組合仮定款」（同右「附録」）を発表し、区域は東京市内、事務所は直行社（加藤病院内）におくこと、有限責任とすることなど組織をととのえた。

だが、肝心の組合員が思うようにあつまらず、一〇月六日の団員会で「組合員卅名に満つるを待て」（無署名「直行団々報」『直言』第一巻第一二号〈一九〇四年一一月五日〉）開業することとし、それでも定数にみたないため一一月二八日、一二月一二日に組合員総会をひらき、一二月一五日より、見切りで営業を開始する。*しかし、はっきりした時日を確定しえないが、この後しばらくして、消費組合は活動を停止してしまう。

こうして直行団消費組合は、平民社が逸早く九月二日に一口（二円）加入するなど、社会主義者との連携は強めていったものの、組合員不足で失敗におわってしまう。だが、これが加藤のはじめての社会事業経営であり、事業による社会問題解決の志向を、すでにうかがうことができる。

＊　このときは理事が、磐井彦太郎、卜部喜太郎、加藤、監事が石川三四郎、原霞外という陣容で米のみを扱った。

加藤が、直行団を母体として試みたいまひとつの活動として、貸屋問題への対応がある。貸屋すなわち借家問題は、当時の東京市の人々の九割以上が借家人であったため看過しえぬ問題だが、片山潜、村井知至、浮田和民、安部磯雄、小沢弁蔵、永山栄次、金子広作による共働家屋建築会を除けば、正面からとりあげられることなく、一九二二年（大正一一）の借家人同盟結成まで放置される。借家人の階層がきわめて多様で、要求をまとめにくいこと、深刻に問題に直面する長屋連中は、かえって運動にとりくむ余裕がないこと、大屋――店子意識が強く、借家権を主張しにくいこと、きわめて日常的な問題でとりあげにくいことなど、さまざまな理由が考えられるなか、加藤ら直行団はこの問題にとりくむ。

一九〇四年（明治三七）三月二三日の第三回団員会における、甲田倭文兄の提議を採用し、四月九日、京橋区梅華亭で貸屋問題演説会を開く。原霞外が開会の辞を述べ、白柳秀湖「過去十年」、山口孤剣「伝染病の本営」、岡千代彦「たな子とは何ぞ」、磯部検三「おほやとは何ぞ」、加藤「直行団主旨」が演説され、*とび入りで、井口龍城が演壇に立った。聴衆は四〇名あつまったという。

＊ 予告では白柳のかわりに、吉田璣が「貸屋市有論」を演説するはずであった。

演説会ののち、彼らは「当分此（貸屋――註）問題につき各所に開会すること」（無署名「直行団々報」『直言』第一巻第六号〈一九〇四年五月五日〉）を決し、五月六日の第四回団員会で選出された榊原常吉、山根吾一、村松楽水、白柳秀湖、山口孤剣の五委員が、五月一〇日に加藤病院に集まり、貸屋問題研究会の担当部署をきめる。制度・習慣・法律は原霞外、構造は加藤、統計は磯部検三とされた。

また、『直言』誌上で、原霞外が敷金、雑作の売買貸借を廃止するように主張し（原霞外「おほや諸君」第一巻第七号〈一九〇四年六月五日〉）、借家人の悲劇（無署名「家賃の代に私の命」同右）やニューヨークの家主同盟の「非」（無署名「おほ屋同盟と貧民（米国通信）」第一巻第八号〈一九〇四年七月五日〉）を報道し、あるいは「盗賊詐偽師に等しい家主コレを制裁するのは法律にあらず……我直行団である来れ借家人諸君」（右辺「戦線外」第一巻第七号〈一九〇四年六月五日〉）とよびかける。こうして、加藤、直行団は、貸屋問題研究会として家を貸す側からの名称はつけはしたものの、都市における借家人の問題を追求したのである。

消費組合と貸屋問題。これらは一九二〇年代にそれぞれ消費組合運動、借家人運動として展開されるが、加藤は一九〇〇年代初頭に、双方に関心をもち実践を試みた。消費問題も貸屋問題もともに都市問題にほかならず、彼は都市問題に着目していたといえる。加藤は、田川大吉郎が一九〇四年（明治三七）一月二〇日に催した「自然市政に関する談話会の如き観を呈した」（週刊『平民新聞』第一二号〈一九〇四年一月三一日〉）茶話会——安部磯雄の市交通機関の将来論、木下尚江の都市社会主義実践要請、桑田熊蔵の欧州都市事業紹介、尾崎行雄の貧民学校・養育院視察報告、葛岡信虎、中村弼、桜井義肇、松井昇、井上織夫の市政および社会問題への発言がみられた——に斯波貞吉、山県五十雄、幸徳秋水とともに顔をみせている。すでに、一九〇〇年代における都市への発言者の一人であった。森鷗外が医師の人命尊重の観点から市区改正と公衆衛生の関連を論じたように、加藤も衛生問題から出発し、都市問題の存在に目をむけたといえる。

おりしも、東京府知事芳川顕正が、富国強兵的見地から「道路橋梁及河川ハ本ナリ、水道家屋下水ハ末ナリ」(「市区改正意見書」一八八四年)と公言してはばからぬ、〝都市計画不在〟の状況である。『応用市政論』(一九〇八年)や『都市独占事業論』(一九一一年)で都市のありようを考察した安部磯雄、『都市社会主義』(一九〇三年)で公益企業の市有を唱えた片山潜ら、都市問題を告発し、その解決に力をつくした先駆者の周縁におり、都市問題に発言した人物として加藤をとらえてよいであろう。もっとも、後に詳しくふれるように、安部、片山が主として経済的観点から都市装置に力点をおきつつ、欧米の事情を考慮し都市を体系的・総体的に把握するのに対し、加藤は都市問題に開眼し、都市問題それ自体に関心をよせているのであるが。

社会主義の保護者

堺利彦と幸徳秋水

一九〇三年(明治三六)ごろ、加藤時次郎は、ドイツに「四五十冊ばかり社会主義書を註文し……三年ばかりといふものは、殆んど側目も振らず社会主義の研究に没頭した」(「思想の変化」)。このなかには、(現在は社会主義文庫に所蔵されている)ドイツ語版『資本論』(第一巻は第五版、第二・三巻は初版)も含まれており、加藤は達者な語学力を活用して研究にいそしむ。社会問題、都市問題の解決を試みた加藤は、同時に社会主義を学ぶ存在でもあった。加藤の社会主義へのコミットは、理論にもとづく実践活動ではなく、当面社会主義者との人的交流とその保護という形態をとってあらわれる。*

＊　これまで加藤はこうした側面においてのみ、近代日本史上に名を刻まれてきたといっても過言ではない。たしかに、本書の該当個所でふれるように、松尾尊兊氏により普通選挙運動家（「普通選挙運動の史的考察」『大正デモクラシーの研究』〈一九六六年〉所収）、松本克平氏により演劇保護者（『日本社会主義演劇史』一九七五年〉、川上武氏により医師（『現代日本医療史』一九六五年）の側面があきらかにされてきているのではあるが。

堺　利彦

まず、堺利彦や幸徳秋水との交友関係をみよう。

加藤は、堺利彦とはとくに親密で、*病弱であった堺夫人美知子を診断し、一九〇四年（明治三七）には加藤病院神奈川分院に入院させ、さらに堺が活動しやすいように、娘の真柄をしばらく小田原分院にひきとる。この年の八月に美知子が死亡すると、加藤は彼女を悼み「嗚呼堺夫人」を『直言』（第一巻第一〇号〈一九〇四年九月五日〉）に寄せ、一周忌に追悼会**がなされたときは、義太夫を披歴して「公席を賑はさうと」（渚山「予の精神日」『家庭雑誌』第三巻第九号〈一九〇五年九月二日〉）した。また、一九〇四年

加藤時次郎夫妻に宛てた堺利彦の葉書（1927年）

（明治三七）六月二六日の堺の出獄歓迎を兼ねた園遊会でも義太夫をうなり、団子店を寄附し、堺が雑誌『社会主義研究』の編輯をおこなうときには、小田原分院を一ヶ月あまり提供している。

＊　このため加藤の遺族の家には、献辞の記された多くの堺の著作がのこされている。

＊＊　福田英子が主任幹事で、一九〇五年（明治三八）八月一八日に催され加藤のほか、安部磯雄、木下尚江、久津見蕨村が演説した。

さらにその後、一九〇八年（明治四一）に、赤旗事件で堺が入獄したときには、まだ五歳であった真柄を、ほぼ二年のあいだひきとり「愛子の如く養育」（堺利彦「加治君と私との関係」『ありし面影』所収）した。

堺は、まだ幼い娘の行末を心配し、獄中からたびたび書状をしたためるが、再婚した夫人に「僕はとにかく幸徳、加藤両君の判断をもつて満足するつもりだ。今後のこともそのつもりで両君に相談したまへ」（一九〇八年一〇月一九日）と申しおくり、真柄は「あるひは加藤家において育てらるべき運命を持つているのかも知れぬ」（一九〇九年二月一二日）

とまで述べる。*

＊ 真柄は、のちに、「生母にまさる恩恵をうけた母がわり」として、加藤時次郎夫人さき（後述）をあげている（近藤真柄「『大逆帖』覚え書」『自由思想』第四号〈一九六一年二月一〇日〉）。

一方、幸徳秋水との関係では、加藤は胸を病んでいた彼の主治医をつとめ、療養のときには、小田原分院で便宜をはかるほか、幸徳が一九〇五年（明治三八）九月に渡米するにあたっては、船賃一五〇円、毎月五〇円の金銭を提供した。このとき、往路は加藤時也が同行しているが、さらに一九〇九年（明治四二）九月三日、四日には、幸徳秋水・千代夫妻が連名で加藤夫妻に宛て大阪から葉書をおくるなど、家族ぐるみのつきあいであった。*

幸徳秋水

＊ すでに一九〇三年（明治三六）六月一九日には、堺、幸徳はじめ、佐治実然、山県五十雄、黒岩涙香、田川大吉郎、斯波貞吉、片山潜を自宅に招待し晩餐会をもち、「今後お互ひに一層交情を深くしたい」（無署名「加藤邸晩餐会の記」『家庭雑誌』第一巻第四号〈一九〇三年七月二日〉）と話しあっている。なお、このとき、内村鑑三と安部磯雄も招待されたが、彼らは欠席している。

加藤の堺利彦、幸徳秋水との交流は、彼らが興した平民社との密接なつながりでもある。一九〇三年（明治三六）一〇月一五日、非戦論を唱え、万朝報社を退社する堺、幸徳のために社会主義協会が同情会を催したが、その席上で加藤は彼らが計画する週刊新聞の「創業費として差当り必要なだけを貸」（無署名「発行事情」週刊『平民新聞』第一号〈一九〇三年一一月一五日〉）す旨を申し出、七五〇円という少なからぬ額を差し出した。こののち平民社が設立されると、加藤は、佐治実然、安部磯雄、小島龍太郎、木下尚江と平民社相談役となり*、「経営のことに与り、公然事務会計の監督の責任を負ひ、本紙（週刊『平民新聞』――註）の維持拡張のことに協力」（無署名「籠城後の平民社」週刊『平民新聞』第三〇号〈一九〇四年六月五日〉）することとなり、しばしば同社をおとずれている。また平民社の新年会（一九〇五年一月八日）に堺、幸徳、木下、岡千代彦らとともに参加、「浄瑠璃『千（ママ）代萩』を一段かたり、聴衆をして落涙せしめ」（無署名「平民社新年会」週刊『平民新聞』第六二号〈一九〇五年一月一五日〉）、相前後しておこなわれた「直行団創立紀念会」の広告を週刊『平民新聞』に掲げ、その参加申込先に、直行団とともに平民社を指定した。

＊　加藤は、佐治とともに常任相談役に任ぜられている。

こうした加藤と堺、幸徳および平民社との関係は、社会主義協会が解散させられ、週刊『平民新聞』発行禁止が宣告される一九〇五年（明治三八）には、一層緊密となり、加藤は佐治実然、斎藤兼次郎、木下尚江、石川三四郎、小島龍太郎、堺、幸徳とともに社会主義運動基金募集に名をつらね、週刊『平民新聞』廃刊の際には、『直言』を後継誌に提供している。後者についてふれておけば、新聞紙条例違反で発行禁止の判決をうけた週刊『平民新聞』は、財政状態が悪化していたこともあり、一月二九日発行の第六四号を全頁赤刷にし、廃刊を宣言した。だが彼らは機関紙発行を断念したのではない。同紙はさりげなく、「『直言』は大いに其の（社会主義――註）中央機関たる任に尽さんが為に此度其紙幅を拡大し、其の発行回数を増し、二月五日を以て第二巻第一号を出し、以後毎週日曜発行」と報じている。そして、その予告どおり、二月五日発行の『直言』は「本紙拡張に就ての注意」を掲げ、記者は「従来の」原霞外、山田滴海、白柳秀湖、小野有香、加藤時次郎、および「平民社の同人たる」幸徳、堺、木下、石川、西川光二郎、松岡文子、小田頼造、山口孤剣であり、同紙は「日本社会主義の中央機関」たることを標榜した。平民社は、週刊『平民新聞』廃刊後も途切れることなく、週刊で機関紙を発行しつづけるが、加藤による『直言』の提供という行為が、それを可能にしたのであった。

加藤は、こののち、一九〇五年（明治三八）一一月二〇日に、西川光二郎、山口孤剣により創刊される『光』の発行所・凡人社の顧問格とされ、大石誠之助、竹内兼七とともに「有力な金銭的支持者」（西田長寿「『光』解説」『明治社会主義資料集』〈一九六〇年〉）となる。その他、『日刊平民新聞』発刊にも出資し、その特約寄書家となっている。

加藤は、こうして保護者、パトロンとして社会主義に関与したが、こののち社会主義者としての実践にふみいる。初期社会主義は、様々な思想傾向や行動様式をもつ人々を包含していることを考慮したうえで、私は加藤を揺籃期の社会主義者の一員としたいが、その位相はいわば後衛的立場といえよう。

『直言』（第二巻）、『光』、週刊『平民新聞』、『日刊平民新聞』など、社会主義中央機関紙へは予想に反して一度も執筆せず、彼はそのようなかたちでの社会主義への参加ではなく、援助、庇護という面に比重をおいた。加藤はこのとき四〇代後半、生活費は毎月一、五〇〇円といわれ、所得税も一一〇円（一九〇六年）、一六〇円（一九一一年）を納める洋行帰りの病院経営者である。したがって、〝研究〟こそおこなっていたものの、先頭きって社会主義を宣伝し、果敢な行動にでたり、実践理論を考ずることは、彼の資質もありよくするところではなく、もっぱら経済的な支援をした。[*] もとよりこうした参加は貶されるのではなく、逆に初期社会主義の層のあつさをあらわしていよう。

ちなみに加藤病院の広告が掲載されている社会主義系列の新聞、雑誌には、『独立評論』、週刊『平民新聞』、『光』、『東京社会新聞』、『火鞭』、『世界婦人』、『社会主義研究』、『家庭雑誌』、『日刊平民新聞』、『週刊社会新聞』などがある。

＊　これはまた、遺族の家に週刊『平民新聞』、『直言』（第一巻、第二巻）、『日刊平民新聞』、『光』、『週刊社会新聞』、『社会主義研究』、『家庭雑誌』あるいは堺『社会主義問答』（一九〇六年）、平民文庫『社会主義入門』（一九〇四年）などが残される原因にほかならない。『革命評論』、『自由思想』、『労働者』も残されており、確証をつかめぬが、これらにも加藤が金銭的な援助をした可能性がある。

加藤の救済は、経済的にのみとどまらない。加藤病院では、福田英子の母景山楳子のリューマチを治療し、[*] 病をこじらせた管野スガを一ヶ月入院させるなど、身体の救済もおこなった。管野は一時は重態だったが、「漸次快方ニ向ヒ」（『社会主義者沿革』）、入院中は、幸徳が毎日見舞にきたという。加藤病院では、また、社会主義者であるがゆえに岡山の県立病院を追われた、医師増原長治[**]を医員としてむかえ、一九〇五年（明治三八）二月には、神奈川分院医員に社会主義者を募集している。***

＊　一九〇三年（明治三六）一二月。このとき、内山愚童が見舞にたちよっているという。なお、加藤は、愚童『入獄紀念無政府共産』（一九〇八年）の郵送をうけたとして、一九一〇年（明治四三）九月一五日に捜索をうけている。

＊＊　増原は、山田金一郎と共に貧民窟医療を試みており、医療技術をいかした実践を行っていたようである。

＊＊＊　その他の社会主義者との交流の例を、いくつかあげておこう。一九〇四年（明治三七）一〇月には、社会主義伝道行商をおこなっていた小田頼造、山口孤剣を小田原分院に泊め、一二月には、今井歌子の訪問をうけ、家庭改良を談じている。また、アメリカの社会主義者フライシュマンをかくまい、生計を得させるため、英、独、仏の外国語研究会（語学研究会）を直行社内に結成した――もっともフライシュマンが開講直前に帰国してしまい、機能しないが。さらに、一九〇五年（明治三八）には、加藤の誕生祝いの余興に、原霞外、加藤龍彦、大亦墨水、岩本真吾ら社会劇会のメンバーが、『良人の自白』二幕を上演してもいる。

実践活動への参加

加藤時次郎は、一九〇三年（明治三六）六月二一日、二六日に電車賃率引上反対運動で演説したものの、これまで社会主義の実践活動には全く加わらない。だが、一九〇六年（明治三九）には日本社会党の結成に加わり、電車賃値上反対運動に参加し、そして普通選挙連合会へ結集し、いく分のためらいをみせつつ、社会主義者としての実践活動に手をそめる。

まず日本社会党への参画だが、同党は「国法の範囲内に於て社会主義を主張す」（「日本社会党党則」

第一条）る目的をもち、日本平民党と合同の形式で、二月二四日に結成される。この最初の合法社会主義政党の創立大会の場所に、加藤は加藤病院を提供し、片山潜、堺利彦、西川光二郎、竹内余所次郎、斎藤兼次郎、樋口伝、岡千代彦、森近運平、深尾韶、山口孤剣、田添鉄二、幸内久太郎とともに評議員となった。翌年二月一七日の第二回大会で評議員を辞すが、その間、評議員会の場に加藤病院を提供し、党に三回にわたり都合一七円、夫人も五円を寄附し、日本社会党の活動にあれこれと便宜をはかる。とともに同党主催の演説会にも参加をはじめ、六月四日に錦輝館でおこなわれた日本社会党大演説会で、荒畑寒村、吉瀬才市郎、森近運平、片山潜とともに登壇し、「生理と道徳の関係」を語る。六月二八日、同じく錦輝館でひらかれた社会党大演説会で、森近運平「牧野文相の訓練を評す」、堺利彦「模範的奴隷」、幸徳秋水「世界革命の潮流」、木下尚江「思想界の中心点」にまじり、加藤は「幼時町人（ママ）の家に生れて武士に侮辱されしより大に発憤して遂に今日の如き社会主義者となれるに至れる経歴」（荒畑生「社会党大演説会の記」『光』第一六号〈一九〇六年七月五日〉）を演説した。このほか、九月二六日、二七日、一〇月一八日にも弁士をつとめ、*社会主義の一員として活動に乗り出す。

だが、天下国家ではなく、日常生活や慣習に関心をもつ加藤の演説は、断片的に知りうる演題からもうかがえるように、政治的なことがらを正面から論じる他の社会主義者とは、演説の内容や調子が異なる。また、その話しぶりは「滑稽洒脱」（同右）といわれ、絶叫調でも煽動的でもない。聴衆が身近な問題の重要性を納得できるように語ったと思われるが、そのためであろう、先の一〇月一八日の演説会で弁士九名中、七名が中止させられるという事態でも、加藤はそれをまぬがれている。

＊　九月二六日は広小路両国館、二七日は玉翁亭で開かれ、加藤の演題は「人口問題」。その他、森近運平「非軍縮論」、荒畑寒村「電車事件の教訓」、原霞外「電車事件の説明」、堺利彦「貧富の戦争」、谷村釣雪「彼岸の感」、原子基「社会主義と殖民問題」、山本利一「足尾坑夫の状態」が演説された。また一〇月一八日の弁士は加藤のほか菊江正義、森近運平、矢木鍵次郎、松崎源吉、堺利彦、荒畑寒村、幸徳秋水、田添鉄二である。

加藤は、また、一九〇六年（明治三九）三月に展開された、電車賃値上反対運動にかかわる。この運動は、日本社会党、国家社会党、および新聞記者や弁護士を中核とする自由主義者による運動で、三回におよぶ市民大会が計画され（開会は二回）、民衆運動の時期が到来したことを告げるものであった。この反対運動に、加藤は社会党員として、参加した。社会党は、三月六日に評議員会をひらき、八日に玉翁亭で独自の演説会をひらくことを決定、加藤は山口孤剣、岡千代彦、堺利彦、斎藤兼次郎、西川光二郎、木下尚江とともに、弁士をつとめる。社会党は、この後、一〇日に吉田屋（弁士は深尾韶、竹内余所次郎、斎藤兼次郎、森近運平、西川光二郎、片山潜）、一一日に植木屋（弁士は山口孤剣、堺利彦、岡千代彦、森近運平、西川光二郎、岩本〈不詳〉）で演説会を開催し、三月一一日に日比谷公園で開かれた、第一回電車問題市民大会に合流した。

第二回市民大会は、三月一五日に、同じく日比谷公園でひらかれる。加藤と田川大吉郎が、集まった民衆をまえに、「我々は市会の決議を無視す」「我々は飽く迄電車値上に反対す」「当局者若し値上を許可すれば我々は当局者を目して会社を重んじ市民を軽んずるものと認む」と書いた紙を次々

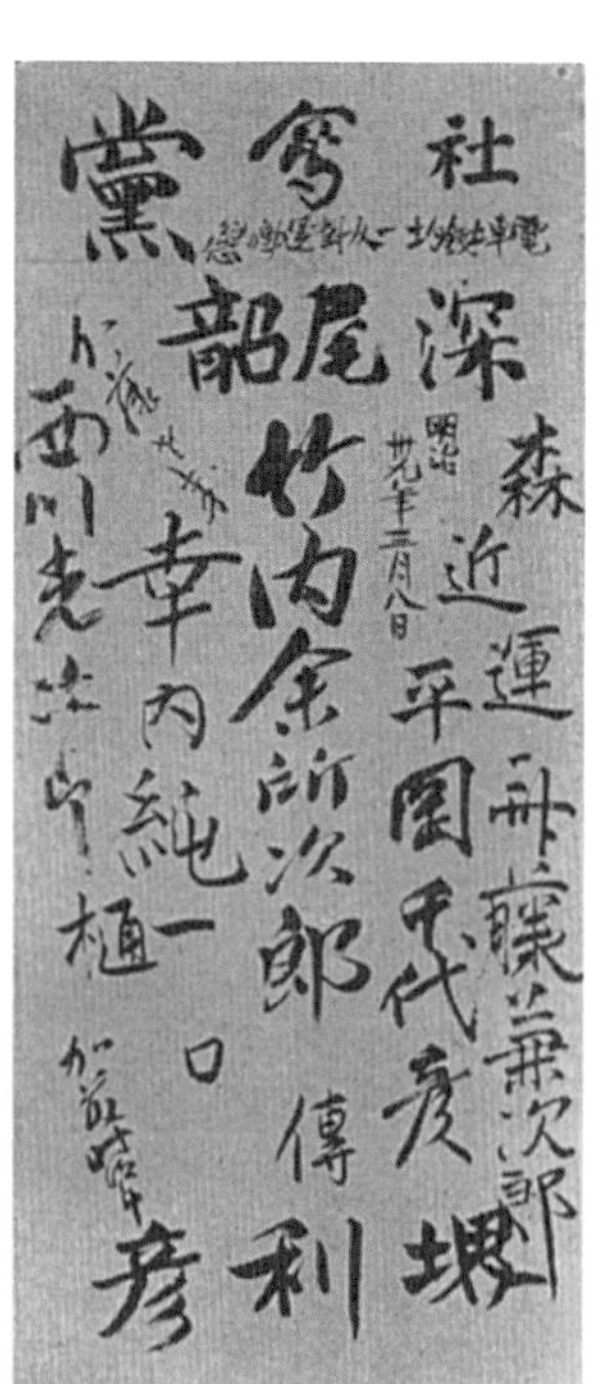

「電車賃値上反対運動紀念」の寄書き（1906年）

に竹先に掲揚し、さいごに「散会」と掲げて大会をおえた。*これは当日、騒擾が予想されたために、事前に田川が、加藤宅で紙に「開会とか、散会とか、決議とかを書いて、それを掲揚する準備を」（田川大吉郎「電車値上げ反対の頃の事ども」『ありし面影』所収）してとられた措置であった。加藤は、直接過激な手段による運動には、賛意を示さないことが知られよう。

＊　加藤はこのとき、吉川守圀から「瞭らかに我々（社会党――註）と対峙した集会を開催せんとする意図を見せた」（『荊道星霜史』一九三六年）と非難されている。

だが加藤の配慮にもかかわらず、このあと数千名の民衆が騒擾をおこし、社会党員中、斎藤兼次郎、樋口伝、深尾韶、山口孤剣、西川光二郎、大杉栄、半田一景、吉川世民、岡千代彦、竹内余所次郎が兇徒聚衆罪で起訴された。しかるに、加藤はこの社会運動観を異にする人々と敵対することはない。かえって、善後策を講ずる社会党臨時評議員会（三月一七日）に、これまでどおり加藤病院を提供し、困窮していた樋口伝の保釈金を出し、検挙中は彼の子供を一時預るなど、庇護の動きをみせる。

彼が電車賃値上反対運動に社会党の側から加わり中心的役割をはたしたことは、遺族のもとに残されている、障子大の紙に「社会党□電車五銭均一反対運動の紀念□明治卅九年三月八日」と記し森近運平、岡千代彦、斎藤兼次郎、竹内余所次郎、堺利彦、幸内純一、西川光二郎、樋口伝、加藤時次郎、加藤さきがそれぞれ自筆で署名した寄書きからもあきらかだが、他の社会党員とは異なる運動観をもち、独自の姿勢を保ったのである。

加藤は普通選挙運動にも関与し、一九〇五年（明治三八）一二月六日に、開花亭でひらかれた「普通選挙運動に就ての協議」に、直行団代表として参加した。このときは、ほかに斯波貞吉（理想団）、木下尚江（新紀元社）、馬場力・山根吾一（国家社会党）、中村太八郎・青池晁太郎（普通選挙同盟会）、岡千代彦（誠友会）、藤原兼兄・服部豊吉（青年同志会）、森近運平・西川光二郎（凡人社）が集まり、普通選挙連合会を組織することを決している。加藤は、当局者に西川、木下、馬場、斯波、田中弘之らとならぶ普通選挙連合会の中心人物と目されつつ、この後、息長く普選運動をつづけるが、このときが最初の活動であった。

普通選挙連合会は全国大会を計画し、馬場、中村、森近、山根吾一、山路愛山に加藤が加わり、準備を整え、一九〇六年（明治三九）二月一一日に、伊勢平楼で普通選挙全国同志大会をひらくが、当日、加藤は座長をつとめ、委員*にも選出される。また、彼は院内協力者への感謝会（二月二七日。出席代議士は奥野市次郎、上埜安太郎、板倉中）にも参加し**、普選運動を担っていく。

＊ その他の委員は、山路愛山、中村太八郎、小手川豊次郎、田中弘之、田川大吉郎、松田源治、堺利彦、馬

場力。なお当日は、青池晁太郎、田中弘之、高橋秀臣が決議朗読、動議提出をし、西川光二郎、楠目玄、田川大吉郎、山路愛山、松田源吉、小手川豊次郎、江良直三郎、牧内元太郎、高橋秀臣、木下尚江、山口弾正が演説している。

＊＊ ほかに、片山潜、斯波貞吉、山口孤剣、中村太八郎、田川大吉郎が出席した。

こうして、加藤は社会主義の一員として実践活動に踏み出す。だが、これは厳密な意味での社会主義の理念や理論にもとづく実践ではなく、多分に不公正を見過すことのできぬ正義感と、社会的弱者への着目に裏打ちされた、民主主義的要求を実現するための行動である。彼の関心は、どのような社会主義をうちたてるかという点ではなく、その地ならしともいうべき民主主義の社会への徹底にあり、社会主義陣営からそれを説き、実践するにいたったといえる。

留学と社会改良主義の選択

万国社会党大会出席

社会主義の一員として、実践活動に参加しはじめた一九〇六年（明治三九）暮、加藤時次郎は突如として夫婦で渡欧する。東京市から、労働者保険や救済、工場衛生について調査するように委託をうけ、同時に「医学を研究し傍ら社会学等を研究」（『履歴書』）するためという。だが真因は、のちに加藤自ら述べるように、「社会主義一派の猛烈なるものに至つては徒に過激に走りて牢に投ぜらるゝもの漸く多く、自分も動もすればその渦中に巻き込まれんとする有様で」「予の立場に一転機を為すの必要を感じ」（「外遊に際して」『凡人の力』第二五〇号〈一九二七年八月一〇日〉）たために、ほかならない。さきの電車賃値上反対運動にみられた運動観の相違に加えて、アメリカから帰国した幸徳秋水が直接行動論を提唱し、さらに尖鋭化していく議論や行動に、対応できなくなったのである。もっとも、社会主義者とはずっと縁をきることなく、このときも一一月一二日に吉田屋で堺利彦、白柳秀湖、山口孤剣、岡千代彦、森近運平らの送辞をうけ*、一二月一二日の出立には日本社会党数十名の赤旗をたてての見送りをうけている。

＊　この送別会は、例月の茶話会を兼ねたが、六〇名が参会している。

ここで時次郎夫人さきについて、ふれておこう。加藤はせんと別れ、一九〇一年（明治三四）七月一七日に、静岡県浜松市の榊原谷吉次女さき（一八七七年〈明治一〇〉二月一二日―一九七〇年〈昭和四五〉一月二四日）と結婚した。方舟は、さきを「愛敬タツプリで、院内二十四五人の元締めは言ふまでもない、然も入院患者数十名の気付けまで夫を助けての大働き」（方舟「加藤時次郎氏」）と評し、『サンデー』は「名士と美人の今昔」のシリーズで、さきをとりあげている（第一二五号〈一九一一年四月三〇日〉）*。

＊ さきの兄常吉は、松籟と号し、直行団団員。加藤は、彼とヒプソンの著作の翻訳をおこない『自然界之応用　空気ノ過去現在及未来ノ研究』を、一九〇三年（明治三六）一一月一五日に盛光堂書店より出版している。

さて加藤は、この二回目の留学でフランス、スイス、イギリス、ドイツをまわり、またアメリカまで足をのばして、内臓外科、婦人科、泌尿生殖器科、エックス光線科を学び、医学の研鑽をおこたらない。このとき購入したと思われる医学書には、*Handbuch der Gynakologie*（全三巻　一九〇七—〇八年　婦人科ハンドブック）、M. Rubrer, *Lehrbuch der Hygiene*（一九〇七年　衛生学教本）、Th. Kochen, *Chirurgische Operationslehre*（一九〇七年　外科手術教本）、*Handbuch der Hautkrankheiten*（一九〇七年　皮膚病ハンドブック）、Alfred Blaschks und Max Jacobsohn, *Therapeutisches Taschebuch für Haut-und Geschlechtskrankheiten*（一九〇七年　皮膚・性病読本）といった教本、読本類も多い。だが Albers. Schonberg, *Die Röntgentechnik*（一九〇六年　レントゲン技術）という日本では最新の領域に属するもの、W. Kolle und H. Hetsch, *Experimentelle Bakteriologie und die Infektionskrankheitern*（一九〇六年　実験細菌学および伝染病）、Heinrich Braun, *Die Lokalanasthesie:ihre wissenschaftlichen Grundlagen und praktische Anwendung*（一九〇七年　局部麻酔、その学術的基礎と実際的応用）という専門性のつよいもの、M. A. Dutch, *Food and Digestion in Health and Disease*（一九〇六年　健康と病気における食物と消化）など健康に関するものを購入している。また *Monatsschrift für Praktische Dermatologie*（開業皮膚科医のための月刊誌）、*Müchener Medizinische Wochenschrift*（ミュンヘン医学週刊誌）、*Zentralblatt für Chirugie*

〔外科術中央紙〕、*Zentralblatt für Gynäkologie*〔婦人科中央紙〕など医学専門の雑誌・新聞を購読しており新しい知識や技術の習得に熱意をみせている。*

＊ 帰国後も、これらの雑誌、新聞は継続して購読している。

こうした医学書とともに、加藤は、*Annual Report of the Department of Public Charities*（一九〇七年　公共慈善部門年度報告）、Paul Hirsch, *Verbrechen und Prostitution als soziale Krankheitserscheinungen*（一九〇七年　社会的症候群としての犯罪と売春）、*New York Charities Directory*（一九〇七年　ニューヨーク慈善施設名鑑）、E. Howard, *Garden Cities of Tomorrow*（一九〇二年　明日の田園都市）などの社会問題、社会事業に関する著作や、*The Socialist Woman*（Vol.1 No.6　一九〇七年）、*Kommunale Praxis*（Nr. 37-51　一九〇七年九月一三日―一一月二〇日）、The Daily People*（Vol.8　No.39　一九〇七年）など、社会主義、社会運動の系統にあると思われる雑誌、新聞を買い、社会問題への関心を依然としてもちつづけた。

＊ これは一般紙だが、平民社の人々が購読していた新聞である。

日本ではおりしも、社会主義者が直接行動か議会政策かという路線をめぐってはげしい論戦を展開しはじめる時期だが、加藤は、幸徳秋水と文通し、日本の社会主義者の様子を知悉している。すなわち、幸徳は一九〇七年〔明治四〇〕五月二八日にベルンにいる加藤のもとへ、「片山、西川両君が来六月二日より週刊社会新聞を初める（ママ）ことに決し小生等一同も多少助力する」旨を伝え、彼らは

「議会政策を執て居るので今後果して小生等と同一の歩調を取り得るや否やは疑問」「兎に角右の新聞は先づ両君だけの新聞と見て差支へありません併し当分は之を以て同志連絡の機関とするの外はない」と記す。また、幸徳は、森近運平、堺利彦、山口孤剣、大杉栄らの近況を伝える。*加藤が、単に日本からの情報提供をうけていた点をあらわすにとどまらず、すでに、無政府主義を唱えていた幸徳との交流を保ちつづけていることを、しめしている。

＊ なお幸徳はつづけて、加藤に、J.Lodewijk というオランダ人の無政府主義大会準備委員、L. Bertoi というドイツ人のスイス革命党員（無政府党）を紹介し、「御面会の機会があることを望」み、社会党、無政府党「両派の人々を公平に御観察の上、御報道を願ひたい」と述べている。

だが、他方で加藤は、議会政策派の片山潜とも文通を行い、片山が堺、幸徳と意見があわぬと述べたときには、「貴兄と西川君等の協合一致を以て断然（『週刊社会新聞』刊行を——註）決行遊ばされ度……貴兄は貴兄の特長を以て御盡力を願ふ」（「独逸伯林より」『週刊社会新聞』第一五号〈一九〇七年九月八日〉）と書きおくり、激励している。こののちも、ヨーロッパからの通信を『週刊社会新聞』におくるが、加藤は日本で分裂しつつある社会主義の双方の派——人物にかかわったのであった。*

＊ このことは、加藤が、『週刊社会新聞』に対抗して創刊された『日本平民新聞』の寄贈をうけ、ハンブルグから礼状をおくっている点にもうかがえる。

急進化する社会主義についていけぬという自己限定が、逆に、社会主義陣営内の対立点ではなく、一致点に目をむけさせた結果であり、また、民衆の日常生活を意識し、彼らから遊離しない運動を志向しつづけた帰結といえる。すなわち、加藤は社会主義陣営のなかで、自己を絶対視するのではなく、眼を本来の目的にむけひらかれた思考をもち、一歩退いた地点から、分派対立そのものを忌避する態度を示している。加藤の後衛的な社会主義へのコミットの所産にほかならない。だが同時に、ここには欧州社会主義の見聞も大きく寄与している。

加藤は、シュトゥットガルトに集まるヨーロッパ各国の社会党員に接触し、そこに「純正なる社会主義と見做す事の出来ざる者も多く入り込」(「万国社会党大会模様」『週刊社会新聞』第一九号〈一九〇七年一〇月六日〉)んでいる点に着目し、「苟くも社会主義に傾く理想家は宗教家であらうが、道徳家であらうが、成べく毛嫌を為ず同盟せしめて主義の拡張を図る方」が急務という認識に達す。「労働者の大同盟を作つて資本家に肉薄するには大同団結最も良策なり」(同右)と述べるのである。

もちろんこれは、原則ぬきの協調主義と紙一重である。実際、加藤はシュトゥットガルトの大会での穏和派の活躍をみ「益々温和主義を奉ずるやうにな」(「思想の変化」)り「日本の同志を軟化」(同右)すべくつとめたと述べており、思索の結果の選択というよりは、単純に「穏和主義」に肩いれしている。相違点や対立点を認識したうえで、共通の目標にむかい協同歩調をとることは、強靭な精神と度量、そして柔軟で透徹した洞察力を必要とするが、加藤はそこまでの追求はしていなかったように思われる。

とはいうものの、日本の社会主義が、直接行動派と議会政策派という派にわかれてしまい、方針をめぐる応酬が人間関係そのものの対立にまでつきすすんでいく状況下で、加藤は双方にかかわり

第二インターナショナル第七回大会会場における加藤時次郎（西川正雄氏提供）

をもつ存在であり、かつその役割の重要性を深く自覚していたことは高く評価されてしかるべきであろう。しかも、加藤の存在は、実際面で双方のパイプ役をはたしたという点だけでなく、戦略・戦術をめぐる論争に民衆の日常生活を考慮せしめ、さらに主義そのものを俎上にあげ、再考察せしめる可能性をはらんでいたといいえる。

このような加藤時次郎を、日本社会党は、一九〇七年（明治四〇）二月一七日の第二回大会[*]で万国社会党大会に出席する同党代議員として選出することを、満場の拍手によって可決した。堺利彦の提議にかかるが、万国大会での発言、賛否の表明は、加藤に一任されている。また、社会党は、同党の意見方針は評議員会で決定し、加藤に送ることを決議したため、加藤は六月九日にスイスから万国大会に提出する報告と問題を同党に請求している。

＊ このとき、幸徳秋水と田添鉄二が直接行動、議会政策をめぐって大論争をし、のちの分裂にいたる。

さて、万国社会党大会――第二インターナショナル第七回大会は、シュトゥットガルトの音楽堂で、一九〇七年（明治四〇）八月一八日より二四日まで開催された。加藤は一七日にシュトゥットガルト市に入り、一八日の総会に出席、ジョーレス、ベーベル、ヴァンデルヴェルデの演説の巧妙さに感銘をうけ、このあとおこなわれた数十万人のデモ行進の規模に驚愕した。一九日から二二日まで移民問題、軍備問題、婦人選挙同盟、労働組合と社会民主党の関係など五委員会にわかれ議論をしたが、加藤は移民問題——外国人労働者の入国および移住をあつかう第四委員会に参加し、「米国の代表者に攻撃を試み」（「万国社会党大会模様」『週刊社会新聞』第一九号〈一九〇七年一〇月六日〉）る。これは、大会初日に、アメリカ社会党が、安価な外国人労働は労働組合、労働者階級に悪影響をあたえ、社会主義実現をおくらせるという決議案を提出し、黄色人種はおくれていて階級闘争に組織しえないと述べたことによっている。加藤は、すでにアメリカによる日本人移民排斥にたいして、「大会では米国白人の無謀を痛責する」（「独乙伯林より」『週刊社会新聞』第一五号〈一九〇七年九月八日〉）準備をしており、ことが入れられない場合には、「断然大会員たることを辞する覚悟」（同右）まで決めていた。

　加藤は黄禍論の影響をいいつつ、日本人も他国民と同様資本主義の軛につながれている、国際主義をかかげる社会主義が「貧しく搾取されている日本人を排斥するのは社会主義の顔に泥を塗ることだ[*]」と述べた。その効あってか、委員会は移民制限に反対した。

　二三日の総会でも、加藤は、我々には自由も労働組合もない、アメリカ人は日本人移民を労働組合に受けいれてくれはしまいか、「我われは好き好んで移民になるのではない。どうかわが貧しい同胞をアメリカで教育し、闘いの同志に育てて欲しい[**]」と、「低姿勢」で訴えた。この演説は盛大な拍手でむかえられ、アメリカ社会党の決議案は斥けられる。加藤の内面では、移民労働者の連帯の立場からの批判より、日本人移民が排斥されたことへの抗議に力点があるように思われるが、アメリカ人委員に日本の労働者が訓練され、「罷工破りの庸兵」でなければ排斥しないといわれ、「私も何ともいふことが出来なかつた」（「思想の変化」）と述懐している。

＊＊＊　西川正雄「日本の初期社会主義運動と万国社会党(2)」（東京大学教養学部歴史学研究室『人文科学科紀要』第七五輯　一九八二年）。なお万国社会党大会については、同論文によっている。

医学研究を深化させ、社会主義運動への関与には転機をみせた留学から、加藤夫妻は一九〇八年（明治四一）九月二九日に帰国した。

片山潜への接近と大逆事件の衝撃

帰国後、加藤は留学中に習得した内臓外科、婦人科、泌尿生殖器科を、加藤病院に新設する。このときエックス光線科も予定されていたが、準備が整わず見送られた。一方、ヨーロッパで「穏和派」社会主義に接した加藤は、日本の社会主義にどのように対応したであろうか。加藤は、民衆の世論を向上させ、「階級を打破し紳士の横暴を戒め」（「欧州に於ける社会主義の傾向」『週刊社会新聞』第五九号〈一九〇九年九月一五日〉）個人の自由権を拡張するという理念は保ちつづける。だが、その実現方法——運動については、「頗る沈重の態度を以て立ち最も厳重に秩序あるものと為し之を統括する智能ある首領を置き妄に法網を触れざる程度を以て前進」せよと主張し、そのためにまず社会改良主義を普及するようにいう。いや、もっと大胆に「当分は社会主義運動として立つ可き時に非ず」といいきり、「取易き社会政策」の実行をよびかけた。

主として、直接行動論を念頭におき、「現社会の人情を酌量せず」行動至上主義や、政治一元主義をとり、あえて非合法的な闘争も辞さない社会主義者たちの活動を批判し、合法的な改良活動を主張したのである。「今は現代の日本には（社会主義は――註）所詮入れられざるので実際の運動は絶体（ママ）に止めて居る」（「五月第一日曜日の感」『週刊社会新聞』第五五号〈一九〇九年五月一五日〉）と、強弁もした。

加藤は、彼がもっていた社会や社会問題への眼を放棄したのではなく、それらの解決を一旦は社会主義の側から志向したが、その立場を回避したのである。こうして、一九〇六年（明治三九）に社会主義者としての実践活動に参加した加藤は、その年を頂点として活動からの離脱をはじめ、欧州での見聞もあり社会改良主義を選択した。

ここにいたれば、もはや加藤を初期社会主義の枠組で考察することはむつかしい。彼は、社会主義を意識したうえで自己の活動を規定し社会主義に対置しており、社会主義者とは交際し、おりにふれ保護を与えていくものの、再び社会主義活動に加わることはなかった。他方、社会主義者もその理論、理念に磨きをかけ、独自の世界観を確固としてもちはじめた時期である。加藤は、社会主義の立場から（再度）社会改良主義へ移行したといえよう。

こののち、加藤は独自の活動として、新たな組合の結成をはかり、借家人保護会の設立を試みた。一九〇九年（明治四二）の日付をもつ「借家人保護会設立の趣旨」「借家人保護会規約*」は、「借家人の利益と幸福とは、即ち社会多数の人の利益幸福」という認識にたち、借家人が「人間として当然得べき利益と幸福とを害されて居」る現状を非衛生的家屋と高家賃を指摘しつつ批判している。借家人自身は元より、借家人に同情する人々をも「一致団結」させ、「日本借家人の現状及び各国の事会は「借例を調査し且つ家屋建築設備及び家屋貸借に関する必要なる制度法律製定(ママ)の運動」(「規約」第二条)を標榜する。直行団時代の貸屋問題研究会の継続・発展であるが、発起人欄は空欄、「規約」も本部の場所が未定、役員や会費も定まっておらず、同会は実現するにはいたらなかった。

＊ 便箋七枚に毛筆で、加藤が自筆で記している。

もっとも、加藤が社会主義の実践活動から完全に手をひくのは大逆事件以降で、それまでは片山潜とともに活動をしていた。加藤と片山の付きあいは古く、一九〇一年（明治三四）の社会問題講究会時代にまでさかのぼるが、その後も一九〇四年（明治三七）五月一五日に番町教会でおこなわれた、片山夫人筆子の一周忌に、岡千代彦、原霞外らとともに加藤夫人さきが出席している。また、一九〇五年（明治三八）には、滞米中の片山が『直言』（第一巻）をおくられ、「一大同志を得たる心地致し欣喜に堪えず候」（三月五日付片山潜書簡。『直言』第二巻第五号〈一九〇五年三月五日〉）と述べるなどの交流を保つ。留学後、加藤は急速に片山に接近し、『週刊社会新聞』に寄稿するとともに、一九〇九年（明治四二）三月には安部磯雄、青池晁太郎、斯波貞吉、中村太八郎をまじえ、水曜会を結成した。議会政策派の片山を、加藤は「穏和派」と認識したためであり、実際水曜会も「穏健な社会主義運動を発達させようといふ」（中村太八郎「創意的天才」『ありし面影』所収）目的をもち、「毎月一回加藤博士の家に集つて夕飯を喰ひ談話」（無署名「編輯便り」『週刊社会新聞』第六六号〈一九一〇年四月一五日〉）したという。

水曜会は、時にはゲストを招き談話会を開くが、過激にはしらず、社会の状況から遊離しない改革を探ろうとする関心は、都市や市政問題にいきつく。水曜会は、翌年三月には、市政改良会へと

片山潜（左）と加藤時次郎（1927年）

発展した。市政問題は片山、安部という都市論の第一人者と、同じく都市問題に関心をもつ加藤の集約点でもあるが、彼らは、東京はここ五年間で税金は倍増しているものの、「夫れで東京の人が何れ丈仕合せになつた」（無署名「市政改良会主意書」『週刊社会新聞』第六六号〈一九一〇年四月一五日〉）か、と問題提起をする。そして埃が立ち、空気も汚れ、道もよくない、汚職もはびこっているが「之れは東京の人が税ばかり出して、後は放擲にして置」（同右）くためであるとした。そして、欧米の都市は職業紹介、無月謝教育、衛生事業、無料診療を行うことを紹介しつつ、市政への関心を促した。

また市政改良会は、会費五銭で入会者をつのる一方、演説会も開催するが*、四月六日に吉田屋でひらかれた際には安部、中村、片山とともに加藤も弁士に加わっている。加藤は市政をめぐる実践に、社会主義的位相、集団から参画したのであった。

＊　毎月二回ほど、「市民の教育」（無署名「市政改良会成る」『週刊社会新聞』第六六号〈一九一〇年四月一五日〉）のために演説会が計画されるが、どれだけの割合で開催されたかは不明である。本文中に記したほか、三月二三日に、川崎家で安部磯雄、斯波貞吉、奥宮健之、植松考昭、中村太八郎、片山潜が演説したことが判明している。

市政改良会をつうじて加藤がおこなったのは、国家との対決ではなく、社会の改革を目ざした運動であるが、この点では、留学前も後も彼の姿勢は一貫している。その加藤が留学後、深いつきあいをもつ堺利彦や幸徳秋水ではなく、片山潜に接近したのは、堺や幸徳が国家との対決を強め急進的な運動をおこなうのに反し、片山が都市という社会に着目し、合法・穏健な活動を提唱したことによろう。もとより、ともに社会に着目しつつも、片山はその基層を労働者におき国家との差異を明言するが、加藤は「中等階級以下」の民衆に期待をよせ、国家と社会の区別が不明瞭である。こうした相違点を内包しつつ、加藤は片山と行動をともにした。

しかし、このとき加藤は、幸徳たちとも関係を保つ。幸徳、管野スガによる『自由思想』第二号（一九〇九年六月一〇日）は、「（加藤—註）氏が医学と社会問題との関係に就て研究を怠らず常に新なる科学的智識をもて実際に施さんとするは吾人の感謝する所」と好意的に論評している。運動家が、国家ではなく互の反対派を当面の敵とし、その批判に多くの精力を傾ける状況のもとで、加藤は党派性に固執せず、ひらかれた人間関係を保ちつづけたのであった。

こうしたおり、大逆事件がおこる。一九一〇年（明治四三）五月二五日から検挙がはじまり、翌年一月二四日、二五日に幸徳秋水はじめ管野スガ、森近運平、古河力作、大石誠之助ら一二名が死刑に処せられた大逆事件は、社会主義者に大きな衝撃を与え彼らの活動を逼塞させたが、当然のことながら、加藤もまた深刻な影響をうける。

彼は大逆事件に関連し、幸徳秋水（二通）、堺利彦、H・ホルランドよりの書状、岩佐作太郎よりの外国郵便葉書、片山潜よりの葉書、『権力ノ道路(ママ)』原書、飜訳草稿を証拠品として押収され、また加藤の差し出した書簡（大条虎介宛葉書および封書、阿部米太郎宛書状）も同様に押収された。[*] 彼は大逆事件への直接の感想をつづったものを何も残しておらず、このこと自体が打撃の大きさを物語っているが、『実業之世界』第八巻第一九号（一九一一年一〇月一日）の「夢の告白」特集では、いささかとり乱している——幸徳と同類であると疑われ、自分はそのようなものではない、「唯々社会の改良は多年欲して居る」が「人類を傷け(ママ)までそれを実現しようとは思つて居ない」、「政府に反抗した、而かも自分の思想に反する人を殺すやうな無謀なものと同視せられては困る、左様な人が出来たからとて一概に疑はれては洵に浮ぶ瀬がない」と抗う夢をみたと記す。

夢に託して自己弁明を行い、特集で、他の執筆者がたわいのない夢の話を書くのに対し、唐突な印象を与える。しかし、加藤は動揺をおさえきれなかったのであろう。大逆事件をきっかけとして、加藤は社会主義の実践から一切手をひき、留学後に示していた社会改良主義の方向を、一挙におしすすめていく。

* 石田秀人『福岡県人物誌』（一九二八年）は、加藤の「幸徳事件の時には何度も引張り出されはしたが丁度時の検事総長が松室致氏で昔からの友達ではあり、私の思想もよく分つてくれてゐたので遂に事なきを得た」と

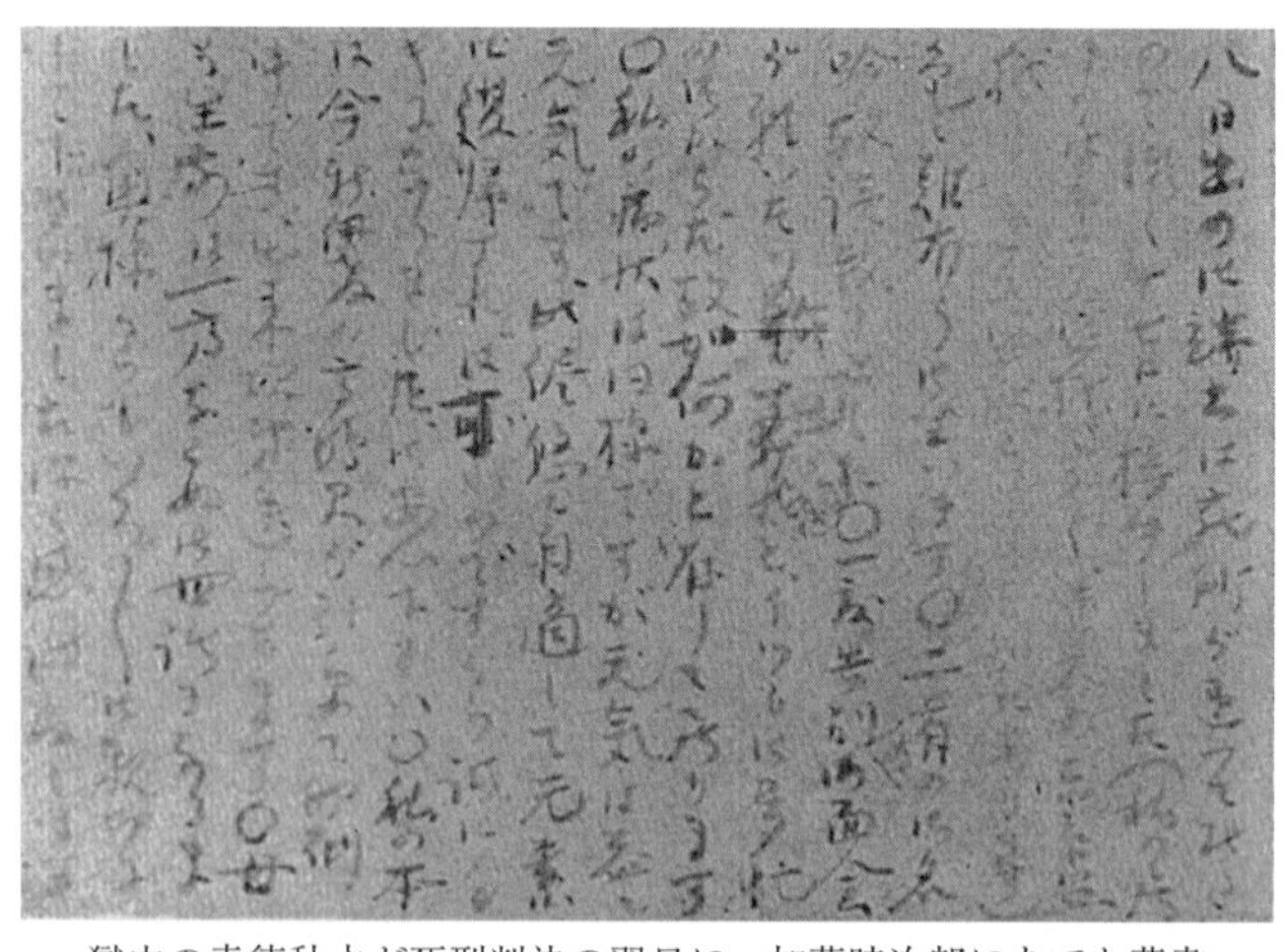

獄中の幸徳秋水が死刑判決の翌日に、加藤時次郎にあてた葉書（1911年１月21日）

いう言を記している。

だが、加藤はこののちも社会主義者と絶縁せず、ましてや敵対したのではない点はあらためて強調しておきたい。加藤は、堺が一九一〇年（明治四三）一二月九日から一三日まで東京監獄入獄中の大逆事件被告三〇名に昼食を差し入れしたとき、その名義人となり、代金三〇円のうち二〇円を負担、もし同志の集金が困難なときは「返戻ニ及ハサル旨」（『社会主義者沿革』）を告げた。また、獄中の幸徳と文通をし、処刑の三日前に出された幸徳の葉書には、「一度告別の御面会が願いたい」こと、病状は相変わらずだが「此儘悠々自適して元素に復帰すれば可いの」だから心配はいらぬこと、『基督抹殺論』は印刷中だが出来次第送らせること、「母親も生前は一方ならぬ御世話にな」ったことなどがしたためられており、両者のかわらぬ交情がうかがえる。

この態度は処刑後もかかわらず、彼は、幸徳、古河力作、森近運平の遺体解剖を試み、東京帝国大学の片山国嘉ついで小金井良精と交渉し、[*] 堺が中心となる遺体引取りに要した費用一〇〇円のうち三〇円を負担した。さらに西川正雄氏によれば、加藤はアメリカのアナキスト、エマ・ゴールドマンらの機関誌 ***Mother Earth*** に処刑の詳報を送ったといい（西川正雄「日本の初期社会主義運動と万国社会党(2)」）、彼女らの「幸徳を守る会」が集めた義捐金一五〇円を受領し、堺に手渡している。[**] また古河力作の遺族に援助を与えたともいわれ、加藤は社会主義からは遠ざかっていくが、大逆事件後の社会主義者が異端視される状況でも、保護者的立場は維持しつづけるのであった。[***]

＊　片山、小金井は一旦は承諾するものの、すぐに断っている。

＊＊　一九一一年（明治四四）四月一一日のことで、加藤、堺は礼状をおくり、それが ***Mother Earth*** に掲載される。なお同誌は、遺族のもとに残されている。

＊＊＊　加藤が大逆事件を万国社会党本部に通報したと推測するむきもあるが（大原慧『幸徳秋水の思想と大逆事件』一九七七年）、いまのところ詳細は不明である。

「冬の時代」下の発言

性問題と娯楽の考察

大逆事件後、社会主義者にとっての「冬の時代」に、片山潜らは市政問題への関心を一層つよめここに活路を見出し、堺利彦らはしばらくの沈黙ののち、売文社へたてこもる。加藤時次郎は、堺の出版した『売文集』（一九一二年）に「公娼と売文」を寄稿し、「仮令文は売るとも主義は売らぬ処に（売文社の――註）価値が表はれて居る」と述べるものの、彼らと行動はともにしない。また、片山の運動にも参画せず、社会主義者たちの活動とは異なる独自の領域で、加藤は行動・発言していった。性問題と娯楽、そして医療問題である。それぞれみていこう。

加藤は性の問題に積極的に発言するが、まず、性欲に着目する。性欲がきわめて自然で、「どうしても非認」（「学生と性慾」『新声』第二〇巻第四号〈一九〇九年五月一日〉）しえないもので、その抑圧は「実に人間を殺す、全く科学を無視した道徳説」（同右）にほかならないことを強調する。性慾が本能であるという「生理的事実を無視した道徳」（「性慾と倫理」『東洋時論』第一巻第五号〈一九一〇年九月〉）が、「生きた社会を支配し、生きた人間を指導することは出来ぬ」（同右）とくり返し述べた。

そしてそのうえで、性慾が基因となる結婚と「娼婦」に論を及ぼす。

加藤によれば、結婚は神聖でも不神聖でもなく、「男女相互の体質が適合し、生理的の機関機能が相互に其の要求を満足を与へ」（「団体生活の向上と本能慾」『新公論』第二六巻第九号〈一九一一年九月一日〉）るものと、きわめて「科学的」に説明されるが、つづけて、おりからの生活難は人々に結婚を不可能にしていると述べる。したがって、現在、性慾本能から衝撃される心の不安や苦悶は解消されることがなく、人をいたずらに苦しめている、といい、生活難をなくし家庭を営ますことがなければ、性慾に起因する不安の心情を駆逐するのは不可能とした。

性慾を生活難と関連させて論じたのだが、これは他方で、「世知辛ひ社会組織の為め勢ひ公私娼婦の需要と云ふ事になる」（「集娼制度と散娼制度」『新公論』第二四巻第四号〈一九〇九年四月一日〉）と、「娼婦」への言及となる。加藤は、遊廓を形成する集娼制度は国家の体面上、人道上、好ましくなく性病の伝播も防げず「密売春」も取り締まれないとする。そのため集娼制度を排し、「全国一般に此際遊廓なるもの廃止」（「集娼制度を排す」『新公論』第二六巻第五号〈一九一一年五月一日〉）するようにいう。そして、そのかわり散娼制度――鑑札制を、（遊廓に比し）「意思が自由である、身体が自由である」点、遊廓が金を乱費させ、建築上、風紀上にも弊害がある点を指摘しつつ推奨した。やはり性問題を社会問題に関連させて論じているが、「娼妓など云ふものは、人身売買の遺風」（同右）といいつつも、その存在を必要悪と容認してしまっている。そのうえで一定の改良策を講じており、加藤の「娼婦」への言及は不徹底なものといわざるをえない。

さて加藤はこのように大逆事件後に性に関する問題を論じるが、その理由として、彼が医師として、多くの性病患者に接したことがあげられよう。彼は『サンデー』第九三号（一九一〇年九月一一日）に「花柳病と家庭」を寄せ、性病のおそろしさを警告し、予防の必要を訴えている。だが同時に、加藤は大逆事件後の社会主義者が排斥される状況下に、直接に社会問題を扱うことを避け、医療の世界に発言を限定するということも意図していたはずである。すでに『社会主義者沿革』に甲号特別要視察人として名をみせ、尾行もつけられていた彼は、正面から社会問題にむきあうのではなく、自己の専門領域に発言を制限していく。

とはいえ、これは彼が社会への関心を失ったことを意味するのではない。性という禁忌につつまれたものを主題としてとりあげ、本来的には個人的なものを社会的視野から考察し、社会における性に対する通念を批判している。換言すれば、性という個人の内発的な点から——それは自己の専門領域にも接しているのだが——社会をとらえ、そのありようを批判したのである。

一方、娯楽についてはどうであろうか。加藤は、一九一二年（明治四五）に義太夫倶楽部の結成をはかる。「義太夫倶楽部設立之趣意」*には、「従来、平民階級の娯楽とする所は概して卑猥に傾き餘弊」は見るに忍びないが、そのなかで義太夫は「最も通俗的、平民的なる音曲」で、「純良優美な情緒と「剛健質朴」な精神とをもち、「国民道徳の精髄」が示されている。義太夫の改良、同志の親睦とともに「民衆慰安、国民道徳鼓吹」を目的とした「平民娯楽団体」として同会を設立すると記された。

＊『直言』用の原稿用紙三枚に、毛筆で書かれている。

加藤は、そもそも娯楽を単なる暇つぶしとせず、民衆生活に必要不可欠なものと考えている。一九〇六年（明治三九）二月五日の『日本』は、彼が月一回労働者音楽会開催の計画をもつことを報じたが、そののちも加藤は、「国民即大多数平民の嗜好に適する時代の要求に動す可き改良進歩を促す機関」として「日本通俗音楽会」を試みている。[*] また、留学中にパリで「平民劇」を観、権力者に媚びぬ「痛絶快然の社会劇」（「欧米雑感」『週刊社会新聞』第四九号〈一九〇八年一一月一〇日〉）という感想をもらす。

＊ 労働者音楽会も日本通俗音楽会も、実現しなかったようである。後者は趣旨が二種草稿として残されている。ともに加藤病院用箋に毛筆で書かれ、「日本通俗音楽会」（三枚）、「通俗音楽会」（二枚）としてある。

「義太夫倶楽部」に示される娯楽の追求は、個人的なものと思われている娯楽や趣味を、社会との関連で意識的に把握し、良導する試みである。余暇をどのようにすごすか、どのような娯楽に慰安を求めるかということは、これまた社会問題のひとつにほかならず、加藤はここに発言したといえよう。このとき、義太夫が選択されたのは、彼の嗜好があずかって大きい。加藤は一八八八年（明治二一）の第一回留学後に結核となり、治療をかねて「従前から好きな義太夫を稽古することにし」（「おもひで草」）、はじめ女性の師匠、ついで野沢豊吉、鶴沢友次郎につく。八山というデン名をもち、一八九七年（明治三〇）ごろには、野沢語助を師匠とする語遊会の一員として磯部四郎、飯田三治と親交をもつ。また、岡鬼太郎と知遇を得るなど、義太夫を媒介とする交流も多く、余興には必ず一席語るほどである。[*]

＊ 巧拙のほどはわからぬが、鶴沢友次郎は「立派な音量の御持主であられました」（「鶴沢友次郎嬉し涙と悲しみの涙」『ありし面影』所収）といい、竹本津太夫も「素人の義太夫中でも有名……で誠に美声でその上腹が強いので、先代（伽羅先代萩――註）の御殿や、一の谷（一谷嫩軍記――註）三段目陣屋等、どんなものでも語りこなされました」（竹本津太夫「加治先生と私」同右）と述べている。一九二一年（大正一〇）には、日本蓄音機株式会社でレコードを吹きこんでいる。

結局、この倶楽部は日の目をみなかったが、[＊]性問題への発言と同様に、自分が関心をもつ領域からの社会参加であり、社会主義的な発想や立場とは無関係のところで試みられている。とはいえ、性問題、娯楽の考察は民衆の日常生活への着目であり、加藤は日常生活のなかに問題を設定し、その局面から社会を逆照射していく。大逆事件後に、加藤は戦線を限定し自己の領域に発言を限るが、このような視点と領域を獲得し、そのことをつうじて、依然として社会にむきあっていたといえる。

＊ 日露戦争直後にも、義太夫研究の組織を加藤は試みた。「義太夫の保存、改善及其の普及を計り、国楽の極粋を発輝して以て、社会の風尚を高むる」（「規則」第一条）目的をもつ「義太夫研究会設立の主意」草稿（原稿用紙六枚に毛筆で書かれている）が、遺族のもとに残されている。

医療救済の構想

大逆事件後に加藤がもっとも熱心に発言したのは、衛生・医療論である。彼は医師という立場に自己限定をし、そこから社会問題の告発、社会参加をおこない独自の活動をみせるが、皮肉なことに、大逆事件というマイナスの契機が、彼の内面で衛生論と社会問題を統一させたといえる。加藤は一九一二年（明治四五）一月一日に「平民長寿論」（『新公論』第二七巻第一号）を発表し、「平民の生命を短縮せしむる原因」として伝染病と戦争をあげ、「社会の医者は先づ此の二者を此の社会から予防駆除」せよと主張した。伝染病に関しては、上下水道設置が必須で、そのほか「諸種の社会公共の衛生的施設」に力を注ぐようにいい、また、戦争こそは「平民」の長寿をそこなう最たるものと糾弾する。さらに、先天的に虚弱なものは少なく、「多くは境遇の不良に因る」ことを指摘し、過密住宅や危険な労働を摘発、工場法案や疾病保険の制定を訴えるが、これらはみな医療の局面からの社会批判にほかならない。

また、加藤はこの立場から、政府の政策に直接に言及するようにもなる。一九一一年（明治四四）二月一一日の天皇の施薬救療の勅語と恩賜金を基に設立された恩賜財団済生会の運営について、加藤は杉山茂丸をつうじて意見書を提出したのである。* 彼は、まず慈善と社会政策を区別し、前者は「自己の感情を満足させさへすれば良い」が、後者は目的をもたねばならず、済生会は「貧民救済を旨とする「社会政策を行ふ者でなければならぬ」という。「一方に於て、施薬救療の途を講じて無告の窮民を救ふと共に、一方に於ては之等の貧民に確乎たる独立心を鼓吹し、労働を紹介し、労働法を制定し実に諸種の組合制度を設けて、自ら衛るの法を教へ」ることが必要で、彼らの人格を無視せず、我儘を打破して依頼心を与えぬようにせよ、とつづける。そして、官僚主義に陥らぬよう極力注意をし、恩恵的態度や「繁文褥礼」の形式主義を排し、「貧民窟の附近に住んで、彼等から神の如く尊敬されて居る、市井無名の篤志家」に相談せよ、と述べた。加藤はこれまで政府には何ら発言することがなかったが、ここに医療救済がなされたときには――すなわち自己の領域に接した場合には、積極的に意見をいう。しかもそれは「先づ国民としての自覚、更に人間としての自覚から、同胞の救助に当る事が第一であらふ」と、民衆への共感、官僚主義への批判に基づくものであった。

＊ 意見書は、桂太郎首相（済生会会長でもある）へ差し出された。引用は「友人杉山氏を介し桂首相へ差出せし済生会に対する私見」（『医海時報』第八八八号〈一九一一年七月一日〉）によったが、そのほか「貧民救済の真目的に就て済生会に望む」（『実業之世界』第八巻第一四号〈一九一一年七月一五日〉）では、自らこれを要約し、片山潜が「加藤時次郎氏の社会政策」として抜粋を『週刊社会新聞』第八〇号（一九一一年八月三日）に掲載している。

だが、加藤は意見書で「済生会は畏れ多くも　聖上陛下の大御心を体して、政策を行ふ者であり、「我々は此際如何ようにもして　聖旨に副ひまゐらせるようにしなければならぬ」という。天皇に全く批判的見解を示さないのみか、帰順・献身の姿勢をみせる。済生会が感化救済の目的をもち、ほかならぬ幸徳秋水らを処刑した天皇により設けられる事業であることに、加藤はいささかも目をむけない。これ以前に天皇（天皇制）にどのような関心をもったかは不明だが、天皇に言及せず一つの見識を示していた。だが、ここにいたり天皇制に積極的に関与し、親和感をみせるのである。＊

＊　加藤は、明治天皇大葬に際しては、新聞記事をきりぬいている（『東京朝日新聞』一九一二年九月一三日など）。

この態度は、医療活動においてもうかがえる。加藤は「予は幸に医を業とするが故に、其業務の余力を以て」（「中等貧民に施す実費診療の急務」『東洋経済新報』第五七一号〈一九一一年九月五日〉）、大逆事件後の自らの活動を計画した。「中等階級の下層に属する貧民にして、所謂貧民にも非ず、又労働者にも非ざれども、其収入甚だ尠なく且つ其地位不安不定にして、其生活の苦しきこと所謂貧民及労働者以上」の人々の医療救済で、手近のところから出発し、徐々にその拡張をはかることとし、「差当り予の小病院を開放して之に充つるか、又は別に小仮診療所を設くる」という。

本業の医療の領域で社会問題の解決に実際に乗り出し、「中等貧民」の医療救済を試みるのだが、これは済生会に触発されたことを標榜し、済生会の対象外である人々に目をむけた事業である、と加藤は説明する。しかもつづけて、「中等貧民」は租税、兵役を負担する国家の中堅で「危険思想なるものは、是等中等貧民の間より起」（同右）ると付け加えた。直接の社会改革ではなく、自己を限定し医療活動を通じて人々の救済を図った加藤であるが、天皇制に肯定的に対応する地点に立脚せざるをえない。いや、自発的に立脚してしまう。ここに大逆事件の与えた衝撃の大きさ、傷の深さをみることができよう。しかし、ここで計画された事業こそ加藤の真骨頂であり、日本の社会事業の歴史において無視しえない位置をもつものとして、こののち展開されていく。

なお加藤が「中等貧民」に着目したことは、初期社会主義者が運動の担い手を知識人層とした点に照応している。

このとき、初期社会主義者にして医療救済を実践した人々が存在したことは、ふれておく必要があろう。たとえば大石誠之助である。大石は紀州新宮で小さな医院をひらき、無効の投薬を拒否、通常薬は一剤で足りると一剤主義を貫く一方、金持ちの診療を嫌い、貧者に奉仕をした。診察料や薬価には「可成実行の筈」と書かれ無請求主義を実践し、医療国営論も唱えている。大石は社会主義陣営が直接行動派と議会政策派に分裂したときには、幸徳秋水の思想に近かったものの、双方の統一を主張し、合理的な生活を実践するため生活改善を奨め、西洋料理を紹介しつつ太平洋食堂というレストランを開店した。さらに情歌（都々逸）にも関心を示すなど、加藤と共通点が多いが、大逆事件にひきずり出され刑死し、その医療事業が展開されるには至らなかった。*

＊ 大石については、森長英三郎『禄亭大石誠之助』（一九七七年）を参照した。

あるいは吉瀬才市郎である。吉瀬は理想団、直行団、および日本社会党に参加し、一時は西川光二郎に接近するが、のち片山潜派となる人物である。一九一〇年（明治四三）の電車市有問題に活躍し、東都孤児院の機関誌『孤児』を発行していたという。この吉瀬は本業は歯科医であり、「労働者半額、午後一〇時まで診療」という広告を、社会主義系の新聞・雑誌に掲げ、低廉・夜間診療をおこなう。また、労働者の失業を救うために『革命』という歯磨粉の製造にも乗り出し、医師の立場から社会問題の解決を目指した。最後は国民党院外団になったといい、社会主義陣営から離脱してしまうが、吉瀬にせよ、大石にせよ医師にして社会主義者であり、その観点・立場から医療をつうじての社会参加をしていたことは記憶されてよいであろう。加藤の試みは、こうした営みの影響もうけていたと思われる。

実費診療所

実費診療所の設立
支持と反対
自治と共同
平民病院の設立

実費診療所の設立

趣旨

一九一一年（明治四四）八月三一日の『万朝報』に、小さな広告が掲げられた。「吾々ハ有志慈善団の使命を享けて茲に薄給生活の患者に限り実費診療所を開設す　九月一日より午後五時より八時まで　内科外科婦人科皮膚科泌尿生殖器科耳鼻咽喉科　新橋加藤病院内実費診療所」とある。これが、加藤時次郎が大逆事件後に構想した医療救済の実現にほかならない。

加藤が執筆した「実費診療所開設趣意書*」は、「中等貧民救済策は未だ少しも行はれ居らず……此の中等貧民を救済するの道を立てざれば国家の維持は到底六かしひ」といい、先に紹介した問題関心をそのまま記したうえで「下層中等階級の人々が日常の生活に苦み失業に苦み殊に疾病に苦む……就てはせめて其疾病だけに対してでも我業務の余力を以て幾分の便宜を与へたい」と開設の意図を述べる。また、「中等貧民」は、「智識ある貧民目の明いた貧民」で小官吏、事務員、店員、巡査、教員、学生、労働者や「之れに類似する無数の浪人等」と説明されるが、加藤は彼らに着目し、こののちずっと彼らの救済をおこなうこととなった。

＊　一九一一年（明治四四）八月にビラで出された。『サンデー』第一四四号（一九一一年九月一〇日）に、「中等貧民の救済」として転載されている。

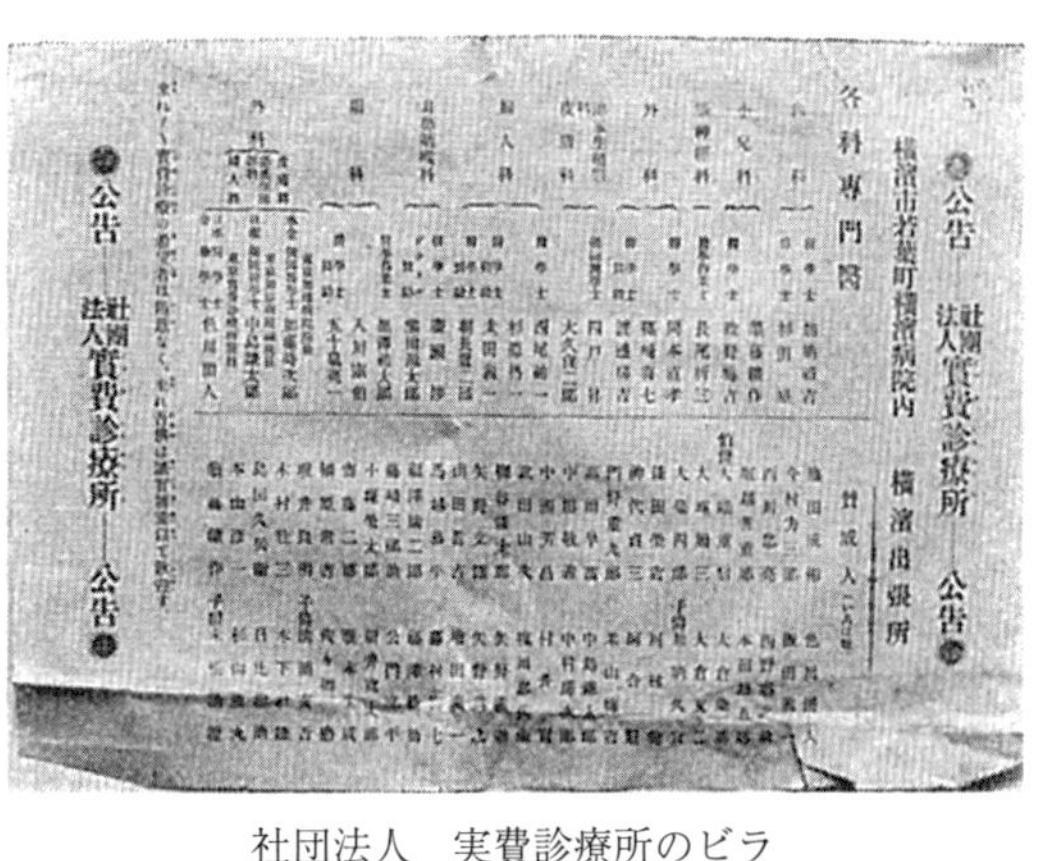
公告　社團法人實費診療所　公告
横濱市若葉町横濱病院内　横濱出張所
各科專門醫
賛成人
公告　社團法人實費診療所　公告

社団法人　実費診療所のビラ

では、実費診療所とは、どのようなものであろうか。加藤は「先づ大体三四十円以下の小収入の人を目安とし夜間に限りて診察を行ひ診察料は勿論徴収せず薬価及び手術料は実費として普通半額若くは其以下を徴収する」という。診察無料、薬価・手術料実費を標榜する。医師の金儲け主義の風潮がひろまり法外な診察料が要求されることが多く、病気となっても人々の足を医師から遠くしていたとき、このような診察・治療の理念をうち出した。ここで実費といっても、もちろん、薬代、ガーゼ代のみの費用負担でないことはいうまでもない。加藤は「診療代によりて、薬代、ガーゼ代の類は勿論、医員、看護婦事務員等の手当を先払ひ、更に該事業の維持及び拡張の資をも求」（「実費疹(ママ)療所に就て」『東洋経済新報』第六〇一号〈一九一二年六月二五日〉）め、慈善的診療・救済とはっきり一線を画している。

実費診療所は「事業経営に伴ふべき一切の経費」（同右）を患者に要求し、なおかつ低廉診療をはかるという試みであった。

実費診療の理念は、加藤自身「大学病院を始めとして、赤十字病院、各府県に於ける医学専門学校の附属病院又、近頃に至つては鉄道院の常磐病院等皆一種の実費診療所である」（「縁なき衆生は度す可からず」『医事公論』第一七号〈一九一二年九月一五日〉）と述べるごとく、彼の独創にかかるものではない。先にふれた一九〇〇年（明治三三）前後の『労働世界』に広告を掲げる医院も診察無料、薬価低廉を唱えていたが、さらに二、三の例をあげておこう。

「時間と財宝に余沢なき天下の平民を治療す」（『日刊平民新聞』第二号〈一九〇七年一月二〇日〉）る「平民病院」は、向井文忠（内科、小児科、主任）、多卯助（外科、皮膚病、性病、主任）、河野信玄（婦人科、眼科、主任）が、「診察料往診療皆無（ママ）、一切治療費半額、薬価六銭」（同右）で診察にあたる。一九一〇年（明治四三）「都下大洪水ニ際シ創立」（『法律新聞』第二一九号〈一九一三年一二月八日〉）された浅草寺病院診療所は、慈善的色彩が濃いものの「非常災害時ノ救護並ニ一般細民ノ施薬救療ヲ目的」（同右）とし、「診療無料」であった。また、長谷川病院では一九一二年（大正元）九月二〇日から一ヶ月実費診療を試み、延べ七八二名の来院をみるという事例もある。

加藤の試みもこうしたものの一つである。そして、「実費」という理念を真正面に押し出し病院名とし、組織をつくり息長く治療をつづけた点に、実費診療所の特色がある。また実費診療所は治療費も低廉で、「開設趣意書」に附された「実費診療所規定」による当初の計画では、「診断書、証明書、検案書、死亡証書、体格検査書、処方箋料、咯痰屎尿其他検査料」――二五銭、「大手術」――

三円以上、「中手術」——五〇銭以上、「小手術」——一五銭以上、「点眼、耳鼻咽喉処置、吸入、電気療法、種痘皮下注射、灌腸、膀胱洗滌及腟洗滌」——一五銭以上、「繃帯交換」——一〇銭以上であり、薬価は「内用薬」——八銭以上、「頓服薬」——五銭以上、「外用薬」——一〇銭以上、「座薬」——五銭、「薬剤容器」——一銭五厘以上としている。当時の医療費のおよそ三分の一から四分の一といわれ、売薬にたより医師の治療をうけられない人々に門戸をひらいた。しかも、「実費診療所規定」には「毎日午後七時ヨリ開始シ十時限リ閉鎖」することが定めてあり、「中等貧民」が一日の業を休むことなく、治療をうけられるよう配慮もみせる。

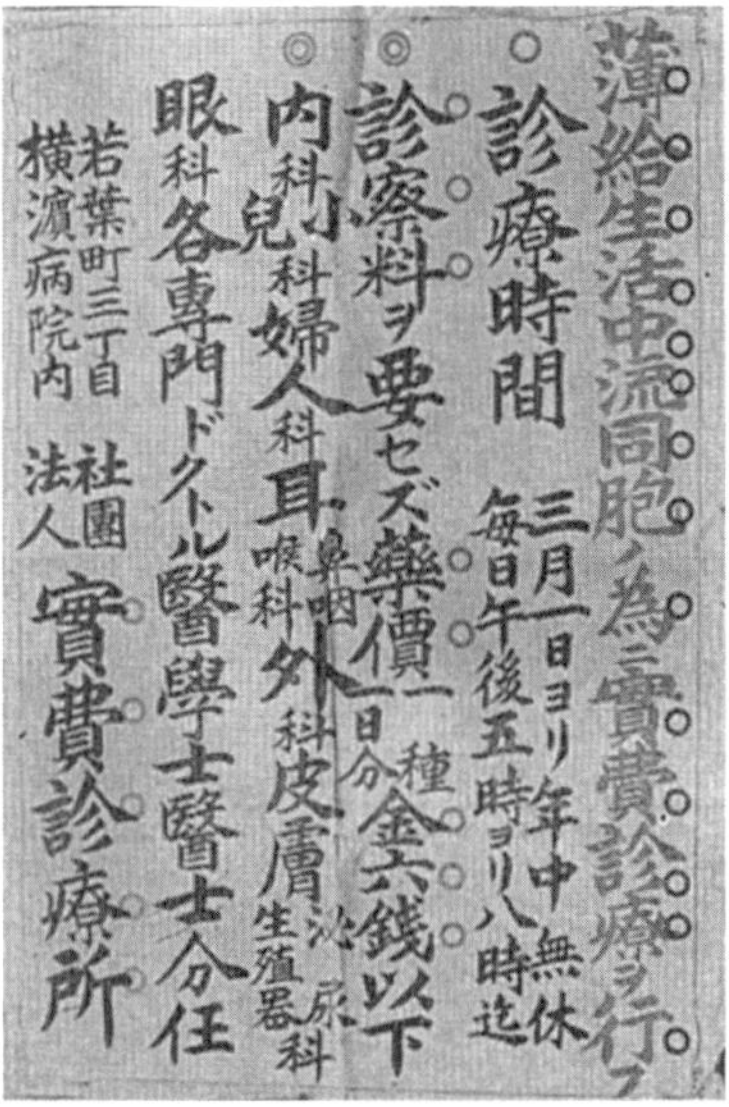

社団法人　実費診療所ポスター（1912年）

実費診療所はまた、内科、外科、皮膚科、泌尿科、耳鼻咽喉科、眼科、産科、婦人科の設置を目ざし総合病院の体裁を志向した。ここには、人体は総合的なものであるにもかかわらず「余りに機械的に、部分的に取扱ひ過ぎ」（「共同病院設立の趣旨」『日本之医界』第五三号〈一九一三年一月一三日〉）、現在はもはや「部分的専門医の力では到底治療上の満足」（同右）がえられず、「専門病院と云ふものは早晩統一的共同病院に変らねばならぬ」（同右）という加藤の認識がある。もちろん、多数の患者を治療するには、営業上の点からも総合病院の方が有利という判断ももつが、「如何なる患者でも取扱ふことの出来る簡便な組織」（同右）として実費診療所を設置した。

この実費診療所が大逆事件後の加藤の社会参加の母体となる。診療所は、九月一日に京橋区木挽町の加藤病院の一室に開業し、四日から治療を開始した。午後五時から八時まで診療したが、実費診療所が自ら編纂した『社団法人　実費診療所の歴史及事業　創立十周年紀念』（鈴木梅四郎監修　一九二〇年）*には、「開業第一日の患者数は実に二十四五名に過ぎざりしも、診療所は四名の医員と数名の看護婦とを以て之に当り、よく丁寧に之を遇したり」と記されている。加藤は、いよいよ社会救済事業の実践を開始した。

＊　こののち『社団法人　実費診療所の歴史及事業　第二巻』が一九二六年（大正一五）に、さらに一九三五年（昭和一〇）には『社団法人　実費診療所の歴史及事業　第三巻』が出版され、『実費診療所創立二十五周年祝典紀念画帖』（一九三六年）も出される。以下『歴史及事業』、『歴史及事業Ⅱ』のように略記する。

鈴木梅四郎

実費診療所は、開業する直前の一九一一年（明治四四）八月一四日に社団法人の申請をし、一一月二五日に原敬内相の認可を得るが、このとき加藤とともに申請書に名をそえたのは、鈴木梅四郎である。呑天鈴木梅四郎は、一八六二年（文久二）四月二六日に、長野県上水内郡安茂里村に生れ、慶応義塾卒業後、時事新報記者、横浜貿易新報社長をへて三井銀行に入る。そして、一九〇二年（明治三五）七月には王子製紙専務取締役となるが、結核にかかり退社し政界に転じる。一九一二年（明治四五）四月から四期にわたり、立憲国民党所属の代議士をつとめ、一時政友会に移籍したのち、一九四〇年（昭和一五）四月一五日に七九歳で没している（『鈴木梅四郎略歴』東京大学明治新聞雑誌文庫所蔵）。『医業国営論』（一九二八年）、『日本に於ける社会政策の基礎』（一九一九年）、『医療の社会化運動』（一九二九年）などの著作を著わし、生涯を実費診療所に賭け、その中心的存在となるため、これまでの医療史の叙述では鈴木に比重がかけられた。だが、鈴木自身が明言するように、実費診療所は「加藤が私にやつて呉れと云ふのでやり出した訳で、私の創意ではな」（北島多一、寺邑毅一、土屋清三郎、鈴木梅四郎座談会「実診と医業国営を語る㈠」『日本之医界』第二一巻第一五号〈一九三一年四月一一日〉）く、加藤が主導権をもつ事業にほかならない。

もちろん、鈴木にも貧民の医療救済の志向はあり、すでに時事新報記者時代に、大阪の「貧民窟」を探訪し「名護町貧民窟視察記」（『時事新報』一八八八年一二月八日―一二日）を報告したことは、よく知られている。彼らの衛生環境や疾病に関心を示すのみならず、王子製紙勤務のときには、静岡県磐田郡中部、周知郡気田の同社工場の医局を地元の人々に開放し、「村民の希望次第何人でも……廉価で治療せよと命令して之を実行」（鈴木『医療の社会化運動』）している。このとき鈴木は、医院の経営は、診療費を安くしても多数の患者をみれば収支があうことを学んだというが、この鈴木が「折々旅行先で出逢」「懇意になつた」（座談会「実診と医業国営を語る㈠」における鈴木の発言）加藤の計画した実費診療所設立に加わったのである。*

＊　鈴木梅四郎の側から実費診療所を考察したものに、北原龍二「鈴木梅四郎と実費診療所」（『信州大学教育学部紀要』第三一―三七号〈一九七四―七七年〉）がある。これまでの医療史における実費診療所の叙述に比し詳細で、資料的にも豊富であるが未完である。

さて、実費診療所の体制は、理事長鈴木、理事小栗貞雄、監事手塚猛昌、川上英一郎（一九一三年三月二〇日より棋川忠兵衛）、加藤は理事兼医務長として発足した。「資金及び事業経営上の責任は梅四郎之を負ひ、医務上の責任はすべて時次郎之を負ふこととし、万難を排して其目的の達成」（鈴木監修『歴史及事業』）を期すという。鈴木が理事長となったのは、設立費用のうち、鈴木が二、〇〇〇円を負担したとともに、日比翁助（三越百貨店　二〇〇円）、藤村喜七（三越百貨店　二〇〇円）、手塚猛昌（東洋印刷　二〇〇円）、米山梅吉（三井銀行　二〇〇円）ら、鈴木の紹介による人々が多く出資したためであろう。なお加藤は二〇〇円を寄附し、その紹介により、杉山茂丸が一、〇〇〇円援助している。＊

＊　杉山茂丸は後に「加藤時次郎は同県の知人にして同人の雋志を幇助するの意志にて非公式に微志を提した」（一九二四年一二月一三日付　鈴木梅四郎宛書簡）と述べている。

このとき加藤の手による「実費診療所開設趣意書」をいかしつつ、「我帝国ハ世界無比ノ国体ヲ有シ」「我国体ヲ維持シ危険思想ノ発生ヲ予防シ、国家社会ノ安寧幸福ヲ図ル」などという語句を挿入し、あらためて「実費診療所設立ノ趣旨」を作成した。加藤と鈴木が意見をかわし、鈴木が筆を執ったと思われるが、実費診療所の公式報告や『社団法人　実費診療所の歴史及事業』には、こちらが掲げられている。[*] また、実費診療所は、社団法人の認可にともない「総則」「資産」「社員」「役員」「会議」全二六条よりなる『定款』を作成する。[**] そして、その第一条で「本社団ハ実費診療所ト名ケ日収金一円以下（但所得税納入者ヲ含マズ）官吏、公吏、教師、事務員、番頭、労働者、此等ノ家族及学生等ニ対シ実費ヲ以テ診療スルコトヲ目的トス」と宣言した。

すべての料金もこの『定款』に記され、「診断書、証明書、検案書、死亡証書、体格検査料、処方箋料、咯痰泌尿其他検査料」は一〇銭以下、「大手術」は三円以上一〇円以下、「小手術」は五銭以上五〇銭以下、「点眼、種痘」は五銭以下、「耳鼻咽喉処置、吸入、電気療法、皮下注射、灌腸、膀胱洗滌及膣洗滌等」は一〇銭以下、「繃帯交換」は五銭以上二〇銭以下。また「内用薬」は六銭以下、「頓服薬」は三銭以下、「外用薬」は六銭以下、「坐薬」は三銭以下、さらに「薬剤容器料金」は三銭五厘以上五円以下と規定される（第二条）。「実費診療所規定」における加藤の原案が上限とされ、医薬料金の不明朗な状況のさなか、安心してかかれる病院であった。実費診療所は、毎年一回総会を開き、賃借対照表を作成するなど、事業報告が義務づけられ、経営状態はすべて公表された。[***]

＊　英語版の *THE METHOD FOR SALVATION OF THE MIDDLE CLASS POOR*（*JIPPI SHINRYO-SHO PROSPECTUS*）（パンフレット、奥付なし、四ページ。REGULATIONS がつけられている）も出された。

＊＊　一九一一年（明治四四）にパンフレットとして出されている。

＊＊＊　『社団法人　実費診療所報告』というパンフレットとして毎年出されたが、現在第二回（一九一二年

一月一日―一二月三一日)、第三回(一九一三年一月一日―一二月三一日)、第四回(一九一四年一月一日―一二月三一日)の報告を見ることができる。なお第一八回(一九二七年一一月一日―一九二八年一〇月三一日)、第二四回(一九三三年一一月一日―一九三四年一〇月三一日)も残されている。

一方、先に記した役員のほか、あらたに評議員として、池田成彬、柳谷謙太郎、坂本生成、加納久宣、増田義一、佐々田懋、鎌田栄吉、近藤勝敏、島田久兵衛、川上英一郎、小塚栄太郎、日比翁助、米山梅吉、荒巻虎熊、杉山茂丸、中西芽昌、榊原常吉、須藤鑛作が名をつらねた。また、実費診療所に一、〇〇〇円以上寄附をした人を名誉社員、一〇〇円以上は特別社員、二〇円以上は正社員、五円以上を賛助員としたが、これらには以上の人々のほか、飯田義一、岩原謙三、早川千吉郎、原富太郎、大橋新太郎、パフロスキー、団琢磨、山本条太郎、山本留次、藤村喜七、福井菊三郎(以上特別社員)、松原重栄(正社員)が顔をみせ、賛助員には本多平三、矢野義徹がいた。

こうした実費診療所の社団法人化*は、著名人を仰々しくあおぎたてるのみならず、国家に庇護を求めた行動として、加藤が軟化したと思われるかもしれない。実際、のちに顕現するように、社団法人化は日収一円以下の人々しか診療できなくなるため、加藤にとり桎梏となる側面も大きい。だが社会主義の実践にたずさわったことのある加藤が、大逆事件後にも社会活動をつづけようとしたとき、これは当然の配慮にほかならない。藤原豊次郎が証言するように、加藤は「赤い思想の持主である」という批判はたえず(「藤原豊次郎青戸無診と労医提携運動」医学史研究会・川上武編『医療社会化の道標』〈一九六九年〉所収)あった。鈴木も知人に、加藤は「社会主義だから、ああ云ふものと共に仕事をすると、君は誤解を受ける」（座談会「実診と医業国営を語る㈠」における鈴木の発言）と勧告をうけたといい、そうしたなかで、事業を実践し成功させるためにとられた必要手段であった。

加藤は実費診療所開設にあたり、警視庁の医務及衛生課長栗本庸勝、同課池淵薬剤博士を介して警視庁、内務省の意向をさぐるなど周到な準備をしているが、診療所に多くの著名人の賛意をとりつけることとあわせて、社団法人化は活動の母体を鞏固にするための布石といえる。

＊ 鈴木は自らが中心となったようにいうが、実費診療所の社団法人化は、鈴木・加藤双方の主張であろう。

ちなみに、一九一二年（大正元）一二月の時点での実費診療所の賛成人の名を記しておけば、今村力三郎、色川圀人、堀越喜重郎、本田雅五郎、神代貞三、門野幾之進、川村健、福沢捨次郎、斉藤二郎、阪井良明、清浦奎吾、木村壮三、木下計雄、公門文平、大塚周三、小塚栄太郎、天野為之、高田早苗、中田敬義、大隈重信、村井寛、矢野龍渓、山田真吉、末松謙澄、中村房次郎、西野恵之助、福沢桃介、大倉粂馬、門野重九郎、武藤山治、本山彦一、馬越恭平、大柴四郎、大倉文二、藤崎三郎助、楳川忠兵衛、新井寛太郎、佐々田懋、土方久元、柳原義光、佐久間衡治、富山幸次郎、関守造、杉原栄三郎、山口八重吉、近藤勝敏、小川勇平、藤田英次郎、木村寅三郎、高畠学、土屋マツ、仲万次郎、加藤純吾、河村尊雄、塚田広吉、永井亀之助、平野龍亮、泰猪之助、荒巻虎熊、今井総明、三野安太郎、山形丹三で政界、三井系を主とする財界の重鎮たちである。＊

＊ 彼らの多くは、二〇円から二〇〇円までの寄附をし、翌年には正社員ないし、賛助員となっている。

体制を整える実費診療所は、一九一一年（明治四四）の開業初年度、九月二、一一〇名、一〇月二、六九七名、一一月三、一七〇名、一二月三、一六三名（いずれも延人員）と着々と患者数をふやし、四ヶ月間の延患者数一万一、一四〇名（実人数一万四三九名）、一日平均一〇八名の来院をみるにいたる。

支持と反対

民衆の支持

実費診療所の患者数は〈表四〉「実費診療所における一九一二年一月―一二月の患者数」にみられるように、翌一九一二年（大正元）は一日平均五九七名と急激にふえ、二月からは診療時間を午後二時から八時までと大幅に延長した。当初こそ、後述する医師会の攻撃もあり「本社団に来るのは善く〳〵の構はぬ人ばかりであつて、予期の半分にも達」（鈴木監修『歴史及事業Ⅱ』）しないため、『紳士録』を利用して有力者に診療券を添え『定款』を郵送したり、鈴木梅四郎が機会あるごとに宣伝・勧誘したという。しかし、〈表五〉「実費診療所年度別患者数」のごとく、患者を増加させる。これは診療をうけた患者が口づてでひろめていった結果だが、いかに都市民衆が救済を求めていたかを如実に示していよう。

一九一二年（大正元）は延一一万四、〇一八名、一九一三年（大正二）は延二三万八、二五七名、一九一四年（大正三）は延三七万一三四名、一九一五年（大正四）には、なんと延七〇万三、二七四名の人々が実費診療所で治療をうけ、一日の来院者も六〇〇名をこえているのである。さらに一名の患者が平均何回通院したかを算出してみると、（単純に除しただけだが）一九一一年（明治四四）一・〇七日、一九一二年（大正元）五・八六日、一九一三年（大正二）七・二五日と着実にふえており、彼らの信頼感をかちえていることがわかる。

では来院した患者は、どのような人々であったろうか、〈表六〉「実費診療所患者職業別内訳」をみられたい。一九一二年（大正元）を例にとれば、無職と商人、職人職工が圧倒的に多く、それぞれ

〈表四〉　実費診療所における1912年１月〜12月の患者数

（単位　　人）

月	患　者　数
1	2524
2	4512
3	4529
4	5571
5	5983
6	5394
7	5419
8	4864
9	5433
10	5118
11	4998
12	5823
計	60168

1）『社団法人　実費診療所第二回報告』より作成。
2）延人数である。
3）支部は省いてある。

〈表五〉 **実費診療所年度別患者数**（単位　人）

場所 ＼ 年度		1911年 9〜12月	1912年	1913年	1914年	1915年
本　部	延人員	11140	60168	95370	148257	194576
	実人数	10439	10078	11362	20702	25945
	1日平均	108	597	840	716	757
横　浜	延人員	—	43057	113035	139850	154392
	実人数	—	7211	16903	21823	4807
	1日平均	—	597	669	641	622
浅　草	延人員	—	10793	29852	44265	74975
	実人数	—	2173	4609	7627	11533
	1日平均	—	497	649	580	650
四　谷	延人員	—	—	—	24944	46969
	実人数	—	—	—	3932	5807
	1日平均	—	—	—	634	800
大　阪	延人員	—	—	—	12818	232362
	実人数	—	—	—	3365	45612
	1日平均	—	—	—	381	509
合　計	延人員	11140	114018	238257	370134	703274
	実人数	10439	19462	32874	57449	113704
	1日平均	108	586	725	644	619

1）『社団法人　実費診療所の歴史及事業』および『社団法人　実費診療所報告」各年次より作成。
2）加藤がかかわる1915年までを対象とした。

〈表六〉　実費診療所患者職業別内訳（単位　人）

職業＼年度	1911年 9～12月	1912年	1913年	1914年	1915年
官公吏	634	688	750	1350	2349
銀行会社員	983	1442	2003	3628	4483
学生	1033	1455	2441	4412	7354
商人	2647	4093	6751	11552	22788
職人職工	1696	3733	4109	6384	14812
労働者	529	937	1033	1610	2827
事務員雇人	1122	2854	5526	5523	11493
技術者	24	100	236	532	612
自由業者	86	129	128	235	450
農業	53	167	234	428	942
無職	1510	3421	8860	20556	43659
船員	80	369	625	883	1382
芸人	13	26	74	107	246
軍人	29	6	35	38	77
雑業	—	—	—	—	—
外国人	—	42	69	201	230
合計	10439	19462	32874	57449	113704

1）『社団法人　実費診療所の歴史及事業』より作成。
2）実人数である。
3）本部・支部の合計を示してある。

全体の一七・六％、二一・〇％、一九・二％を占め、以下、事務員雇人（一四・七％）、学生（七・五％）、銀行会社員（七・四％）とつづく。患者延人数も同様で、無職（一万二、四三九名、二〇・七％）、職人職工（一万二、五五〇名、二〇・九％）、商人（九、一八六名、一五・三％）、雇人（七、四三六名、一二・四％）、学生（六、六〇二名、一一・〇％）、会社員（三、二四四名、五・四％）が多数を占める。[*]他の年でも、大同小異である。無職と記されたなかには、職を秘匿している場合もあろうが、いずれにせよ、これらの人々は独占資本主義が形成されつつあったとき、都市においてもっとも疲弊していた人々にほかならない。

＊　本部のみの延人数である。『社団法人　実費診療所第二回報告』（一九一三年）に拠る。

また、患者は外科に集中している〈表七〉「実費診療所診療患者名科別内訳」）。この傾向ものちまでつづくが、実費診療所が加藤の専門である外科に、もっとも力をいれたとともに、困窮していた人々は外傷でもなければ——眼や耳の具合のわるいことぐらいでは、医師にかからなかったことを示していよう。

こうして加藤は、生活苦にあえぐ人々を医療面から救済する。患者に彼が主眼とした官公吏、銀行会社員など新中間層よりは、都市の基層をなす職人・職工など下層社会の人々、商人など旧中間層のほうが多いのは、実費診療所の『定款』第一条の「日収金一円以下」の人々を対象とするという規定もあって当然だが、その差異は当面さほど問題にならない。都市民衆が医療の局面での救済を求め、実費診療所がそれに応えた点に着目しよう。

〈表七〉 実費診療所診療患者各科別内訳（単位　人）

科目＼年度	1911年	1912年	1913年	1914年	1915年
外科 泌尿科 婦人科	6942	48019	98885	147805	256381
内科 小児科	1599	30715	58088	80651	170788
耳鼻咽喉科	1780	20180	44934	71787	123143
眼科	819	15104	28928	53725	133685
歯科	—	—	7422	16166	19277
計	11140	114018	238257	370134	703274

1）『社団法人　実費診療所の歴史及事業』より作成。
2）いずれも本部・支部合計の延人数である。

患者が増加するにつれ、実費診療所は加藤病院の一室では手狭となり、横浜病院（横浜市若葉町）の須藤鑛作と図り、一九一二年（明治四五）三月一日に同病院内に分院を設けた。実費診療所第二診察所である。*

＊のち、一九一二年（大正元）九月一日に横浜市境町一丁目二番地に移転する。なおこのとき、加藤病院内の実費診療所、すなわち本部を第一診療所とし、支部は設置順に第一、第二のように番号でよばれるようになる。一九一四年（大正三）八月からは、設置された地名で横浜支部のようによばれる。

須藤は、横浜医師会の創立者、神奈川県検疫医や梅毒病院など公衆衛生にたずさわったのち横浜に開業、一八八九年（明治二二）に横浜十善病院を設立、翌年には横浜病院と改称し人々の治療にあたっていた。彼は一九〇九年（明治四二）には、県下の精神病院の嚆矢といわれる神脳院も開院するように、社会への関心がつよく加藤の事業に協力したのである。須藤は『東京朝日新聞』一九一二年（明治四五）六月二三日に、杉田登、長尾折三、広瀬渉とともに「横浜医師会に於ては貧民の為め今回若葉町三丁目二九番地に於て社団法人実費診療所を設け毎夜六時より九時迄左の医師（須藤、杉田、長尾、広瀬──註）順番に出張して患者の治療を為す由」という広告を掲載し、宣伝と治療につとめた。

また加藤は、同年七月一日には「帝都北部に於ける下層社会の要求に応ずる」（鈴木監修『歴史及事業』）ために「細民」の多い浅草地区に実費診療所第三診療所を設け（浅草区並木町一八番地）、一九一四年（大正三）になると、二月一一日に四谷区右京町八番地に第四診療所、一一月一〇日には大阪市南区瓦屋町四番地に第五診療所を開設する。第四診療所も第五診療所も、その地は今日でこそ繁華街の中心になっているが、当時はやはり「細民」の多い地域で、実費診療所は人々の便利を計るためそうした地を選び支部を設置した。

一方、診療時間も一九一四年（大正三）一月二〇日より、午前九時から午後八時までと大幅に延長され受*入体制を拡大、また一九一三年（大正二）一月に第一診療所に歯科、第三診療所に耳鼻咽喉科、五月に第二診療所に歯科を創設するといった具合に、診療機能も整備される。医員・従業員も一九一三年（大正二）に医員二五名（その他に助手一六名）、薬剤師五名（同六名）、看護婦一六名、事務員一二名、小使五名、下足番一名の総計一〇六名と充実し（本支部合計数）、翌年には医員三九名（同八名）、薬剤師二三名、看護婦四三名、職員等五五名、総計一六八名とさらに増加をみる。

こうして実費診療所は、延数十万人という患者が来院し、それとともに事業は拡大し整備され、本部のほか横浜、浅草、四谷、大阪に支部をもち一五〇名をこえるスタッフが医療救済に励むこととなった。加藤の立案した社会救済事業は、月日ならずしてまことに多くの人々の治療にあたり、大きな地歩を社会に占めるにいたるのである。

＊ 第二診療所は、すでに一九一三年（大正二）一〇月二〇日より、日中の診療を実施していた。またこののち日照時間の変動にともない、開始・終了時間の一時間の増減が季節ごとにおこなわれる。

そして、思わしくなかった実費診療所の経営状態にも燭光がさす。実費診療所の初年度は「其収入は到底、之に要する経費を償ふに足ら」（鈴木監修『歴史及事業』）ず、寄附金に大半をたよる不健全財政であり、翌一九一二年（大正元）には第二、第三診療所設立のための支出（三、五〇九円四七銭、三、二五三円三五銭）をみたため、一、一一七円二〇銭の大幅欠損となった。だが事業の発展にともない、一九一三年（大正二）からは、これまでの欠損をうめてもなお「多少の剰余金さへ見るに至」（同右）る。前年のように、総収入の一六・五％（四、〇六八円）を寄附に依存する事態を脱し、事業収入のみで経営が可能となる。剰余金も四、三五〇円五銭（一九一三年）、七、六五六円六六銭（一九一四年）、一万一、四九〇円七銭（一九一五年）と、急激に増加した。＊

＊ 本部の財政である。支部は第二、第三診療所は四、〇九七円一五銭、一、二九〇円六七銭の剰余をみるものの、第四診療所は三九〇円八一銭、第五診療所は三四三円一一銭の欠損を出している（いずれも一九一四年の場合）。

こうして実費診療所は、「門が開くと同時に種々な階級の人が続々と詰めかけてお医者様も薬局も忙しい。一しきりは宛で戦場のやうな騒ぎ殊に夕暮諸官省の退出頃から、夜へかけての混雑は大変で、待合室の患者が入り切れず、廊下にまで鮨詰となつて看護婦や、お医者様が往来止めを喰はされる始末」（『中央新聞』一九一四年一一月二八日）という活況を呈する。一九一四年（大正三）一月二九日の第三回実費診療所定期大会（総会）で、鈴木は満足気にいう、「斯クノ如キ好成績ヲ得タルハ畢竟スルニ我ガ診療所ノ趣旨ガ漸次中流階級ノ知ル所トナリタルガ為ナリトハ云ヘ、偏ニ加藤（時次郎——註）君並ニ従業員諸君ノ奮励恪勤ニヨルモノト云ハザル可カラズ役員一同ノ感謝ニ堪ヘザル所ナリ。将来吾等ノ事業ニ対スル社会ノ要求ガ愈々痛切ノ度ヲ加フルト共ニ、諸君ノ努力ニ待ツ所益々大ナルモノアラントス。一層ノ奮闘ヲ祈ル所以也」（『社団法人　実費診療所第三回報告』一九一四年）と。

だが、ここに至るまでには幾多の反対派との格闘があった。

反対派の攻撃のなかで

加藤時次郎らの実費診療所に対して集まるのは、支持の声ばかりではない。いや、当初は反対派の攻撃のほうが圧倒的に声高であった。

たとえば『日本之医界』で、同誌は「実費診療所の攻撃に、先鞭を附けたものは、実に吾人である」（第一一七号〈一九一四年一二月一日〉）と自負（?）するごとく、「実費診療問題」としてえんえん一〇ヶ月、一六回にわたり反対運動を紹介し、彼らに紙面を提供する（第三五号〈一九一二年七月五日〉─第五九号〈一九一三年四月一日〉)。また一九一四年(大正三)九月には「実費診療に苦しめる横浜医界」を四回連載、*さらに医師会と実費診療所の抗争を「開業医の死活問題」と煽りたて、第一一三号(一九一四年一〇月二五日)から第一二七号(一九一五年三月一一日)まで一四回にわたり「実費診療戦」(「実費診療問題」「実費診療戦争」とも題する)としてその動きを伝え、実費診療所をはげしく攻撃した。**

* 第一〇八号(一九一四年九月一日)から第一一二号(一〇月一一日)まで連載されたが、第四回は「横浜医師会を中心とせる実費診療対戦」と改題している。

** こののちも第一二九号、第一三〇号(一九一五年四月一日、一一日)に「実費診療の過去現在及未来」を連載、「実費診療の焔」(第一三八号〈一九一五年七月一日〉)、「実費診療の惨害」(第一三九号〈一九一五年七月一一日〉)、「実費診療戦」(第一四〇号、第一四二号〈一九一五年七月二一日、八月一一日〉)を掲げ、執拗に実費診療所を攻撃した。

あるいは、未見だが、広告によれば『統一評論』一九一五年(大正四)九月号は、「恐るへき悪むへき羊頭狗肉の山師医者として退治すべき実費診療所の大解剖」と「加藤時次郎の人物解剖」を特集する。「治療上より解剖したる実費診療所の醜状」「医の本領を没却せる実診」や「大審院に敗北したる加藤時次郎の醜態」「背徳漢加藤時次郎」などの記事を掲げたという。

実費診療所は、これら反対派の動きに対抗し反論するが、そのありさまをみておこう。主として加藤が矢面に立ち、彼らとわたりあったとともに、応酬をつうじて実費診療所の理念がより具体的

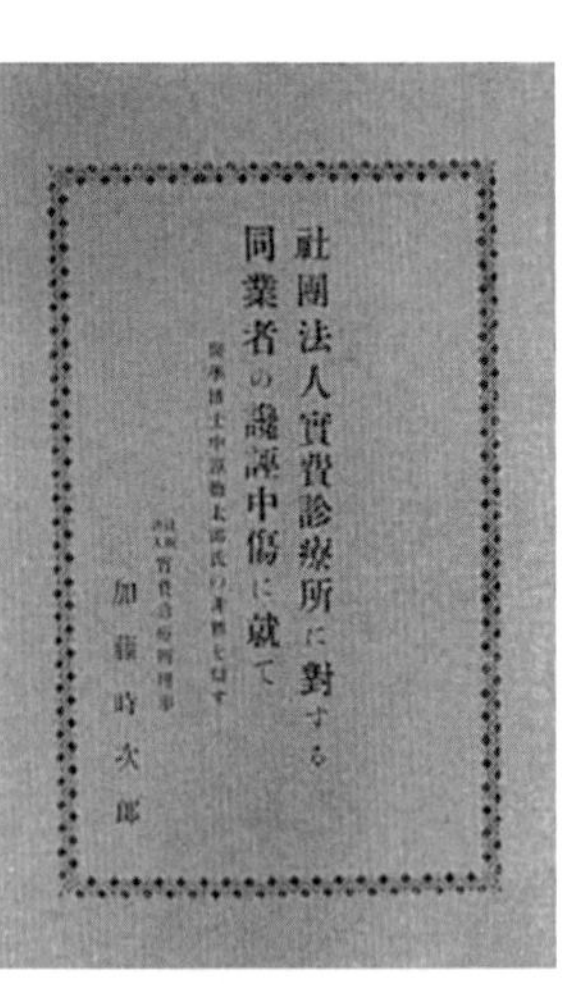
社團法人實費診療所に對する
同業者の讒誣中傷に就て
醫學博士中原德太郎氏の非難を辯す
社團法人實費診療所理事
加藤時次郎

加藤時次郎による小冊子（1912年）

に語られるためである。

まず実費診療所を論難したのは中原徳太郎で、彼は一九一二年（明治四五）六月八日の『医海時報』第九三七号に「所謂実費診療なるものに就て」という一文を公表する。ここで中原は、㈠実費診療といっても価格に厳密を期すことはできず、したがって慈善事業となる、㈡慈善事業は人々を遊堕に導き人心を腐敗させる、㈢実費診療の波紋をうけ開業医は生活が苦しくなり、医師の風儀は乱れ医師社会は堕落すると主張した。

これに対し、ドイツ留学時代に知己を得ている加藤が、六月二〇日に、立会人として伊藤証信ら三名をまじえて中原と会見、㈠実費診療所は慈善事業ではない、㈡自分も慈善事業には反対である、㈢実費診療は人々の生活難を救済する目的をもち、医師社会の向上や廓清といったことには無関係であると反論した*。さらに『社団法人実費診療所に対する同業者の讒誣中傷に就て＝医学博士中原徳太郎氏の非難を弁す＝』という小冊子を発行**して、反批判を展開する。

加藤は同書で、実費診療所が個人の事業ではなく法人事業であること、自分は社会改革の一階梯としてこの事業にとりくんでいることをあきらかにしたのち、実費診療所と慈善事業との相違を強調した。すなわち、慈善は貧困者を人間として扱わず、彼らに自重心、独立心をそこなわせる。それに対し、「僕の実費診療所は人を人として待遇」し貧者、弱者に頭を下げさせない救済事業であり、「我も利益を得、彼も利益を得るといふ」相互の利益を目的とし、救済するものとされるものとが対等の関係にもとづく「営業」にほかならないと述べる。しかも加藤は、慈善事業ならば有限の資力で無限の病人を扱わねばならないが、実費診療所は患者が増加すればそれにしたがい、事業がますます拡張できるとした。***

* この会見の模様は、古川生「中原博士と加藤時次郎氏との大論争」（『日本之医界』第三五号〈一九一二年七月五日〉）に記されている。なおこの記事は「実費診療問題」第一回とされている。

** 一九一二年（明治四五）七月一五日発行で、一六ページ、非売品。発行者は加藤時次郎。彼は五〇〇部作成し十日医会会員に配布したという。

*** こののち中原は「加藤時次郎氏の弁難を読む」を『日本之医界』第三七号（一九一二年七月二五日）に寄せ応酬したため、加藤は「再び中原氏の妄を弁ず」（『日本之医界』第三九号〈八月一一日〉）を掲げた。しかし三たび中原は「弁妄《加藤氏の弁難に対して》」（『日本之医界』第四〇号〈八月一一日〉）を書くため、加藤は「左右搏撃」（『日本之医界』第四一号〈九月一日〉）で応じた。だが、論点はすでに第一回目のやりとりでつくされている。なお、『日本之医界』第三九号には「加藤氏の弁難文掲載に就て」が掲げられ、「吾々は今の実費診察に賛成はして居らぬ、又加藤氏にも勿論中原氏にも公私共に何等の恩怨もない、タツて日本之医界で意見を発表したいと言ふなら、吾々之を容るるに吝かなるものではない、真理は論難駁撃の間に生れる、差支ない限は之に応じようといふので快諾したのである」と述べた。

また、長風（土屋清三郎）が『日本之医界』第三九号（一九一二年八月一一日）に「実費診療論」を掲載し、実費診療ははたして公衆の利益となるのか、多数の患者が来院しなければ経営的に破綻するであろうと実費診療所を批判し、さらに加藤の生活費が不明朗であると攻撃した。これに対し加藤は、「若し実費診療所に今日の如く患者が来なくなつたとしたならば、それは、市内の各開業医がそれぞれ実費診療の必要を認めて、此制度を実行するに至つた時である」（『日本之医界』記者に酬ゆ」『日本之医界』第四〇号〈一九一二年八月二一日〉）とあらためて、その確信を表明する。同時に「僕は、午前中、加藤病院の院長として、普通開業医の一人として働いて居る。僕の生活費は、その方の労働によつて十分である」（同右）と応じる。[*] さらに、『医事公論』第一二号（一九一二年七月二五日）が社論「実費診療を論ず」で、実費診療を容認しつつも、社会に計らずいきなり実行にうつしたと非難した際にも、加藤は「余りに傍観的に過ぎて、事業といふものに同情のない説である」（「縁なき衆生は度す可からず」『医事公論』第一七号〈一九一二年九月一五日〉）と反論した。

＊ 土屋は、『日本之医界』第四二号（一九一二年九月一一日）、第四六号（一九一二年一〇月二六日）に「加藤時次郎君を反撃す」を寄せ反批判を試みる。

以上の他にも、実費診療所への非難は数多くあるが、こうした執拗な攻撃の背景には、診療所により自らの営業が脅かされるとする開業医師たちの恐怖がある。彼らが結束し医師会をつうじておこなった「迫害」[*]（鈴木監修『歴史及事業』）は、実力行動、訴訟などもともない実費診療所はその対策に苦慮した。

＊『歴史及事業』には「第四編　実費診療所に対する開業医師団体の迫害」として七〇ページにわたり記されている。

執拗をきわめたのは、実費診療所の支部が設置されている地域の医師会である。横浜医師会は一九一二年（明治四五）六月二八日に臨時総会を開き、会員は実費診療に従事しないことを決議し、七月八日には調査委員会でも「本会々員は其名儀と方法の如何に拘らず、会則第六条（会員は会則を遵守すべし――註）の規定に背反し診療に従事することを得ざるものとす」という決議をなす。このため実費診療所第二診療所の医師数名が辞職してしまう。大きな打撃をうけた実費診療所は、「横浜医師会の我が実費診療所に対する迫害」というビラを撒き[*]この事情を横浜市民に訴え、ビラ裏面にあらためて診療所の広告を載せ彼らに対抗した。

だが横浜医師会は、さらに実費診療所の活動に制約を加えようと、規則第八条が定める、医師はすべて病院所在地の医師会に所属せねばならぬという条項をたてに、加藤に医師会入会を迫り、彼が応じないとみるや一九一三年（大正二）一一月に会費請求の訴訟をおこす。[**]また翌一九一四年（大正三）一一月には、実費診療所が広告に来院患者数を記載したことが、内務省令第一九号に違犯していると告発した。[***]

鈴木はこうした動きに対処すべく、内務省に医師会規則改正を請願するが、横浜医師会は逆に一九一四年（大正三）一〇月六日に社団法人実費診療所の認可取消の建議書[****]を内相に提出するというありさまであった。

では、横浜医師会は、どういう言い分で実費診療所を攻撃したのであろうか。建議書には「本会は社団法人実費診療所の行為を以て其標榜する社会救済の誠意なく専ら私利私益を之れ図り医師従来の良習慣を破壊し医風の堕落を招来する者」とみなすと記している。そしてその理由として、「負担軽減社会救済を標榜して却て細民の膏血を絞る」、「定款に違犯して富者を歓迎す」、「医師会存立の目的と相容れず」「医師従来の良習を破壊し医業を商業化せんとす」、「我が国民性に反す」、と述べた。実費診療所が憤るように「讒誣中傷」（鈴木監修『歴史及事業』）にほかならないが、横浜医師会は市内の開業医をあつめ七月一九日に横浜医師大会を開き、同内容の決議をあげ、「極力之が撲滅を期す」（『日本之医界』第一一三号〈一九一四年一〇月二五日〉）ことを申しあわせている。*****そしてそののちも内務省を訪問し、集会を催し反対運動をつづけていった。

* 遺族の家に残されている。
** これは一九一四年（大正三）一月三〇日に横浜医師会が勝訴、ただちに控訴されたが、五月八日再び医師会が勝利する。そして一九一五年（大正四）六月二一日に上告審で、医師会の勝訴が確定している。
*** 実費診療所側には、今村力三郎、卜部喜太郎という当代一流の弁護士がついたが敗訴している。
**** 『日本之医界』第一一二号（一九一四年一〇月一一日）に掲載された。
***** このとき富士川游、島田三郎が、来賓として演説している。

こうした医師会の動きは、第四診療所のある四谷でもみられた。四谷区医師会は「実費診療にして無法の挑戦を我に致すに於ては、吾医師会は十分之を制裁せざるべからず」（『日本之医界』第一一七号〈一九一四年一二月一日〉）といい、診療所の閉鎖を内相に建議し、さらに東京各区医師会聯合会、東京医会総会にはかることを画策する。また実費診療所が「大阪市民諸君に檄す」というビラを撒き、支部設置をはかろうとした大阪でも、予定地域の開業医一五九名が実費診療反対同盟会を組織し、大阪市医師会に臨時総会開会を要求した。医師会は一九一五年（大正四）二月四日に総会を開き、内相、大阪府知事に宛てた診療所反対の建議書を作成した。大阪府医師会も三月七日に臨時総会を開き、同様に建議書を作成する。大阪には高松薬剤士、佐々木彌太郎という強力な支持者がいたため、第五診療所を設置しえたが、おりしも計画中であった名古屋*では、中京医師会が調査委員会を設け、臨時総会をひらき盛んに活動したため、内務省の勧告があり、診療所設置はみおくられてしまう。しかも一九一五年（大正四）六月二四日には、支部を設けるときは内相の認可が必要であるという「命令書」が出され、こののち、事実上支部を新たに設置することが不可能となった。

医師会はなおも全国的結集をはかり、政治的圧力をかけることを試みるなど反対運動を続行するが、医療の社会化をおしとどめようとする連中は、こうして一応の目的をはたし、実費診療所は少なからぬ打撃をうけたのである。

＊　富山泰造の協力をえて、名古屋市西区新道町に計画、また出張所を南区熱田中瀬町、東区相生町に設けようとしていた。

もとより神戸、下関、松本など実費診療所を誘致しようという動きはあり、明石からは町長・町会議員が来阪、大阪の支部を見学し、小樽稲毛町町長・町会議員は、直接加藤に支部設置を依頼している。また、逓信省為替貯金局共済会、東京日日新聞社では、疾病の場合、実費診療所を利用することをとりきめた。人々の支持があるものの、いやあればこそ、医師会は執拗に中傷もまじえた攻撃をかけ、必死に都市民衆の医療救済機関である実費診療所の発展をはばもうとしたといえる。

内部の結束強化

医師会による熾烈な攻撃は、実費診療所、加藤時次郎を困惑させる。さらに加えて加藤病院副院長で実費診療所医員を兼任する中島鎌太郎が、一九一二年（大正元）九月九日に「加藤氏の行動が営利事業たる信念を懐抱して居るを認めた、又雑誌にも明確に其意見を発表して居る、且予にも亦明言した。之れ予の理想に相反するのである」（中島鎌太郎「予が加藤病院並に社団法人実費診療所を辞せる理由」『日本之医界』第四四号〈一九一二年一〇月三日〉）と述べ、診療所と訣別するという深刻な事態ももちあがる。*

＊ 加藤は、「中島君と僕との分離は全然私事也」（『日本之医界』第四四号、『医事公論』第一九号〈一九一二年一〇月五日〉）を書き反論した。これに対し中島は「加藤氏の弁解は全然虚構邪推なり」（『日本之医界』第四五号〈一〇月一二日〉）で応じている。

だが、加藤は一九一五年（大正四）二月九日の第四回定時総会で、「我々ハ此（医師会の——註）攻撃ハ最初カラ覚悟ノ上」（『社団法人　実費診療所第四回報告』一九一五年）と述べ、「外部ニ反対ノアル結果ガ世間カラ此事業ヲ認メラル、事トナルノデ、反対ハ寧ロ喜ブベキデス」（同右）という。患者数が増加し実績をのばしつつあるときの発言だけに、あながち虚勢をはった弁とは断じられない。いや私は、医師会の攻撃が実費診療所の内部結束を固める契機となった点に、着目したい。自力による医師養成、従業員の共済組合結成、そして機関誌の発行であり、いずれも早晩着手されるはずのものにほかならないが、医師会の反対運動が拍車をかけたのである。

加藤は、「当所ガ平生最モ困ルノハ医者ノ採用デス。大学ノ学士連ハ申合セテ当所ニ来ル学生ノ意志ヲ沮ムノデ折角約束ノ出来タ者デモ破談トナル者ガ多イノデス」（同右）という。東京開業医学士会は一九一二年（明治四五）七月五日に、実費診療は「医師の風記（ママ）を紊し且つ社会を誤る」（『日本之医界』第三六号〈一九一二年七月一五日〉）という決議をあげた後、表立った行動こそみせないものの、医学士の診療所への就業をさまざまな手段により妨げていた。そのため、加藤は医科大学長青山胤通に非難の書簡を送る一方、「平民の味方たる医者」すなわち実費診療所に「中心（ママ）の同情と興味とを以て従事して呉れる医者がないといふ事」（「平民の医者は平民自ら之を養成せよ」『生活の力』第一二号〈一九一五年一月三日〉）を憂うる。そして、「諸君はモウ博士とか、学士とかいふ肩書に自己の生命を依頼する従来の官僚根性を捨て、小壮無名の医者に天才を求めて、自ら其人を学位以上、肩書以上の立派なものに守立てる事を考へなければならぬ。実費診療所に於いては、遠からず海外留学の法なども定め、諸君の推薦する小壮有為の医者に十分の学問をさせて、諸君の階級の為めに其健康と幸福とを計る決心である」（同右）と、実力をもつ医師を自ら養成することを宣言した。

加藤はまず一九一四年（大正三）一月に診療所内に研究室を設け、医員の学術的研究に資す。ここでは同時に梅毒検査を請負い診療所維持費にあてていたが、翌年一〇月には黴菌学、医化学、衛生学、顕微鏡術の領域を研究する試験部に発展改組される。あるいは、一九一四年（大正三）一〇月に加藤自ら世話人となって、実費診療所の医師を中心に平民医学研究会を組織し、一九一六年（大正五）七月までに二一回の研究会をおこなった。平民医学研究会は「自成自究ノ結果ヲ輯録保存」（加藤「諸言」『平民医学』第一号〈一九一六年六月一五日〉）した機関誌『平民医学』を創刊するが[*]、同誌は六〇ページで加藤・小林美定「生理食塩水ノ熱性病及ビ他ノ諸疾患ニ於ケル注射ノ実験」、川村健「脊椎破劣（ママ）」、渡辺孝樹「白血病ノ一例ニ就テ」など、一四篇の専門論文が掲載されている。

＊　『平民医学』は、のちに述べる加藤と診療所との訣別により、第一号で終わったようである。

医員の質的向上を期すとともに看護士の確保もはかられ、一九一四年（大正三）一月には診療所内に産婆看護婦養成所も設置された[*]。これは、本来は「社団法人実費診療所ノ趣旨ヲ拡張スル為メ養成シタル産婆看護婦ヲシテ中等階級者ニ実費ヲ以テ其ノ需用ヲ充スヲ目的」（「産婆看護婦養成所規則」第一条）としたが、ほとんどの卒業生が診療所に勤務する。卒業生は、一九一四年（大正三）七月二八日に第一期一一名がおくり出されたのをはじめ、三期三一名におよぶ[**]。

＊　本部に設置されたが、四月下旬に第四診療所へ移転、翌年五月に再び本部にもどされた。

＊＊　こうした独力による医師・看護婦の育成は診療所を充実させることにもなり、一九一四年（大正三）四月二日に小児科（本部）、一六日に産院（第四診療所）を設け、翌年一二月には本部、第五診療所にエックス線装置を置くにいたる。なお、一九一四年（大正三）八月二七日には本部に材料部も設けられた。

一方、実費診療所は一九一三年（大正二）一月に、「雇人と被雇人との円満なる調和を図ると同時に更に他の一面に於て月給制度の陥り易き属僚気質の弊を予防する」（鈴木監修『歴史及事業』）ために相互共済組合を結成する。

『社団法人実費診療所従業員相互共済組合内規』（発行年不明）の「緒言」でいう「労働者ト資本家ト合同シテ安全ニ共同生活ヲ行フ仕掛ケ」の実践にほかならないが、診療所で剰余を生じた場合、必要経費を除いた利潤を二分し、半分を診療所積立金、残りの半分は従業員慰労手当金として分配することをとりきめたのである。また、相互共済組合では、従業員共済もおこない、毎月給与の百分の五を積み立て傷病の際にそなえていた。診療所内部の結束強化をはかっているが、互の主体性を尊重しつつ救済をはかっており、実費診療の理念の診療所内への適用でもある。なお、一九一三年（大正二）八月には「社団法人実費診療所従業員服務章程」を作成、第一条に「当所職員ハ中流階級者ノ独立自尊心ヲ傷ケザル様相互扶助ノ目的ヲ以テ業務ニ従ヒ階級的観念ヲ去リ患者ニ対シテハ最モ丁寧親切タルベシ。如何ナル人タリトモ『あなた』ナル尊称ヲ用ヒテ患者ノ人格ヲ損ゼザル様注意ス可シ」といい、実費診療所の精神の徹底をおこなう。

だが、実費診療所が医師会の攻撃に対抗するなかでみせた活動のうち、もっとも注目すべきは機関誌の発刊である。医師会に対し、診療所、加藤は何ら対抗すべき手段がなく、ビラ、雑誌への寄稿にたよっていたが、いかにも非力にすぎる。加藤は一九一二年（大正元）半ばに『実力主義』という誌名で機関誌の発行を計画したが、翌々一九一四年（大正三）二月一〇日に『生活の力』として創刊した。このとき堺利彦、岡鬼太郎、白柳秀湖、所金蔵が相談にあずかるが、誌名には加藤の

〈表八〉『生活の力』における堺利彦、白柳秀湖執筆一覧

筆者	タイトル	備考	号数	発行年
白柳　秀湖	目高魚の話		第１号	1914年 ２月10日
堺　利彦	人間の慾	生活講話	〃	〃
〃	善悪の意義	〃	第２号	３月10日
白柳　秀湖	喰物商売の群衆哲学―大道金鰐屋のはなし―		〃	〃
堺　利彦	宗教とは何か	生活講話	第３号	４月10日
白柳　秀湖	釣魚と生活		〃	〃
堺　利彦	各人各様の宗教	生活講話	第４号	５月10日
白柳　秀湖	初夏の街頭より	生活スケッチ	第５号	６月10日
堺　利彦	旧道徳と新道徳	生活講話	第６号	７月３日
白柳　秀湖	一節一節に別れた小話	生活スケッチ	〃	〃
堺　利彦	親子の関係	生活講話	第７号	８月３日
白柳　秀湖	或る代書人	生活小話	第９号	10月３日
堺　利彦	自殺論	生活講話	第11号	12月３日
白柳　秀湖	寺世話人の不徳	生活小話	第12号	1915年 １月３日
堺　利彦	強がりと弱がり	生活講話	〃	〃
〃	知白守黒	〃	第13号	２月５日

著者	題名	欄	号	日付
白柳　秀湖	主人に信愛せられる者の心得	生活実話	第13号	2月5日
〃	杉	『強者弱者』より	第14号	2月20日
堺　　利彦	正直の徳	生活講話	第15号	3月5日
白柳　秀湖	歩兵戦と槍先の功名	日本の武器と戦術	〃	〃
〃	武士両刀を腰に帯す	〃	第16号	3月20日
〃	すみれ	『強者弱者』より	〃	〃
〃	元亀天正頃の太刀の長さ	日本の武器と戦術	第17号	4月5日
〃	クローバー	『強者弱者』より	〃	〃
堺　　利彦	大学教授との問答	生活講話	第18号	4月20日
白柳　秀湖	短刀には古来一定の制なし	日本の武器と戦術	〃	〃
〃	暮春の故郷—香と味—	「草苺」より	〃	〃
堺　　利彦	〃	「暮春の古服」より	〃	〃
白柳　秀湖	脇差、馬手指及び打刀の事	日本の武器と戦術	第19号	5月5日
〃	五月五日—端午—	「野生の菖蒲」より	〃	〃
〃	武器と戦術の革命来る	日本の武器と戦術	第20号	5月20日
〃	麦刈る頃		〃	〃
〃	鉄砲忽ちにして関東諸国に伝はる	日本の武器と戦術	第21号	6月5日
〃	蕁菜		〃	〃
〃	大砲始めて戦争に用ゐらる	日本の武器と戦術	第22号	6月20日
〃	弩、石弓及び火箭	〃	第23号	7月5日
〃	露草—月草、螢草、ぼうしばな—		〃	〃

堺　利彦	無意識の作用	生活講話	第23号	7月5日
白柳　秀湖	団体的に訓練されたる足軽の部隊	日本の武器と戦術	第24号	7月20日
〃	武田上杉の戦術と織田豊臣の経略	〃	第25号	8月5日
堺　利彦	人生の楽	生活講話	第26号	8月20日
白柳　秀湖	豊臣秀吉の非戦主義	日本の武器と戦術	第27号	9月5日
堺　利彦	和田久一君に与ふ		第28号	9月20日
貝塚　渋六	猫退治	滑稽小説	〃	〃
白柳　秀湖	兵営の閑日月—佐倉兵営にて—		第29号	10月5日
貝塚　渋六	飼犬禁止の請願		〃	〃
白柳　秀湖	信玄の武略、智略及び計策	日本の武器と戦術	第30号	10月20日
堺　利彦	巡査から出た試験及第者		第31号	11月5日
白柳　秀湖	団体心理の指導者	日本の武器と戦術	〃	〃
堺　利彦	先祖の話	生活講話	第32号	11月20日
白柳　秀湖	断じて部下と功を争ふ可からず	日本の武器と戦術	〃	〃
〃	一兵卒の節制、全軍の節制	〃	第33号	12月5日
〃	日本語のシロと西洋語のシロス	〃	第34号	12月20日
				1916年
〃	異種族との競争を知らぬ日本人	〃	第35号	1月5日
堺　利彦	我々には何故選挙権が無いか		〃	〃
〃	女性中心説	生活講話	第36号	1月20日
白柳　秀湖	仏蘭西革命と楠公の籠城	日本の武器と戦術	第37号	2月5日

白柳　秀湖	築城法の大革命	日本の武器と戦術	第38号	2月20日
堺　　利彦	子沢山は耻か避妊は罪か		〃	〃
白柳　秀湖	農業主義から商業主義へ	日本の武器と戦術	第39号	3月5日
堺　　利彦	短歌と俳句		〃	〃
〃	実費診療所問題		第40号	3月20日
白柳　秀湖	武士の土着制度崩る	日本の武器と戦術	〃	〃
堺　　利彦	素人芸評		第41号	4月5日
白柳　秀湖	三井、住友、鴻池等の祖先	日本の武器と戦術	〃	〃
〃	浪人の新職業としての軍学教授	〃	第42号	4月20日
堺　　利彦	自由女		第43号	5月5日
白柳　秀湖	阿片戦争と高島秋帆	日本の武器と戦術	〃	〃
堺　　利彦	武士道と日本道徳の美風		第44号	5月20日
白柳　秀湖	品川七砲台の構造及び由来	日本の武器と戦術	〃	〃
堺　　利彦	真卒簡易の風		第45号	6月5日
白柳　秀湖	日本人と自治生活 —『二千六百年史』の巻頭より—		〃	〃
堺　　利彦	日本人の慢心病		第46号	6月20日
白柳　秀湖	江戸城海岸線の防備	日本の武器と戦術	〃	〃
〃	瀬戸内海の秘密	〃	第47号	7月5日
堺　　利彦	壊れかゝつた高石垣		〃	〃
〃	女の疵物と男の前科者		第48号	7月20日
白柳　秀湖	大内氏は海賊、毛利氏は大商人	日本の武器と戦術	〃	〃

白柳　秀湖	陸軍の産婆としての長州	日本の武器と戦術	第49号	8月5日
堺　利彦	流行の精神主義を煎じつめると		第50号	8月20日
白柳　秀湖	椽の下の力持	浮世学問	第51号	9月10日
堺　利彦	事物の原因	平民講話	〃	〃
貝塚　渋六	天下寄合持の話		第52号	9月25日
堺　利彦	小便の垂れざかり		第53号	10月5日
〃	今の世の中		第55号	11月5日
貝塚　渋六	先祖の話		〃	〃
堺　利彦	今の世の中		第57号	11月20日
貝塚　渋六	新右衛門狸―みのる会に於る三遊亭遊輔の落語の荒筋―		〃	〃
堺　利彦	今の世の中		第58号	12月5日
				1917年
〃	百年後の夢		第59号	1月5日
〃	普通選挙の大勢		第61号	1月20日
〃	百年後の夢（続）		〃	〃
〃	画の話		第64号	3月5日
貝塚　渋六	質問を求む	浮世顧問	第69号	5月20日
堺　利彦	鬼退治―曽我廼家五郎狂言の筋書―		〃	〃
貝塚　渋六	浮世顧問		第70号	6月5日
堺　利彦	円と三角		〃	〃
貝塚　渋六	変人論		第71号	6月20日

堺　利彦	高等教育は贅沢なり		第72号	7月5日
貝塚　渋六	悪い子供の話ーマーク・トウェーンよりー		第74号	7月30日

1）署名のあるものに限った。なお筆名は、すべてフルネームになおしてある。
2）このほか堺利彦、白柳秀湖および加藤時次郎、寒川鼠骨による会見記「玄黄居士と加藤医務長との会見」（第10号〈1914年11月3日〉）がある。

都市民衆によせる期待がよくうかがえよう。

『生活の力』は、白柳（のち堺）が編集にあたり、第七六号（一九一七年九月一〇日）まで刊行され、当初は月刊、第一四号（一九一五年二月二〇日）から第七四号（一九一七年七月二〇日）までは月二回発行されている。四万部（のち五万部）という大量の発行で、一部五厘（のち一銭）、加藤病院内に設けられた生活社が発行所となり、発行兼編輯人は渡辺佶三郎（のち梶文五郎）、印刷人は岩本菊雄（のち畑中為之助→渡辺素一）。B５判、原則として八ページだてであるが、一月に一回の発行のためおおむね一二ページであり、附録がつけられたり号外が出されることもある。

この『生活の力』により、医師会の攻撃に反撃し、たとえば一九一四年（大正三）四月一日付の号外（二ページ）に「実費診療所横浜支部創立二周年を紀念し併せて横浜医師会を弾劾す」という記事を掲げ医師会の運動を論難し、診療所の理念を説く。大阪に支部を設置する際にもさかんに宣伝し、医師会の迫害を報道し「医師会は社会の敵也」（第六号〈一九一四年七月三日〉）と批判、あるいは「大阪市民は如何に実費診療所を迎へた乎」（第一三号〈一九一五年二月五日〉）を伝えた。また『生活の力』には総会記事、支部のようすや患者数など診療所の動き、新設科目や診療時間の変更など連絡事項、来院者の投書・投稿まで掲げられ有力な宣伝媒体ともなる。もちろん、診療科目、本部や支部の所在地、賛助員、スタッフなどは、毎号最終ページに載せられている。

『生活の力』は実費診療所の単なる機関誌にとどまらず、加藤が毎号自分の思想や姿勢を語り、堺利彦、白柳秀湖をはじめとする多くの論客が評論を寄せ、都市民衆の開明を図っていた点に注目しておきたい（〈表八〉「『生活の力』における堺利彦、白柳秀湖執筆一覧」）。同誌は、総ルビで、おりにふれ時事評論が掲載され、読者参加の生活俳句欄も創設されるなど、ひろく人々の知を啓く意図を有していた。

自治と共同

多方面の救済

『日本及日本人』第六三五号（一九一四年八月一日）に寄稿した「平民の為に弁ず」で、加藤時次郎は「当診療所の事業は病気の治療といふ唯一つの事が其竟局の目的ではない。平民の『多数』といふ力を種々の方面に応用して、種々の生活組合種々の共済機関を作つて見ようといふのが其根本の精神である」と述べる。加藤にとり、実費診療所は医療救済に限定されるものではなく、実利を与えるのみの単なる救済事業でもなかった。彼は「諸君が卑下して独立の精神を捨て、再び起つ能はざる敗残者の心を以て僕の事業に来るならば諸君は大に失望せざるを得ないであらう」（「自他共に利し愉快に世を救ふの途」『生活の力』第二号〈一九一四年三月一〇日〉）といい、来院者に独立心、自助心をもたせ、自らの力を自覚させる一方、互の協力にもとづく物資の共同割引購入や、「大平民館」建設などを構想する。

　この医療にとどまらない救済事業は、生活組合の結成として実現した。生活組合は、はじめ加藤が主宰し「実際生活の経済的研究を目的とし、相互の利益と幸福を期する」（無署名「実際生活研究会」『生活の力』第二号〈一九一四年三月一〇日〉）実際生活研究会として発足、ただちに生活組合に改組され、一九一四（大正三）三月一九日の理事会で認可をうけ、実費診療所の機関となる。組合員の条件は『生活の力』購読のみで会費も徴収しないため、同年五月――五五四名、六月――六〇四名、七月――七五〇名、八月――九三六名、九月――一、一一五名、一〇月――一、三六〇名、一一月――一、五〇七名、一二月――一、五八一名（累積人数）と着実に人数をふやした。生活組合員は診療所での治療費を割り引かれたが、加藤はさらに西垣恒矩に「生活社（ママ）で購買組合を作り、社員や其他の方々になるべく安い米や味噌醤油や薪炭などを供給したい。言ひ換ふれば生活費を少くして幾分の貯金が出来るやうに致したい」（西垣恒矩「団結の力でお互の生活を助ける法」『生活の力』第三三号〈一九一五年一二月五日〉）と語り、岡実商工局長の内意を探ったこともある。加藤はいまだ機能をはたすにはいたらないものの、生活組合を発足させ、「僕は決して実費診療所位には甘んじて居ない」（「評論の評論」『生活の力』第四一号〈一九一六年四月五日〉）と述べ、「種々の救済」に乗り出した。

とともに、彼は「僕が常に理想として居る大生活組合は、諸君が諸君の力を自覚する事によつて明日にも実現される」（「浅草観音の御賽銭が与ふる大教訓」『生活の力』第三号〈一九一四年四月一〇日〉）、「平民は速に此（団結――註）力を自覚しなければならぬ。此力を自覚しさへすれば何んな事でも出来る」といい、生活組合に、民衆に団結の力を自覚させその力を引き出す事業としての期待もこめた。加藤は、彼らの生活を見すえるのみならず、彼らがつくり出す力に目をむけており、都市民衆に深い共感をもっていたことを知りうるが、権威をふりかざし「上から」の力で組織化せず、彼らの自治心や自発性を引き出し、彼らを事業の享受者ではなく主体にすえた。

実費診療所寄附演芸会で義太夫を語る時次郎
（喜楽座 1912年）

これだけではむろん、都市民衆に「市民」意識をもたそうとしたとはいいえぬが、加藤は主張の手段がなく都市騒擾としてしか自己表現をなしえぬ人々に対し、一つの方向性、主体形成のありようを示している。彼が「斯くして結束されたる組合員の数が五万十万の多きに達した暁には会員各自の生活をより愉快に、より幸福ならしめんが為、更に大なる経済的、社会的事業の創設に着手しなければならぬ」（同右）と述べるとき、人々は活力と刺激をうけていったと思われる。

加藤はまた「生活」を狭く限定して考えず、娯楽も必要不可欠な要因としていたため、その局面からの事業もおこなう。みのる会である。「平民演芸　みのる会設立趣旨」（一九一四年ごろ）は、「実費診療所は中流同胞の為に其肉体上の疾病を救治しようとして設けられたるものであるが之と同時に必要なものは其日の生活に追はれ労働に疲れて心身ともに困憊したる中流同胞の精神的療養機関である。換言すれば娯楽機関である」と、設置意図を説明している。みのる会は、一九一二年（明治四五）に帝国劇場で診療所の寄附素人演芸会、横浜喜楽座で第二診療所披露をかねた寄附演芸会を開いたのが結成の契機となり、加藤は「平民演芸みのる会ハ、実費診療所ヲ一般社会ニ知ラシムル上ニ於イテ多大ノ力アリシモノト信ズ」（一九一四年一月二九日、第三回定期総会での発言。『社団法人　実費診療所第三回報告』）と訴えた。一九一四年（大正三）五月からは、実費診療所の附帯事業となる。当初、会費一〇銭、「演芸は毎月一回例会を開き春秋二期に於て大会を開催」（「みのる会規則」第四）、義太夫、箏曲、琵琶、講談、落語、万歳、長唄、剣舞、漫談、浪花節、手品、踊りなどをみせるが、一九二一年（大正一〇）七月一七日には百回の開会をかぞえ、さらに第一七四回みのる会まで確認できる。加藤の事業中もっとも長く継続したもののの一つであった。

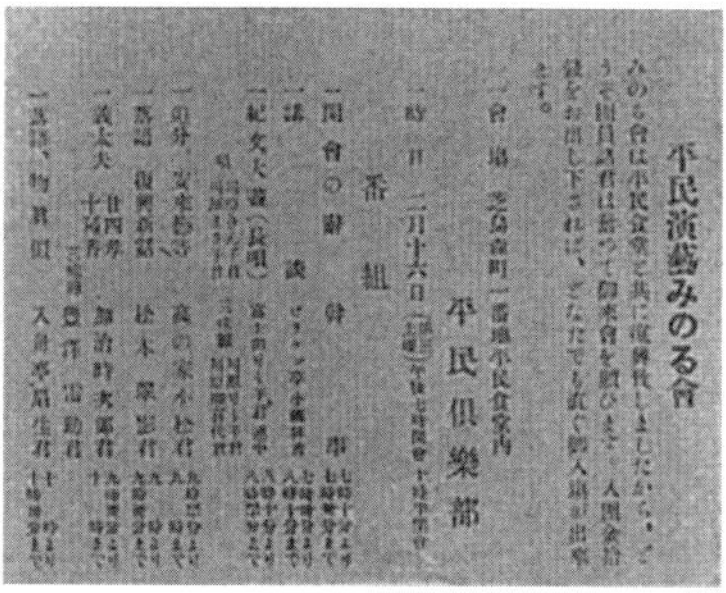

平民演芸みのる会のビラ

演し物や会の様子はすべて『生活の力』で報告されるが、加藤はかかさず、豊沢栄三、鶴沢重造、鶴沢文次郎、豊沢団平という人々の三味線で義太夫を語っている。伊藤痴遊、西川光二郎、石川半山、岡野辰之助そして大江天也が講話・演説をし、原霞外が講談、岡千代彦が千代坊の名で時事的な落語を演じたり、病院の従業員が素人芝居を演じ、岡と紅羅坊が西洋忠臣蔵を試みたこともある。またときには片岡我童一座が歌舞伎をみせ、メーテルリンク「モンテ・ワンナ」を花柳はるみをむかえて上演し、曽我廼家五郎が喜劇を演じ、後にふれる社会劇「花合戦」を加藤が主役となり取り上げた。

一九一四年（大正三）二月一五日、午後五時半から新橋倶楽部で開かれたみのる会（回数表記はない）の番組は、講談　伊賀趣（小燕林）、シンフォーニーコンセルタンテ　胡弓鶴の巣籠（小野寺萩園）、富本　山姥（富本豊、三絃　得壽満、たか）、落語　松竹梅（小柳枝）、説教節　小敦盛・蓮生物語（若松若太夫）、琴曲　鶴亀・雪の曲（伊東中光）、清元　玉屋（相生、巨松、佐那恵）、会辞（加藤時次郎）、義太夫　中将姫雪責（加藤時次郎、三絃　栄三）、能狂言　簸屑（山下迂作、奥村迂笑）で、この日「会衆約三百五十名、開会前に殆ど満員の盛況を呈した」（無署名「平民演芸みのる会記事」『生活の力』第二号〈一九一四年三月一〇日〉）という。

ここで、加藤と曽我廼家五郎の交友について記しておこう。加藤は娯楽を追求・考察するが、とくに五郎に共感をよせ、彼の芝居は人情の機微をよくとらえ、貧しい「平民」の生活状態が表現されていることを指摘する。「僕は働く人間として君（曽我廼家五郎——註）の芝居を面白いと思ひ、働く人間として何事にもアーネストな君の人柄を尊敬する」（「曽我廼家五郎君に与ふる書」『生活の力』第一三号〈一九一五年二月五日〉）と述べる。そして、「西洋には平民劇といふものがある。僕は将来君の進む可き途は唯一つの平民劇であらうと思ふ。平民劇といつた処で、別に変つたものではない。平民の眼に映じた社会を舞台に上すのである。さうして大多数の平民を観客として劇場の経営をして行くのである」（同右）と示唆を与え、たびたび五郎劇観劇をよびかけた。[*] 五郎が「平民劇団　和田久一座」を旗上げしたときに、『生活の力』は「吾々は極力彼の事業を応援して其大成を期さねばならぬ」（第二七号〈一九一五年九月五日〉）と記し、五郎も上京したおりには、みのる会に出席している。[**] 加藤は、大阪俄から出発し「絶えず庶民的な喜劇を目ざしてすすみ……独特な現代喜劇のジャンルを開拓していった」（松本克平『日本社会主義演劇史』）曽我廼家五郎の「平民性」に共感をいだき、援助を惜しまなかったのであろう。一九一六年（大正五）三月二八日には、新富座で「五郎君の社団法人実費診療所に対する同情と吾々の五郎君に対する同情とで出来あがった特別の催し」（『生活の力』第四〇号〈一九一六年三月二〇日〉）として、実費診療所寄附演芸会が開かれた。

＊　たとえば、一九一五年（大正四）三月九日、一〇月九日、一九一六年（大正五）一〇月二一日などに総見をよびかける。

＊＊　一九一五年（大正四）一月のみのる会で談話をし、一九一七年（大正六）三月の横浜みのる会では、一座が喜劇をおこなう。なお、五郎が本名の和田久一から再び曽我廼家五郎を名乗ったとき、加藤は「曽我廼家五郎改名問題」（『生活の力』第二九号〈一九一五年一〇月五日〉）を掲げ、反対している。

『生活の力』と社会への言及

実費診療所にかける加藤の想いが、単なる医療救済でないことは、『生活の力』における彼の論稿にもうかがえる。加藤は「庶民銀行設立の急務」という副題をもつ評論五篇、「独墺は何故屈せぬか」、「豪農に利用さるる日本勧業銀行」、「馬鹿に課する税金」、「政府は何が故に下級民の金融を補助せざる乎」、「下級民に二重税を課する日本勧業銀行」を『生活の力』第一八号（一九一五年四月二〇日）から第二二号（六月一〇日）まで連載。また「下級民の金融機関」というテーマで、「金融界に現はれたる社会の趨勢」、「下層金融機関としての質屋」、「流質の多きは何を意味する」、「驚くべき質屋の高利　附欧州に於ける市町村経営の質屋の話」、「無尽制度の過去現在」、「都会の無尽と田舎の無尽」、「無尽の金は商売の役に立たぬ」、「富豪が澪砕の金を集める機関」の八篇を、同じく『生活の力』第二三号（一九一五年七月五日）から第三四号（一二月二〇日）まで断続的に寄せ、主題として扱いにくい金銭の問題を、正面から考察した。

まず加藤は「下級金融機関のオーソリチー」たる日本勧業銀行を検討し、同行は不動産を抵当とするため「救済の急を要せざる中以上の農民」（「豪農に利用さるる日本勧業銀行」）豪農だけが利用でき、「下級の農民に対しては、何等の恩恵をも与へて居ない」（同右）。いや、それのみならず、日本勧業銀行では割増金付債券という「好餌」を発行し「下級人民」から零細資金をとりあげ、それを「少数の富豪、地主」に供す。「見よ下級人民の膏血を絞つて得たる資金は勧業銀行を通じて富豪の手中に入り、富豪は之を利用して貸屋を建てたり土地を買占めたりする。さうしてそれは高い地代

『生活の力』創刊号

となり、高い家賃となつて、再び下級人民に課せられて居る」（「下級民に二重税を課する日本勧業銀行」）と、加藤は統計を利用しつつ述べ、非難をする。

　では、「古来唯一の下級金融機関であつた質屋及び金貸業」（「下級金融機関としての質屋」）は、どうであろうか。加藤は、質屋は「不生産的」消費のために利用され、利息が非常に高いとし、無尽は、「生産的」に利用されるものの、入用のときに取得することができず、放資に間にあわぬことが多く、まま質屋以上の高利となり、浪費してしまう場合もあるという。彼は、「下級金融機関」が「下級民」に利益を与えず、かえって富豪が彼らの零細な金を絞り取る機関となりおえている点を指摘し、批判したのである。そしてそのため、加藤は「第一に其経営者たる富豪を駆逐して貧乏人自らが其金融機関を経営する事。第二に之により利益を富豪連に奪はれぬ様に鞏固な組合を作る事」（「富豪が澪砕の金を集める機関」）を提案し、「下級民」が相互に融通しあい共済しあう、庶民銀行を構想した。金融をめぐり、「平民」を主体となる相互救済機関を、彼は思い描いた。

一方、加藤は現時の都市問題にも、『生活の力』誌上で発言する。彼は、都市化にともない東京市内に発展してきたガス、電燈などの公益事業が独占を強化するにつれ、都市民衆の生活を圧迫することをいう。そして「東京市の問題といふと何故恁う吾々貧乏人に不利益な問題ばかりであらうか。さうして少しでも吾々貧乏人に利益な事と云ふと型のやうに行はないのであらうか」（「電車の値上断じて不可也」『生活の力』第三一号〈一九一五年一一月五日〉）と嘆く。また、おりから生じた東京市電の電車賃値上げ問題について、値上の原因は家主、地主に利益となるように、むやみに路線を延長したことにあり、電車市営の精神からいっても、断乎として反対であると言いきる。

加藤は、この問題は「電車をホントに利用して生きて居る貧乏人」と「電車をホントに利用して生きて居る貧乏人の生産力に倚頼して大金儲けをして居る資本家」との利害の衝突、すなわち「貧乏人の東京と金持の東京とは全く別のものであるといふ事」（「貧乏人の東京と金持の東京」『生活の力』第三二号〈一九一五年一一月二〇日〉）を、都市民衆に認識させようとした。彼は都市問題に関心をもちつづけ、都市民衆こそがその解決主体と把握し、彼らの救済とともに『生活の力』を利用しての開明化を期す。

また、加藤は社会主義者、社会運動家とも提携し、『生活の力』に、彼らの執筆を開放していた。生活社社員で編集にたずさわる堺利彦、白柳秀湖が、ほぼ毎号のように執筆している状況は、〈表八〉「『生活の力』における堺利彦、白柳秀湖執筆一覧」に掲げておいた。また、西川光二郎、山口孤剣、安成貞雄ら社会主義者、山崎今朝弥ら社会運動家が執筆し、小生夢坊がカットを画いた様子は、〈表九〉「『生活の力』における社会主義者、社会運動家執筆一覧」に記すとおりである。ここで彼らは、社会主義理論を説いたり、実践活動をよびかけたりする条件はもちあわせていないが、

〈表九〉『生活の力』における社会主義者、社会運動家執筆一覧

筆者	タイトル	号数	発行日	備考
山口　孤剣	米櫃論（上）（下）	第５号 第６号	1914年 ６月10日 ７月３日	
西川光二郎	生活に対する心持―５月15日みのる会席上に於ける生活講話―	第５号	６月10日	
山口　孤剣	上方贅六（上）（下）	第７号 第８号	８月３日 ９月３日	
西川光二郎	善を為すの機会	第７号	８月３日	
上田　蟻善	犬の喧嘩	第14号	1915年 ２月20日	
小生　夢坊	所謂幸福な日本	第48号	1916年 ７月20日	カット２葉を附している
山口　孤剣	日韓合邦と日露戦争―新体二千六百年史を読む―	第49号	８月５日	白柳秀湖による前書きがついている
〃	諸大名所有の鉱山	第50号	８月25日	副題「新体二千六百年史を読む」がついている
〃	薩摩の商業主義	第51号	９月10日	〃

小生　夢坊	廃兵と富豪	第52号	９月25日	
安成　貞雄	第二の狐と葡萄	第53号	10月５日	
〃	狐と虎の皮	第54号	10月20日	
西村　陽吉	簿記台に倚りて―生活組合未来の夢―	〃	〃	
安成　貞雄	犬と猿	第55号	11月５日	新イソプ物がたり
安成　二郎	無題	第57号	11月20日	歌２首
〃	〃	第58号	12月５日	〃
荒川　義英	幸福は孰れに？	第59号	1917年 １月５日	
安成　二郎	無題	第60号	１月12日	歌２首
山崎今朝弥	東京法律所を去り。平民法律所に入り上告専門所を興し。実費特許所を始めたる理由	第62号	２月１日	
〃	社告	〃	〃	
〃	平民法律所、実費特許所、上告専門所の規則	〃	〃	山崎今朝弥作となっている
土岐　哀果	無題	第65号	３月20日	詩２篇
安成　二郎	〃	第66号	４月５日	歌２首
安成　貞雄	黒狐と人間	第67号	４月25日	新イソプ物がたり

安成　貞雄	ブルドクと豚	第68号	5月5日	新インプ物がたり
片山　潜	無題	第68号 第69号	5月5日 5月20日	書簡の抄録
山崎今朝弥	平民の法律	第70号	6月5日	平民法律所事件簿抜書
添田唖蟬坊	あゝ金の世	〃	〃	演歌2篇
田島　梅子	無題	第71号	6月20日	歌2首
山崎今朝弥	平民の法律	〃	〃	平民法律所事件簿抜書
〃	〃	第72号	7月5日	〃
〃	〃	第74号	7月20日	〃
〃	〃	第75号	8月10日	〃
〃	〃	第76号	9月10日	〃

1）小生夢坊が第51号（1916年9月10日）、第52号（9月25日）、第57号（11月20日）、第58号（12月5日）、第63号（1917年2月5日）、第67号（4月25日）、第68号（5月5日）、第69号（5月20日）にカットを寄せている。

大逆事件後に表現の場が与えられ、また、口をわずかなりとも糊することができたといえる。

『生活の力』は、社会主義者たちが団結と発言の舞台を確保するために創刊した数々の新聞・雑誌、たとえば、『へちまの花』（堺利彦）、『青テーブル』（西村陽吉）、『月報』（山崎今朝弥）、『へいみん』（上田蟻善)、『第三帝国』(茅原華山)、『霊と肉』(小生夢坊)などに共感を示しつつ、簡単な誌上紹介もおこなう。あるいは、西村陽吉、上田蟻善、西川光二郎、茅原華山、堺利彦、片山潜、石川三四郎らよりの来信を掲載し彼らの近況を伝え、『へちまの花』、売文社、東京法律事務所(山崎今朝弥)の広告も載せている。『生活の力』で、加藤自身は声高に社会運動の実践や社会主義を主張しないが、かつての仲間や社会を改革しようという志をもつ人々に紙面を提供し、交流を保ちつづけた。

加藤が彼らにみせた交情は、堺利彦の売文社の顧問となり*、その事業を援助するかたわら、『へちまの花』、『新社会』の発行補償金を貸与し、同誌に平民病院(加藤病院を改組した病院。後述)の広告を掲げることにもうかがえる。宗教運動家伊藤証言を、一九一二年(大正元)ごろに事務員として雇ったこともある。

＊『へちまの花』第六号(一九一四年七月一日)では、「社友及特約諸家」の一員となっている。

また失意の片山潜を慰め、渡米に際して堺利彦、山崎今朝弥、藤田貞二とはかり、餞別三〇〇円をあつめ、一九一四年(大正三)九月三日に、加藤宅で堺、白柳秀湖をまじえ送別会を開く。こうした『生活の力』は、社会主義者の側からも好意的にむかえられ、『へちまの花』第一号(一九一四年二月二七日)「提灯行列」は、「実費診療所の広告機関には相違ないが、多少の趣味を持つて読む事も出来る」と記し、『新社会』第二巻第一号(一九一五年一月)も同誌をとりあげる。加藤はこのような位相も保ちながら、都市民衆の救済をはかった。

さて、以上のごとき加藤時次郎の「中等貧民」を主軸とする救済事業は、片山潜、安部磯雄ら都市社会主義者や、おりから登場しつつある都市政策家の発言とならぶ、都市問題への対応の一策といえる。ときあたかも独占資本主義が形成され、都市に人口が集中し、道路・港湾・上下水道あるいは図書館など都市装置の不足・不備が甚しくなる時期であった。また、ガス・電気・電車などの公益事業が利権とむすびつき、独占力を強化し、政治的参加・発言の機会の乏しい都市民衆の生活が窮迫していた時期でもある。片山は公益事業の市営を力説し市政民主化を唱え、一九一一年（明治四四）暮には東京市電の争議に関与し、安部も土地をふくむ独占的性格のつよい事業の市営をいい、衛生・美観の見地から、都市公害への対策に言及した。

また、都市政策家田川大吉郎は、東京市助役として市政にたずさわり、都市装置の整備、市営事業の経営、市債の募集にもとづく都市経営の立場を主張する。*だが彼らはあらゆる都市問題に目を配り、すべての都市装置に言及し、市政・市財政にもつうじながら、自己の発言分野を拡大していくのに対し、加藤は領域を限定し独自の様相を示す。とくに片山、安部、田川らの主張が、自治体としての都市を最優先し、都市民衆の現実の困窮を個別ではなく総体として、すなわち私人としての苦しみを、公人としての一面性において救済しようとしたため、民衆にとり彼らの都市論は高踏的・抽象的救済策となった。

それに対し、加藤の事業は、現実的・具体的救済から出発し、そこに帰着している。加藤には、厳密な意味での都市経営論や都市計画はなく、自治体として都市を把握しようとする発想もないが、都市民衆の共生社会実現のため、彼らの生活総体を視野に入れつつ、医療からその第一歩を踏み出し、それが彼の都市問題解決の方策となった。片山らとは異なる特徴をもつ、新たな都市問題解決の途を、加藤は歩みはじめたといえる。

＊　とりあえず、成田龍一「田川大吉郎の都市論」（『歴史評論』第三三〇号〈一九七七年〉）を参照していただきたい。

同時に、加藤の営為が大逆事件後になされていることを、あらためて強調しておきたい。大逆事件後の社会発言を、売文社や『へちまの花』、あるいは大杉栄・荒畑寒村の『近代思想』に代表させる網にはこれまで掬いあげられなかったものの、加藤の営みは、社会主義の実践に加わったことのある人間が、韜晦せず社会参加を持続したものであり、「冬の時代」下の知識人の一つのありようを示している。「日本の社会主義運動は今正に一頓挫の場合である。従って総ての社会主義者はこゝ暫く猫をかぶるの必要に迫られて居る」（堺利彦「大杉君と僕」『近代思想』第二巻一一・一二号〈一九一四年九月一日〉）という時期に、その社会主義者への保護者的立場を保持しつつ、自らの理念の実践を試みていったのである。

平民病院の設立

加藤病院の改組

「中等貧民」の多面的な救済を目ざす加藤時次郎にとり、実費診療所の『定款』は次第に桎梏となり、彼は第一条中「日収金一円以下（但所得税納入者ヲ含マズ）」の部分を、「所得税ヲ納入セザル」と改正しようと図る。だが、一九一五年（大正四）二月九日に開かれた実費診療所の第四回定期総会では、承認可決されるものの、内務省には許可されなかった。そもそも「日収一円以下」という基準は、所得税法が年収三〇〇円以上の者に課税していることを斟酌、「収入不定ノ労働者、小売商人其他ニアリテハ日収平均一円以下ヲ以テ其資格者ト定メ、一定ノ給料ニヨリテ生活スルモノアリテハ所得税ヲ納入セザルモノ」（鈴木監修『歴史及事業』）を該当者と定めていた。*

＊ 一九一三年（大正二）四月に所得税法が改正され、年収四〇〇円以上となるため、『定款』第一条中の「（但所得税納入者ヲ含マズ）」の部分が空文化してしまう。

だが、加藤は「日収一円以下といふのは寧ろ極貧階級で日収一円以上の者と雖、大資本に縁のないものは皆貧民である」（「平民病院の大拡張」『生活の力』第四七号〈一九一六年七月五日〉）という認識を示し、『定款』が改正されないならば「診療所の外に別に之等貧民（日収一円以上）の為に実費式診療を目的とする病院事業が必要となつて来る」（同右）とした。実際、巡査や小学校教員の初任給こそ月一五円前後であるが、会社員で二五円、官吏になると初任給で月五五円と、加藤が対象とする新中間層を包括しきれない。そのため加藤は「日収一円以上の貧乏人に事情の許す限りの便利を与」（無署名「平民病院設立されん」『生活の力』第三一号〈一九一五年一一月五日〉）え、診療することを図り、加藤病院を平民病院と改称し、一九一五年（大正四）一二月一日から独力で実費診療を開始した。

当初は外科専門だが、すぐ外科、整形外科、皮膚科、内臓外科、産婦人科、エックス放射線科をそなえ細菌試験科をもつ総合病院とし、午前八時から午後九時まで診療*、「其名の示すが如く、専ら薄給者、労働者、店員、学生等、一般平民階級の為に診療に従事し、多年社会の大問題となれる医薬分業を断行し、之に依つて平民診療の目的を達」（「生活社経営平民病院の趣旨」ビラ　一九一六年一一月）**するという。また「実費診療所に於いて物議を惹起せしが如き、医師会規約との矛盾扞格は毫末も之なく、真に自由なる大活動を現出せしめ得べきを確信」（同右）した。加藤は平民病院により、制約からときはなたれたところで、自らの理念にもとづく医療救済を実践しようとしたのである。

「平民病院内規***」（一九一六年）には「本院ハ一般医業ヲ為スヲ以テ目的トス」（第一条）と記され、第三条に「薄給者、生活組合員又ハ特ニ事情アルモノニ対シテハ規定ノ料金費用ヲ低減ス」とされた。「規定ノ料金費用」が判明しないが、一九三〇年（昭和五）ごろのビラに「薬価一日　金拾銭」「入院料一日分　金一円五拾銭（薬価・食費・寝具共）」とあり、かなり廉価であることがうかがえる。****

＊　日照時間の変化により前後一時間の増減がおこなわれる。

＊＊　後述する実費診療所との訣別後に撒かれたもので、『生活の力』第五六号（臨時増刊〈一九一六年一一月一八日〉）に転載された。英語版 ***HEIMIN BYOIN（THE PEOPLE'S HOSPITAL）***（パンフレット一九一七年）も出された。

＊＊＊　便箋七枚に、ペン書きで記された公式書類。これとは別に「平民病院規則　宿直規定」の第一次草案、第二次草案が「山崎法律事務所」によって作成されている。

＊＊＊＊　『日本之医界』第一八一号（一九一六年九月一八日）は、平民病院と実費診療所を比較し、「手術料に就ては、両者の取る処、内容実質何等異る処なし」と記している。

実費診療所は、しばらくこの平民病院と同居していたが、「内外の事情に鑑み」（『生活の力』第四七号〈一九一六年七月五日〉）、一九一六年（大正五）五月九日に臨時理事会で移転を決議、一二月に新橋駅前、芝区芝口一丁目一番地の三階建家屋を購入し翌年七月一六日にそこへ移った。そのため加藤は旧加藤病院全体を平民病院とし、あらたに泌尿生殖器科、耳鼻咽喉科、眼科を設置し、さらに念願の実費調剤所を設ける。

実費調剤所とは、彼が年来主張した医薬分業の実現にほかならないが、『生活の力』に八回にわたり連載した「医薬分業と診療所」に、その唱えるところをみておこう。加藤はまず、「医者に薬屋を兼業させる事は何の方面から見ても社会の不利益である」（「医薬分業と実費診療所」『生活の力』第三九号〈一九一六年三月五日〉）と明言し、㈠医師が薬屋としての暴利を貪らんがために、患者に病気の原因と治療法をおしえず「専制的診断」を行う、㈡分業すれば、医者は診療に専念でき、多数の患者を診れる、㈢医師は、しばしば薬学に無知である、㈣分業となり薬剤士も自由競争となれば、安くよい薬が売られ、需要も増す、と医薬分業の論点を指摘した。ここには『日本之医界』第一四二号（一九一五年八月一一日）のように、「医薬分業によりて、調剤投薬の全部を挙げて薬剤所に托し、自分（実費診療所――註）は単に便宜上薬価領収の代理をなすに過ぎざるが如く見せて、以て医師会をして攻撃非難の口実なからしめ、其半面に於て、診療所は其領収し置きたる薬価の幾らを所得として、以て利得とせん」といううがった見方もあるが、加藤が「社会の利益」を優先させていたことは、あきらかである。彼は、義兄で日本薬友会会員の榊原常吉とはかり、実費診療所で処方箋を患者に交附、患者がこれを市内薬局に持参し調剤をうける方法を構想、日本薬友会の賛意もとりつけ、医薬分業を試みるが、なかなか実現のはこびにいたらなかった。それを、平民病院の拡張を機会に「病院の一部を開放して実費調剤所を設け、天下に率先して僕の理想とする医薬分業を実行」（「実費調剤所の開設」『生活の力』第四七号〈一九一六年七月五日〉）したのである。実費調剤所は、平民病院と共同し「模範調剤」を行い、広告で「平民病院の患者諸君は固より広く世間一般の薄給者や、労働者諸君の為めに、処方箋に依つて安価に調剤」することを標榜する。こうして平民病院設立により、加藤は理想をさらに一歩実現させた。

加藤は、診療所と平民病院はうまく調和し「従来の患者は診療所の方へ行つて、診療所は相変らず繁昌をして居る。又平民病院には日収一円以上の新患者が日に日に増加して今日の処、診療所と平民病院とは患者の数が丁度伯仲の間にある。僕は実に好い心持である」(「診療所と平民病院との調和」『生活の力』第四九号〈一九一六年八月五日〉)という。だが、破局はすぐにおとずれる。

実費診療所との訣別

一九一六年(大正五)九月四日、加藤は実費診療所に辞表を提出、翌々九月六日にそれが受理された。加藤は、創立以来まる五年間たずさわってきた診療所と訣別することになった。すでに八月一九日にも、辞表を提出していたが、このときは鈴木梅四郎が慰留し、一度は思いとどまったものの、結局辞任に及ぶ。どこに決裂の原因があるのだろうか。

実費診療所は、翌一九一七年(大正六)五月に『加藤時次郎氏辞職の顚末及び同氏辞職後の言動』という二一ページのパンフレットを発行し、加藤辞職のそもそもの発端は、加藤が四万円にすぎない加藤病院を、一五万円で診療所に買収させようとし、鈴木に拒絶された点にあると述べた。加藤は一度ならず二度までも買収問題を提起し、また「月収の増加を求めんとするの意を表示」、本部月給二〇〇円、第二診療所一〇〇円、家賃四一〇円、計七一〇円の支給を一、二〇〇円にせよ、と迫ったという。* このパンフレットでは「畢竟するに加藤氏の所得夫人の意に満たざるより生」じたと推測しているが、このほか、加藤が法人の「束縛を脱して自己の意の儘に経営し得る実費診療所を開設せんと」し、理事会に共同診療所開設、平民病院を実費診療所の各支部内に設置することを提案して却下されたことも理由の一つにあげている。パンフレットはなおも、さき夫人がこの問題に「容喙且つ奔走」することを繰り返し、加藤が理事兼医務長という「職権」で、「診療所中、患者の最も信用篤き各科の医員を択び、其平民病院に止まらん事を勧誘」「命令に従はざるものは厳重に処分すべしと威脅」、あるいは『生活の力』広告に実費診療所の移転先地図を掲載させず、平民病院の診療科目を診療所と同じくし「対立競争の情勢を誘致」したなどと、次々に書きつらねた。

＊ 診療所は月給を一〇〇円増俸、さらに月三〇〇円別途支給するという措置をとったという。

だがこれらの〝事実〟が事態を複雑にしたにせよ、真因はこうした個々の問題にあるのではなく、鈴木と加藤の実費診療の目的の相違にあると私は思う。加藤は八月一九日付の「辞表」で、「強大なる一個の民衆団体を作り、単に病災の場合に限らず、日常生活の全体に亘つて相互の提携救済を目的とする、有力なる社会政策を実行」しようとする「理想」が実費診療所では実現されない、という。とくに『定款』に束縛され政府の監督・拘束におかれては「診療所の行動はいよ〳〵其自由を失ひ、拡張発展の希望は絶滅し、却つて縮小退嬰の事実を現出せん」。そのため平民病院を設立するにいたったが、「今や診療所と平民病院と、相並んで同一の業務に従事し、自然に競争の外観を呈せざるを得ず。否単に外観のみに非ず、受診患者の心理、従業員の利害等よりして、必然競争の事実を生ぜざるを得」ざるため、理事、医務長の職を辞職すると述べる。『生活の力』第五一号（一九一六年九月一〇日）に寄せた「予が実費診療所と別れたる理由」も同主旨で、「予は只広き平民主義の立場からして出来得る限りの社会政策を行はん」、実費診療所は「半慈善的の公益事業」として活動せよといい、翌第五二号（九月二五日）「予の理想の発展」でも、「理事長たる鈴木氏の縮小退嬰主義と予の拡張発展主義とが衝突を来したのである。……予が診療所と別れて平民病院を拡張するのは、即ち真に診療所創設の目的を貫徹する所以だと確信してゐる」と、同様の主張を繰り返す。

実費診療所側があげる生臭い理由に比し、加藤は些かきれい事を並べているように、うけとられるかもしれない。だが鈴木、白柳秀湖ら診療所に残る人々は、一九一六年（大正五）一〇月一五日に『実生活』*を創刊し医療救済をつづけるが、「弊害のある慈善行為は別なれども其恐れなきものは社会奉仕として之を施行するが善い」（鈴木監修『歴史及事業Ⅱ』）と慈善活動をはじめ、「慈善事業」と「救済事業」は相提携し、相呼応すべきことを主張する。この点は、加藤がもっとも忌避した点であった。

実費診療所は、加藤の辞職直後の一九一七年（大正六）一〇月の東京風水害の際に一、〇〇〇名をこえる傷病者を救療したのをはじめ、一九一八年（大正七）夏の米騒動で民衆と衝突して負傷した警官のために「無料診療券」五〇〇枚を発行した。そして同年、ついに『定款』第一条末項に「但シ天災、時変(ママ)ニ際シ、又ハ医療ヲ受クルノ資力ナキ者ニ対シテハ施療ヲナスコトアルベシ」という但書を附加するにいたる。してみると、まさに診療所と加藤の理想・目的の相違が、金銭問題や患者の奪いあいに相乗され、両者の訣別という事態をまねいたのにほかならないことがわかる。

＊『実生活』は、編集に白柳秀湖があたり（名義人および発行者は渡辺佶三郎）、実生活社（芝区伊皿子四二）から発行された五〇ページ、一〇銭の月刊誌。毎号、鈴木、白柳が執筆し、『生活の力』が加藤の手にうつった後の実費診療所の機関誌の役割をはたす。もっともあまり医療関係の記事はなく、発刊の辞もない。「㈠

随筆文学の復興、㈡実話文学の草創、㈢社会時評の鼓吹」（白柳夏男『戦争と父と子』一九七一年）をはかり、山口孤剣、高畠素之、西村陽吉、竹越三叉、花井卓蔵らが毎号評論、時評、歌を寄せ、後には福田徳三、馬場孤蝶、今村力三郎、久津見蕨村、小生夢坊、島田三郎、三宅雪嶺、布施辰治、近藤栄蔵、西川光二郎、堺利彦らも執筆する。

加藤の辞表が受理されたのち、第二診療所では、外科医奥寺辰三、事務会計主任木下三千太郎、事務員、看護婦ら総勢六名が診療所に九月一〇日に辞表を出したのをはじめ、さらに眼科・内科・耳鼻科各主任や産婆看護婦養成所出身の看護婦ら一〇名が、平民病院へ移る。また、芝口の診療所本部の耳鼻科主任、看護婦、外科書記、その他の支部の耳鼻科主任（四谷）、外科主任（浅草）も加藤と行動をともにしており、加藤が医師・看護婦に大きな信頼をえていることがうかがえる。堺利彦も加藤に味方をした。また『生活の力』第五一号（一九一六年九月一〇日）に、「今回都合に依り実費診療所と無関係に相成候」という生活社、みのる会の広告が掲げられ、第五二号（一九一六年九月二五日）一面欄外には「本誌は今後『実費診療所』と何等の関係なし」と記される。

鈴木ら診療所は、こうした動きに『実生活』の匿名コラム「仏心鬼手」で対抗し、「時さんは口癖のやうに平民主義々々と云つて居るが実は大の専制主義者で、義太夫の会一つでも、他人と一緒に事をする事の出来ない人だ」（「仏心鬼手」第一号〈一九一六年一〇月一五日〉）と中傷、「加藤医務長辞職」「従業員に動揺なし」「加藤氏の後任」についてと彙報欄で報じ（第一号）、「加藤氏の看護婦誘拐」「大阪診療所の破壊運動」などと「報道」した*（彙報「東西南北」第三号〈一九一六年一二月一〇日〉）。

＊　さきの『加藤時次郎氏実費診療所辞職の顛末及び同氏辞職後の言動』も、はじめ同誌第八号、第九号（一九一七年五月一日、六月一日）に掲載されている。

その後も『実生活』は、サンデー社倉辻白蛇と白柳秀湖、秋田清、加藤の間の悶着を「暴露」するなどの攻撃を加えたため、加藤は『生活の力』第六四号（一九一七年三月五日）に「反抗的態度は何れに在りや」＊を掲げ、さらに第六五号（一九一七年三月二〇日）から第六七号（一九一七年四月二〇日）まで三回にわたり「実費診療所無用論」を寄せ、「猶ほ小生に対する卑劣の行為を改めざるに於いては、小生も最早十分なる覚悟を以て断乎たる対戦に及ぶの外無之と存じ居候」（「反抗的態度は何れに在りや」）と応じた。また『生活の力』第七〇号（一九一七年六月五日）は、「記者」名で「『実生活』記者の狂態」を掲げるなど、誹謗・中傷の争いとなり、両者は決定的に乖離してしまう。＊＊だがこの別離は、加藤にとっては事業の飛躍の契機にほかならなかった。

＊　二月一五日付で、加藤が実費診療所社員、知己友人に送達した書簡の再録である。

＊＊　加藤が、鈴木と訣別したいまひとつの理由に、鈴木が政党と関係したことがあろう。すでに一九一五年（大正四）に鈴木が国民党から代議士に立候補した際、加藤は、救済事業は「大多数国民の味方」でなければならず「政党、政派に関係」してはならぬと批判を加えている（「鈴木君と僕との関係」『生活の力』第一四号〈一九一五年二月二〇日〉）。

社会政策実行団

予の理想の発展
社会政策実行団とあらたな事業所
中産階級は浮草に等し
平民的生活団体の新たな地平

予の理想の発展

平民病院の経営

平民病院が設立されたとき、一患者は「平民病院と名前が変ったのですね。生々とした痛快な名前ですね」（福村健太郎。『生活の力』第三六号〈一九一六年一月二〇日〉）と賛辞をよせる。平民病院は加藤時次郎の救済手段である「実費」ではなく、対象そのものの「平民」を前面にかかげ、本格的に人々の救済へむかおうとする彼の意欲を存分に示し、平民病院が以後も事業の中核となる。一九一六年（大正五）一〇月に、加藤はヂアテルミー科（電気治療）を新設、再び産婆看護婦養成所を設置するほか、九月一五日には横浜市山下町一八二番地に平民病院横浜分院、*一一月二三日には大阪市北浜三丁目一五番地に平民病院大阪分院をもうけ、それぞれに実費調剤所あらため平民薬局を出張させた。横浜分院は、実費診療所横浜支部（第二診療所）の筋向い。大阪分院は、実費診療所大阪支部（第五診療所）の医師・看護婦をよぼうとしたため、実費診療所を大いに刺激したが、加藤は、政府の庇護と統制から解放されて、独力による医療救済事業を一挙に拡大したのである。

＊ のち一九二〇年（大正九）一一月一八日に、横浜市足曳町二丁目一四番地に移転される。

平民病院の横浜分院（1918年）

このとき横浜では、「中流」市民と「懇親」を深めるため、一〇月七日、八日の両日、分院内で無料の横浜分院臨時みのる会が開かれ、それをきっかけに「集会の便宜を供し、且は其の職業上及び生活上の相談相手ともなるべき機関」（「横浜平民倶楽部」『生活の力』第五三号〈一九一六年一〇月五日〉）として横浜平民倶楽部を設立しようとした。また大阪では、一一月二二日に大阪ホテルに記者、有志をあつめ加藤、山崎今朝弥、景山武夫、堺利彦があいさつし、大阪衛生組合長、医師会長が応じるなど、附近の人々、利害を共にする人々へ細かな配慮をみせる。なお大阪分院は猪狩林が死亡したあと、一九一七年（大正六）四月から加藤時也が院長をつとめ、平民病院より分離したかたちとなる。時也は、浪花の生活社をおこし、機関誌『浪花の生活』*を発行していく。

＊ 現在、第七五号（一九二三年五月二〇日）しか見られないが、八ページだて、加藤時也「復雑(ママ)なる世

相と責任感念（ママ）」が載せられている。

また、平民病院は「院内に於いても共同診療、組合組織の新制度を採用し、猶ほ進んでは多数の患者及び関係者を糾合して、相互扶助、相互救済の諸機関を設立するの計画」（「生活社経営平民病院の趣旨」）をもつ。「平民病院内規」では、実費診療所の欠点を補うために平民病院は個人経営をやめ「組合組織」とし、運営は「院長ノ指定セル重要事項」から「従業員ノ任免」まで評議員制でおこなうとした。平民病院で剰余をみたときは、積立金、償却資金のほか、従業員の労をねぎらい勉学を奨励するため、慰労金と共済基金にあてることも謳う。一九二一年（大正一〇）五月に出されたパンフレット『平民病院約束』では、「五年なり十年なりの後、平民病院の資産全部を償却した暁には」平民病院を従業員と患者に解放するとまで、述べられている。

平民病院の葉書（1917年1月）

病院の拡大をはかる一方、加藤は一九一六年（大正五）九月二〇日に、あらためて『平民医学』*を発刊し、診療所時代の学術的スタイルをかえ、専門知識を平易に解説し、実生活に密着した家庭医学を説いた。たとえば第二号（一九一六年一〇月二〇日）をみると、増山茂吉郎「狂犬病LYSSAに就て」、鬼塚三芳「歯と衛生」、「梅毒 Syphilis と其予防並に摂生法」、「小供ひきつけの手当」および「質疑応答欄」が掲載される。病人を出さず「医事衛生思想を普及せしめんが為め最も通俗に医事を講述し、諸君が衛生保健の顧問として」（「題言」）刊行する旨が記されている。

＊ B五版八ページ、生活社発行、一部二銭で、現在、第二号のほか、第三号（一九一六年一一月二〇日）、第四号（一二月二〇日）、第六号（一九一七年二月二〇日）、第八号（四月二〇日）、第一三号（九月二〇日）を見うる。

こうして、加藤は実費診療所との訣別、平民病院を中軸とする救済事業の拡大を、思いつきや気まぐれで行なったのではないことがわかろう。この背後には、「中等貧民」はおりからの第一次世界大戦下の好況で一時的な生活の安定をえたかもしれぬが、依然として特権には無縁で、医学の新技術や新薬の発見などの恩恵はうけていないという、加藤の認識がうかがえる。したがって、加藤は以前にもまして、彼らへの配慮をつよめた。平民病院従業員の「服務章程」を定め、診療所時代と同様、患者を尊重し「あなた」とよびかけよというと同時に、医師にも「高価ノ薬品ヲ使用スル場合ハ実費調剤所（ママ）ト打合セノ上予メ患者ノ承認ヲ得テ投薬」（第二四条）し、「入院セシムル患者ニ対シテハ其必要ナル理由ヲ説明シ承認ヲ得」（第二五条）ることを要求した。また患者に対しては、「患者はお客様でそして主人公」（「患者諸君に」『平民病院約束』）であることを強調する。

では、平民病院の規模や患者数は、どのくらいであろうか。〈表一〇〉「平民病院における医局員数および患者数」をみられたい。平民病院自身による統計がないため『警視庁統計書』によったが、

〈表一〇〉平民病院における医局員数および患者数　（単位　人）

年度	医局員				越患者	入院患者		退院患者				年度末	外来患者	
	医員	調剤員	産婆	看護人		人員	延人員	全治	未治	死亡	其他の事故	現在患者	人員	延人員
1915	4	2	1	6	8	535	9325	526	—	3	1	13	7520	12452
16	7	1	1	6	13	425	6162	429	—	2	—	7	8540	16081
17	7	1	1	6	7	450	6612	431	—	12	—	14	8650	24731
18	7	1	1	6	14	467	7455	455	—	8	—	18	8916	28653
19	7	2	—	7	18	523	8368	493	—	11	—	37	11790	35370
20	5	2	—	7	19	930	10186	921	—	11	—	17	13238	78026
21	5	2	—	7	17	875	9264	866	—	9	—	17	12226	146534
22	—	—	—	—	—	—	—	—	—	—	—	—	—	—
23	—	—	—	—	—	—	—	—	—	—	—	—	—	—
24	9	4	—	8	—	336	6576	103	218	2	—	13	8724	104294
25	6	3	—	9	13	462	6473	31	430	4	—	10	10879	128706
26	7	4	—	9	10	410	5633	21	375	8	8	8	11069	129850
27	6	3	—	9	8	421	6194	5	417	3	—	4	2253*	127219
28	6	3	—	10	4	440	7158	—	436	1	—	7	11445	119253
29	4	3	—	8	7	467	7331	7	445	4	—	18	10871	55740
30	4	3	2	8	18	395	5960	4	389	4	—	16	9305	103402

1）『警視庁統計書』より作成、統計の様式が若干異なる場合もあるが処理してその差異を示していない。
2）1915年度は実費診療所と併存しているため合計の数値である。
3）1922年度、23年度は『警視庁統計書』に該当項目がなく不明である。
4）＊は誤植と思われるが、そのまま訂正していない。
5）本院のみの人数である。
6）1931年以降も平民病院は存続するが、加藤の死亡した1930年までを対象とした。

実費診療所と単純に比較すれば、患者延人数において一〇分の一以下に激減し、実人数でも半分以下におちこんでいる。だが平民病院は、『警視庁統計書』一九二一年版による私立病院の平均である医員六・一名、入院患者二六・一名、同延人数九、六八三・四名、外来患者三、六三八・一名、同延人数二万七、〇〇八・〇名を大きく上まわり、二〇〇ほど存在する管内の私立病院の十指にはいる。また『生活の力』第七五号（一九一七年八月一〇日）は、開業以来、一九一七年（大正六）七月までに、延二一万六、六〇〇名の患者を診たと伝える（ちなみに横浜は、延一二万四〇〇名。大阪は、七万四、四〇〇名）。したがって『実費診療所報告』と『警視庁統計書』との両者の統計作成の差異が、平民病院の患者数「激減」を生じさせていることが考えられる。実際のところは、幾分かの減少はあるかもしれぬが、さほど患者数に変化はなかったと思われる。『警視庁統計書』で、実費診療所の記載があるのは一九一二年版だけだが、ここでは外来患者数は六、六五一名となっており、『実費診療所報告』の一万七八名に比べ約三割少ない。*〈表一〇〉中の患者数も同様に三割の差があるとすれば、加藤は実費診療所時代と比し、ほぼ同規模の救済事業をおこなっていたといえる。

　『生活の力』第五三号（一九一六年一〇月五日）が、平民病院は診療所と別離後「頓に非常なる盛況を呈し、昨今にては内外諸科を合して患者総数日々五百余名に達し、猶続々増加の見込あり」と報告するのも極端な誇張と思われず、実費診療所でさえ、平民病院は「押すな〳〵の大繁昌何うだ乃公の腕前を見ろと（加藤は――註）ソツクリ返つて御座る」（「仏心鬼手」『実生活』第二号〈一九一六年一一月一〇日〉）と認めざるをえない。かりにいくらか割引いて考えるにせよ、加藤や『生活の力』に悲壮感は全くみられず、なによりも平民病院分院が横浜、大阪に設置され、『生活の力』も診療所時代と同数の五万部が発行されていることが、事態を雄弁にものがたっている。

＊ 医局員などスタッフに関しても、『生活の力』第五九号（一九一七年一月五日）は平民病院の四〇名の姓名を紹介しており、『警視庁統計書』にみられる規模よりははるかに大きい。

患者の職業、階層については資料がなく不明だが、これまでと大きな変化はないであろうと思われる。また平民病院、とくに横浜分院には、イギリス人、アメリカ人、ドイツ人、フランス人、スペイン人、ポルトガル人などヨーロッパ人はじめフィリピン人、マレー人、インド人など外国人が来院したことと同時に、社会運動家が利用していたこともみのがしえない。

やや後の例だが、北陸地方で社会主義運動にたずさわっていた勝目テルは、肋膜と子宮後屈を患い、堺利彦に平民病院を紹介される。勝目は「社会主義者のめんどうをみてくれる医者が、東京にいるということは、とかくくずれがちな私をひきたてる力でもあった」（勝目テル『未来にかけた日日前編』一九六一年）といい、一九二三年（大正一二）七月に「あこがれの平民病院で、みてもらった」（同右）。アナーキストで文学者の徳永保之助もその一人で、胸を病み平民病院横浜分院で治療をうけ、加藤の茅ケ崎の別荘で一九二五年（大正一四）一二月一三日に死亡している。＊また患者ではないが、アナーキスト渡辺政太郎は一九一七年（大正六）一〇月初旬から「外部雑役夫」として平民病院に傭われ、病院の広告チラシを撒き生計をたてており、＊＊高木錠吉は事務員として傭われていたという。

＊ 西田勝「徳永保之助その後」（『大正労働文学研究』第五号〈一九八一年〉）による。

＊＊　小松隆二『日本アナキズム運動史』（一九七二年）、『特別要視察人状勢一斑』による。

生活社と平民法律所

束縛を解かれた加藤は、多面的な救済事業を開始するため、事業の母体として生活社を設立する。これまで『生活の力』を発行していた生活社と同名だが、あらたに「此の世の浮世の荒波を凌いで行く為、互に提携親睦して生活の力を養つて行かう」（「生活組合の趣意」『生活の力』第五二号〈一九一六年九月二五日〉）とよびかけ、本社を平民病院内にさだめた。この生活社は、加藤が社長、一時期顧問をおき山崎今朝弥、堺利彦が名をつらね、平民病院、平民薬局の経営、『生活の力』発行を行うとともに、信用組合、購買組合、生産組合はじめ「我々の公会堂をも建設しよう、倶楽部をも拵へよう、図書館も作らう、衛生的の貸家貸間も作らう、其他公会堂（ママ）、幼稚園、児童預り所等、あらゆる方面に於いて、組合員が交際し、遊戯し、歓楽し、休養し、或は勉強し、研究し、修養し、努力すべき各種の機関を十分に備へ」（同右）ようと、雄大な構想をもつ。

「独立自治の事業」で、資本家や慈善家の安易な同情を排すが、「若し資力余りありて而も真に社会民人を念とする善意の篤志家があつて、来つて予の事業を援助せらるゝならば、予は固より喜んで其の援助を受け、相共に此の公益の事業を完成せん」（『生活社の事業』一九一七年）という。そして、今村力三郎、パフロスキー、原富太郎、早川千吉郎、西垣恒矩、星一、川合春充、鎌田栄吉、高田早苗、高島米峰☆、田川大吉郎☆、柳原義光、安田善次郎、山本条太郎、馬越恭平、近藤廉平☆、天野為之、榊原常吉、土方久元、平野龍亮、日比翁助、関守造、末松謙澄、堀越善重郎、所金蔵☆、小栗貞雄、大橋新太郎、大谷嘉兵衛☆、大岡育造、団琢磨、曽我廼家五郎☆、根津嘉一郎☆、永井柳太郎☆、奈良原繁☆、中野武営☆、小泉策太郎☆、青池晁太郎☆、安達憲忠☆、安部磯雄☆、佐々田懋、杉山茂丸ら政治家、教育者、実業家、社会運動にたずさわる人々から華族、演劇人にまでいたる八六名の賛同をえている。彼らの姓名は「生活社賛助員」として『生活の力』に掲げられるが、実費診療所社員や賛助員でなかった人々（☆印で示した）があらたに幾人も加わった。

一九一七年（大正六）三月一〇日に、『生活社の事業』という二一ページのパンフレットを発行し、加藤は「一大組合組織と為し、有力なる平民階級の団体を作り、貧富の懸隔、階級の軋轢より生ずる諸種の弊害及び危険を緩和救済する事」を宣言、生活者の事業として、もっとも日常生活に身近な購買組合、信用組合を開始した。* 生活社では農学士大川石松が主任となるが、この組合結成**をはじめ、急速に事業が拡大されていく。

* 一九一七年（大正六）四月一六日には、東京府知事の認可をうけている。

** 当初は生活組合とよばれ組合員が募集されたが、やがて平民病院へ患者が支払う代金の五分を組合費として自動的に積立て、彼らすべてを組合員とした。

一九一六年（大正五）暮、加藤は「平民」の権利にかかわるあらたな事業に着手した。「今日の社会に於いては、一切人民は法律の前に平等だと称せられながら、実際から云へば、貧民の権利は殆んど全く保護されて居らぬ有様である」（「平民法律所設立の趣旨」『生活の力』第五八号〈一九一六年一二月五日〉）といい、「平民階級の為に其権利を擁護し、有らゆる法律上の顧問となり相談役となるべき一機関」（同右）として平民法律所を設けたのである。平民法律所は一一月二三日に、平民病院大阪分院内に景山武夫を主任とし、一二月一日には、平民病院本院内に上村進を主任とし、双方で一二名（一九一七年一月現在）の弁護士の協力により創設された。「医業上に於ける平民病院と同性質なる、法律上の一機関」（同右）で、依頼者、従業者両方の利益がはかられ、救療のように人々の窮状を直接に救うのでなく、彼らの権利回復といった機能をもつ。

民衆が、法律を権利とし、補償・賠償を得るには、複雑な手続きや様々な法律知識、さらに多額の費用が必要で、往々にして正当な権利を行使しえず、泣き寝入りしてしまうことが多い。そのため、一つの組織が民衆の利益を標榜するとき、必ず法律上の顧問をおこなうが、加藤による平民法律所もその例にもれない。ここでは「簡易の方法と低廉の報酬」を唱え、民事・刑事事件から特許・登記まで扱い、料金は一件一〇銭以上、旅費二等手当一〇円以下、手数料一割以下、謝金二割以下、又は一円以上一〇円以下、請負五割以下と無類に安い*。

加藤は平民法律所に力を注ぎ、法律所の業務を紹介する三幕戯曲「女成金」を作成**、一九一七年（大正六）一月一五日のみのる会で、ヒロインに玉村歌路を客演におよび、みずからは主役の山滝弁護士に扮し、上演した。また一月二一日には、東京新聞社、実業之天下社の賛助で、平民法律所後援会も開いている。

* のち五〇銭均一とされた。

** 話は他愛なく、平民主義者山近市子が大金の使い道を平民法律所山滝弁護士に相談、あわせて幼いときに離別した父親の行方をさがしてくれるように依頼する。山滝は、金は貧民のために使用することを提案、佐藤平民病院長とともに父親探しをはじめた。父親は「貧民窟」でみつかり、山近と再会するというもので、第二幕の舞台が平民法律所となっている。

この平民法律所設立にあたり、加藤に協力し所長をつとめたのは、山崎今朝弥である。[*] 二人の出会いは普通選挙運動によると思われるが、山崎は「米国伯爵」を名のり、行儀作法を無視し下駄ばきで出廷するなど、奇行で知られた弁護士で、社会主義者・社会運動家と交流し、彼らの弁護をおこなうとらわれない思想をもつ自由人。東京法律事務所を開き、のち上告専門所、実質特許所も設立、法律の権威主義的粉飾を暴き民衆の法律利用を図るが、「生活社の主義即ち平民法律所の主義なる弁護士大安売」(山崎今朝弥「東京法律所を去り。平民法律所に入り上告専門所を興し。実費特許所を始めたる理由」『生活の力』第六二号〈一九一七年二月一日〉)[**] に共鳴し、加藤の事業に一役かった。

* 山崎については、森長英三郎『山崎今朝弥』(一九七二年)を参照した。
** これは山崎の発行していた『平民法律』の臨時増刊として出されている。なお、平民法律所という命名も山崎によるものである。

さて「普通午前九時より午後五時まで」で日曜、祭日を休業した平民法律所は、「貴族富豪を鼻に掛け、正義人道を口に説き、忠君愛国を世に売る者の事件を取扱はず」(山崎今朝弥「平民法律所、実費特許所、上告専門所の規則」『生活の力』第六二号〈一九一七年二月一日〉)というユニークな規定をもつが、翻訳・起草立案・代書代筆は「所内出張の売文社に一任し、其責任を負ふ」(同右)とも述べた。では、利用状況はどうであったろうか。詳細な統計は残っていないが、『平民』第八六号（一九一八年六月二〇日。同誌については後述）は「平民法律所の盛況」を伝え、「同一人にて再三相異なる問題の相談に来らるゝ人もあれば、又進んで其事件を出張弁護士に依頼さるゝ人も尠くない」という。もっとも大阪分院内の法律相談所は、一九一七年（大正六）には、休止状態と伝えられている（『特別要視察人状勢一斑』）。

もち込まれた相談は、高利貸や退職金、相続や結婚、地上権登記をめぐる民事上のトラブルがほとんどであり、都市民衆がいかにこのような問題で苦しんでいたか、またこうしたことが多発するかを充分うかがわせる。* とともに、芳川鎌子が運転手と「情死」を図った事件で、運転手の父親が、鎌子に自殺幇助罪が適用されぬのを不服として、告発を依頼したこともあった。華族を相手とするため、平民法律所以外では、担当しにくい事件であろう。** あるいは、岡千代彦が東京印刷同業組合の代議員選挙に立候補したとき、組合長が介入したため、岡は選挙無効の訴えをおこすが、平民法律所はその代理人をつとめた。さらに、工場でストライキがおこれば、その都度、争議団本部へ無料で弁護する旨の連絡もしたという。*** こうして平民法律所は、普段法律に縁がない人々や貧しい人々が、日常生活で遭遇したトラブル、あるいは通常の弁護士は扱わない事件がもちこまれ、「廉価」「簡易」に救済される事業であった。

医療も弁護も、特殊の技術・知識をもち民衆にかかわるが、平民病院、平民法律所は、それらを特権とすることなく民衆にひらかれたものとし、彼らを救済するために技術・知識を利用する。しかも平民法律所は、民衆生活の救済から歩をすすめ、彼らに権利意識をもたせ、主体的に法律を利用する姿勢を促す。あらたな領域を開拓し事業をはじめたばかりでなく、加藤は、都市民衆のより積極的な主体性の発現も喚起したのである。

＊　山崎は『生活の力』（のち『平民』）に『平民法律所事件簿抜書』を断続的に掲げ、相談・依頼内容を報告している。掲載状況は〈表九〉〈表一二〉を参照されたい。

＊＊　この依頼は同時に、『生活の力』第六五号（一九一七年三月二〇日）で、一記者「華族の心中事件」が鎌子の行為を批判的に論評したことにもよっていよう。

＊＊＊　山崎は奇行のためであろう、「加藤ノ妻女ト衝突シ為ニ雙方感情ヲ害シ」（『特別要視察人状勢一斑』）一九一七年（大正六）八月に平民病院を去る。平民法律所はその後、一九一八年（大正七）五月二一日に平民食堂階上へ、さらに平民病院へとあちこちに移転され、開業時間も大幅に変更された。

加藤はこののち、一九一七年（大正六）六月二七日に、名古屋市西区上畠町二丁目一番地に、内科、外科、眼科、泌尿器科、婦人科、皮膚科、ヂアテルミー科をもつ平民病院名古屋分院を設置し、一二月一一日に浅草区駒形町三九番地に、平民病院駒形分院、翌一二月一二日には、東京府下渋谷町中渋谷二二一番地に平民病院渋谷分院を設置した。このとき、それぞれ開業披露のみのる会を催し、地域の人々と接触をはかり、名古屋では六月二六日に、御園座に警察署長、衛生課長、知事代理、新聞雑誌通信記者をあつめ、加藤と佐治実然が演説、渋谷では一二月一五日に、渋谷劇場で石川半山、岩谷松平が講演し、駒形では一九一八年（大正七）三月一〇日に、駒形劇場で「花合戦」を上演している。そして、「猶今後適当の場所見当り次第、及び準備の整ひ次第、東京市内外及び他の重要都市に於て、続々分院開設の計画あり」（『平民』第八〇号〈一九一八年一月一〇日〉）と伝えた。堰を切ったような事業の拡大で、まことに、実費診療所との訣別を契機とする「予の理想の発展」（加藤。『生活の力』第五二号〈一九一六年九月二五日〉）にほかならない。

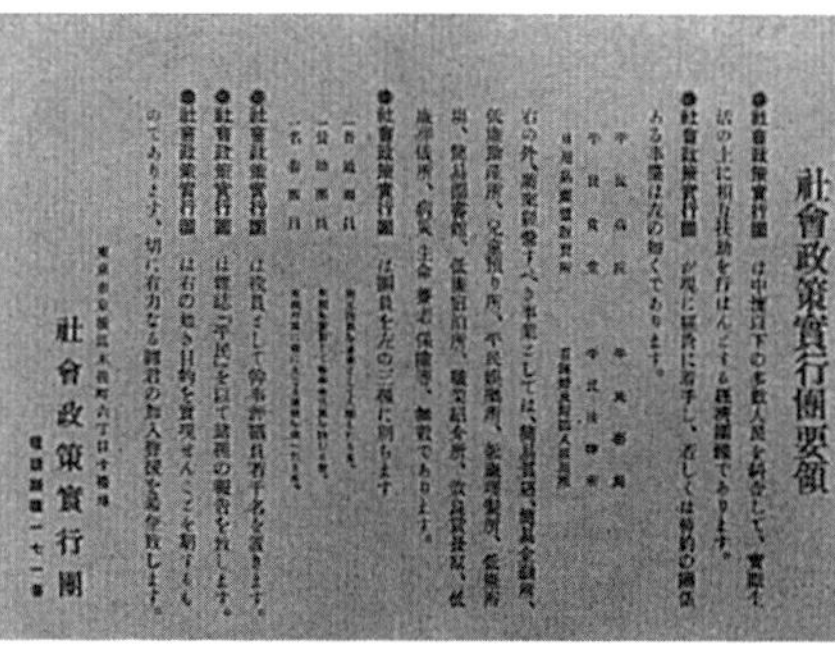

社會政策實行團要領

●社會政策實行團　は中流以下の多數人民を糾合して、實際生活の上に相互扶助を行はんとする經濟團體であります。

●社會政策實行團　が現に經營に着手し、若しくは特約の關係ある事業は次の如くであります。

社會政策實行團

社会政策実行団要領

社会政策実行団とあらたな事業所

『社会政策実行団趣旨』と『平民』

事業の拡大は経営母体の発展を促し、加藤時次郎は一九一七年（大正六）六月一二日、築地精養軒に同志、代議士、新聞記者、学者ら七一名を招待し、生活社にかかわりあらたに社会政策実行団を発足させることを発表、その趣旨を披露した。『社会政策実行団趣旨』*でその大要をみれば、加藤は世界の大勢より説きおこし、一九世紀文明の「余弊」である「貧富の大懸隔」は、二〇世紀に入りますます拡がり「社会動揺の趨勢は頓に険悪の度を増大」する、という認識を示す。とくに第一次世界大戦の戦禍の結果、ロシアで王朝が顚覆、革命新政府の出現をみるなど、「欧州全土を通じて民主的思潮の大勝利に帰する事」は、疑いの余地がないという。そしてこのとき日本は、「富国と強兵と文化と、三者相並んで東洋の天地に其の光彩を放ち」皇室も栄えているが、世界の大勢が影響し「労働運動の勃興、危険思想の氾濫、乱民群集の暴行等、社会動揺の兆候は頗る歴然」とつづけて述べ、加藤は「社会政策実行の急要を絶叫」するに至る。この『趣旨』は、華族と富豪への出資の要望を主眼とするため大仰であり、社会政策を「貧富の懸隔を節調し、階級の軋轢を緩和し、国体の精神を擁護し、歴史の特色を発揮し、我が日本国をして真に世界無比なる君民同治の大国家たらしむるの方策、只此の仁政王道の近世的発現」と説明するなど（これは彼の真情であるにもかかわらず）、ことさらに調和的で国体精神を強調していることはいなめない。実際、労働者、店員、教員、事務員など「一般薄給者」に加入をよびかけた「社会政策実行団加入の勧め」（『生活の力』第七六号〈一九一七年九月一〇日〉）では、「多数の団結協力を以て根本より自ら救ふの策」を主張し、自治と共同に力点をおいている。『趣旨』では、加藤は自らの位相を、社会主義的傾向を多分にもつ「理想家」の理想を解し「貧者弱者の要求をも知り、而も社会の有力者と共に能く実行の任にも当り得る者」と説明するが、これも「社会の有力者」にむけて筆を執ったためといえよう。

とはいえ、『趣旨』中でも、加藤は慈善主義を排し、「平民主義、簡易主義、実費主義、安価主義を以て、多数協力、相互扶助」を実践することを再確認し、「購買組合、信用組合、生産組合、簡易質店、簡易食堂、低廉宿泊所、児童預所、職業紹介所、低廉病院、低廉薬局、低廉葬儀所、低廉助産所、低廉浴場、低廉理髪所、改良長屋、簡易図書館、簡易娯楽場、低廉法律所、病災保険、生命保険、養老保険等」を計画し、「先づ東京、大阪、名古屋等の如き大都市を選び、漸次に重要の都市に及ぼし、遂に全国の有らゆる市町村に及ぼしたい」と述べた。依然羅列的とはいえ、より明快にさまざまな施設を計画、衣食住から病気や娯楽、福祉や保険にまで目を配り、「一個の強大なる人民生活団体」を志向し、その理念が次第に結晶してくるさまがうかがえる。しかも加藤は、自己の立場、事業を貫く思想を社会政策といいあて、その名も社会政策実行団を結成したのである。

＊ 一九一七年（大正六）六月に出されたパンフレットで、一四ページ。英語版 *THE PRACTICAL ASSOCIATION FOR SOCIAL POLITICS*（*SHAKWAI-SEISAKU-JIKKODAN*）（パンフレット 一九一八年五月 四ページ）も出されている。

この社会政策実行団は、加藤が「貧者弱者」を背景に「華族諸氏と富豪諸氏」に出資を依頼、発足しており、大正デモクラシーの所産として、その一翼に加えうるものといえよう。すなわち社会政策実行団は、第一次世界大戦下に労働者階級が成長し、社会地殻の変動を徐々におこしはじめた際、それを敏感に察知した加藤が、社会の動揺と不安を未然にふせぐために、事業の拡大と社会政策の普及をはかり、資本家や華族に援助・提携を訴え「上流階級と下層階級と、富豪と貧民と、資本家と労働者と、及び其の中間に位する識者有志とが結合」した組織である。新中間層を代表する加藤だが、労働者へも共感を示し、彼らの救済と同時に彼らの自治・自助精神を啓発し、そのことをつうじて階級対立の緩和、階級間の調和をはかった。社会主義への保護者的立場を維持しつつ、華族・富豪によびかけることと考えあわせ、加藤は、対極にある二者の中間に自身の立場・思想を位置づけ、より疎外され虐げられたものに共感を示し、彼らを激励しながら、両者の調和、協調を意図しているといえる。これは、少数の特権者に対し、大多数の民衆の権利・利益を対置し、後者の立場を向上させ、双方の協力をはかり、そこに国家・社会の発展の活力を求めるという、大正デモクラシー思想のひとつにほかならないであろう。

さて、社会政策実行団は六月一九日に発足し、幹事は加藤、飯田旗郎、石川半山、塩島仁吉、評議員は大井憲太郎、大川石松、向江都知三、榊原常吉、遠藤権次郎、安部磯雄、斯波貞吉、田中弘之、島田俊雄、沢来太郎、樋口秀雄、田中玄蕃、牧野充安、中村太八郎、黒須龍太郎、近藤平一郎、江橋治郎、青池晁太郎、佐治実然、森本大八郎が就任する。*そして毎年三円を納める賛助団員には、飯田巽、今村力三郎、林田亀太郎、林毅陸、原戌吉、パフロスキー、原富太郎、早川千吉郎、西垣恒矩、土岐善麿、所金蔵、小野瀬不二人、大岡育造、小川平吉、大江天也、大竹貫一、小栗貞雄、大橋新太郎、大倉粂馬、大谷嘉兵衛、鎌田栄吉、横山勝太郎、頼母木桂吉、棚橋一郎、高木正年、高木壬太郎、高田早苗、高島米峰、田川大吉郎、竹内広太郎、副島八十六、津軽英麿、根津嘉一郎、中村弼、永井柳太郎、村松恒一郎、村井寛、卜部喜太郎、山崎今朝弥、山本条太郎、山県直道、山口縫子、柳原義光、馬越恭平、増田義一、丸山名政、松田源治、降旗元太郎、近藤廉平、河野広中、小久保喜七、小泉策太郎、安達憲忠、天野為之、佐々木安五郎、佐々田懋、宮島次郎、塩谷恒太郎、日比翁助、望月小太郎、森田勇次郎、杉山茂丸ら三〇〇名以上が顔をみせている。

また普通団員は二〇銭の入団金をはらい、平民病院の無料診察、平民薬局の廉価投薬、みのる会の無料入場、**平民法律所の割引の特典をえるとともに、これらの事業を支えていくことになった。

ややのちに配布された「社会政策実行団趣旨」というビラには、団員二〇万五、〇〇〇名、賛助員は四〇〇余名と記されている。***

* 一九一八年（大正七）八月に出されたビラによるが、こののちいくらか移動がある。

** みのる会はこれまで会員のみの機関であったが、一九一八年（大正七）七月五日より、社会政策実行団団員に開放された。

*** 賛助員に、床次竹二郎、横田千之助、田中義一、中田庄兵衛、古賀廉造ら内閣大臣及び次官、原霞外、岡千代彦ら社会主義者、曽我祐準、木戸幸一、蜂須賀正韶、小笠原恒、清浦奎吾、北大路資武、寺島誠一郎ら華族があらたにふえている。なお、社会政策実行団は、事業を担当する社会政策実行株式会社（資本金一〇〇万円）を計画し、一株五〇円で株主を募集したこともあるが、これは実現していない。

加藤の営為には、地方での呼応がみられた。愛媛県松山市の保険会社代理店に勤務する西田正義は、「社会政策実行団の御趣旨に感奮し」（西田陽州「入団の御挨拶」『平民』第七七号〈一九一七年一〇月一〇日〉）ただちに入団の手続をとり、同志とはからい「貴団の支部とでも云つたやうなものを設けて、月に一回位親しく会合して、社会問題の研究と運動とを試み先づ精神的の準備をする事に協定し」（同右）た。そして自ら発行する『新愛歯』（未見）に、社会政策実行団入団申込みを取次ぐ旨を広告したという。また「片田舎の者印刷工」山口真二は、実行団に「同情」をよせ「『生活の力』を最寄の青年に配布致度候」（寄書欄。『生活の力』第七六号〈一九一七年九月一〇日〉）と述べ、富山県の醤油製造業平井太吉郎も「社会政策実行株式会社」の株式募集の依頼をうけ、人々に『生活の力』

の購読をすすめる。あるいは、栃木県の薪炭商田中佐市ら「無政府主義各派ニ関係ヲ有スルモノ」（『特別要視察人状勢一斑』）が会し、社会政策実行団やその団員勧誘方法について論議しており、大阪の古物商若林勝蔵、岩出金次郎らは平民食堂を計画し、北海道釧路の阿部撰策はしきりに加藤に簡易質店設立を促した。

こうして社会政策実行団の旗あげは、地方で社会変革や社会改良の志をもつ人々の心を動かし刺激を与える。ことさらに強大なるものではないが、加藤は社会政策実行団結成により自らの事業を定着・発展させつつ、他へも確実に影響を及ぼしており、裾野のひろがり、事業のあつみをうかがうことができる。

さて、社会政策実行団の業務が忙しいためか、『生活の力』第七五号は予定より五日おくれ、一九一七年（大正六）八月一〇日に出され、同誌の刊行は「今後当分の間、月一回に変更」となった。そして、さらに翌々第七七号（一〇月一〇日）からは、『平民』と改題され発行されることとなる。『平民』は、『生活の力』と同様B五判八ページ、発行人・印刷人や発行所の移動および編集上の差異はまったくなく、号数も連続している。突然の改題で、加藤にはめずらしく「改題の辞」もないため、その理由を知ることはできないが、おそらくは『生活の力』が実費診療所と訣別後に生活社機関誌となり、一九一六年（大正五）一〇月に第三種郵便物の規定を取消されていたこと、社会政策実行団の結成による気分の一新を機関誌にも反映させようとしたことによろう。『平民』という簡潔直截なタイトルに、彼らと命運をともにしようという加藤の決意がみられる。

『平民』の編集は、堺利彦が担当した。堺は、『生活の力』を編集していた白柳秀湖が実費診療所とともに加藤のもとを去ったのち、月俸七〇円、手当三〇円で同誌編集主任をつとめたが、『平民』改題後も継続して編集にあたった。堺ののちは、堀伏峰、原霞外、岡野霞村、岡野辰之介が編集にたずさわる。発行兼編輯人は『生活の力』時代の梶文五郎がひきつぎ、のち中神美三郎、榊原龍之輔、印刷人は渡辺素一、のち越後屋吉太郎、中川二郎、岡千代彦。定価は一部一銭、のち三銭そして五銭。寄稿者には堺はじめ佐治実然、山崎今朝弥、岡野辰之介、石川半山、青池晁太郎、小生夢坊、加藤勘十ら社会主義者、社会運動家が顔をみせ、『生活の力』と同様、加藤は毎号執筆した。

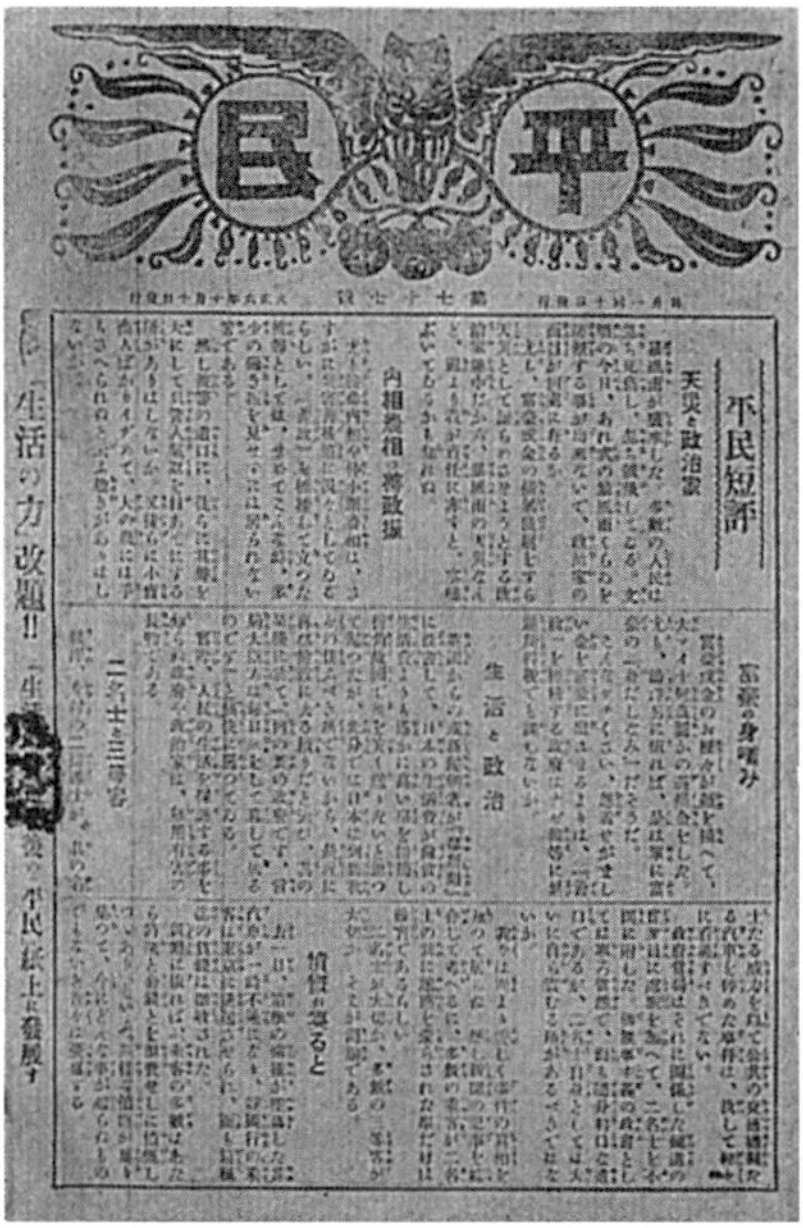
平民

平民短評

天災と政治家

富豪の身嗜み

生活と政治

「生活の力」改題!!

『生活の力』改題による『平民』

『平民』には、原霞外が講談、岡千代彦が落語を寄せ、労働文学者徳永保之介が小説、短歌、評論を掲載し、「平民歌壇」「平民俳壇」を設け、ときには童話も掲げる。また、外国文学の翻訳もみられ、堺によるウイリアム・モリス「理想郷」全訳〈第一四六号〈一九二一年二月五日〉——第一五四号〈六月五日〉〉、飯田旗軒によるエミール・ゾラ「死物語」〈第一五三号〈一九二一年五月二〇日〉——第一六九号

〈表一一〉『平民』における主要論文一覧　I

筆　者	タ イ ト ル	号　数	発　行　日	備　　考
佐治　実然	人類の痼疾たる土地所有権	第77号	1917年 10月10日	
西垣　恒矩	社会政策に対する誤解	〃	〃	
山崎今朝弥	平民の法律	第78号	11月10日	平民法律所事件簿抜書
添田唖蟬坊	ノンキ節	第79号	12月10日	
西垣　恒矩	社会政策と社会党	〃	〃	
山崎今朝弥	平民の法律	〃	〃	平民法律所事件簿抜書
青池晁太郎	年頭状	第80号	1918年 1月10日	
佐治　実然	手拭の徳	〃	〃	
堺　　利彦	お別れの辞	第81号	2月10日	
佐治　実然	常設の廉売市	第83号	4月10日	
田尻稲次郎	衛生経済　豆飯と細切肉	〃	〃	
青池晁太郎	米価の調節如何	第84号	5月10日	
岡　　　実	公設市場に就て	第86号	6月20日	
佐治　実然	社会的生活を安全にするには	第87号	7月5日	
石川　半山	社会政策と名士	第89号	8月5日	
〃	貴族富豪の心がけ	第90号	8月20日	

石川　半山	米の公営	第91号	9月5日	
青池晁太郎	物価か権力か——権力の調節が根本——	第93号	10月5日	
原　霞外	籔入りの悲哀	第100号	1919年 2月5日	
〃	友来り訪ふ僕語るらく＝普通選挙運動の火の手＝畢竟官僚末期の世迷事＝今の有権者の能力如何＝尾崎明神の復活を祝す	第101号	2月20日	
〃	新平民と結婚せよ	第102号	3月5日	
〃	結婚の条件	第103号	3月20日	
〃	贅沢無用論	第104号	4月5日	
〃	貸家払底　平民の生活	第105号	4月20日	
〃	低級婦人と尾上松之助	第106号	5月5日	
〃	馬肉と永年勤続者——若し人が売れる世ならば——	第107号	5月20日	
〃	警察講習所長の演説——それに対して僕聊か文句あり——	第108号	6月5日	
〃	ルビ復活の由来	〃	〃	
〃	官僚の演説　聴者は石塊	第109号	6月20日	
〃	安全週間と河童の屁	第110号	7月5日	
岡　千代彦	遊廓監獄養老院の三問題	〃	〃	
原　霞外	浮れ節と高等官待遇	第111号	7月20日	
岡　千代彦	一山百文	第112号～	8月5日～	
原　霞外	前原一誠の最期（上）（上の下）（中）（下）	第115号	9月20日	講談

岡　千代彦	ボクチン楼主人	第114号	9月5日	談話
原　霞外	爾来久濶	〃	〃	
〃	べら棒論	第115号	9月20日	
飯野吉三郎	中産階級者の生活救済の急	第117号	10月20日	
原　霞外	内相の頭脳健在なりや	〃	〃	談話
〃	選挙演説の大安売――我輩は選挙演説の不見転也――	第118号	11月5日	
〃	奇怪至極三越の木綿日＝中流階級者生活難の足許に附け込み＝社会政策の美名に隠れて奇利を博す	第119号	11月20日	
〃	僕が文部大臣ならば＝彼を模範的教育家として表彰する＝小学児童に向つて質屋通ひの講釈を試みた教員	第120号	12月5日	
〃	狂人痴語	第121号	12月20日	
堺　利彦	落体の法則	第122号	1920年 1月15日	
原　霞外	大正九年の新春を迎へて　住吉巡査の死を弔ふ松本訓導と一対の美談＝而かも彼は資本家の倅を助け此は労働者の死を救へり＝社会の同情彼に厚く此に薄きは何故ぞ	〃	〃	
岡　千代彦	日清米の談判	〃	〃	新作落語
原　霞外	社会講談　同盟罷業　梗概	〃	〃	
〃	住宅難緩和と社会道徳――先づ島国的根性と贅沢心とを去れ――	第123号	2月5日	

原　　霞外	専制者の末路	第125号	3月5日	
岡野辰之介	此頃の市内電車	第126号	3月20日	
〃	市電　監督機関	第127号	4月5日	
〃	本末顚倒　労働組合に就て	第128号	4月20日	
〃	労働問題の一形式——簞笥製造人と問屋との争議——	第131号	6月5日	
小生　夢坊	汗を流す人	〃	〃	
岡野辰之介	労働者訓其一　ストライキ断じて非なり	第132号	6月20日	カット
小生　夢坊	いかけ松	第134号	7月20日	「旧稿」とある
岡野辰之介	労働者は江戸ッ子気質を去れ（上）（下）	第135号 第136号	8月5日 8月20日	カット
小生　夢坊	官憲と神経衰弱の話	第135号	8月5日	
山県　直道	電気局長更迭問題	第136号	8月20日	
小生　夢坊	労働者を喰ひ物にする奴	〃	〃	カットもつけられる
岡野辰之介	排日と労働組合	第137号	9月5日	
〃	何時もの手——小作人を入れぬ小作調査機関——	〃	〃	
〃	婦人参政権要求の原理	第138号 第139号	9月20日 10月5日	
山県　直道	矛盾せる市の社会事業——追加予算は附加税に依らずして何故に特別税に依らざるか？	第140号	10月20日	
斉藤　嘲爾	労働運動者の末路	〃	〃	

岡野辰之介	徽章の話	第140号	10月20日	みのる会講演要旨
〃	女教員の捨児問題——旧道徳の権威何くにかある？——	第141号	11月５日	
斉藤　嘲爾	時代の前に準備なき資本家	〃	〃	
小生　夢坊	平民芸術の急先鋒——星製薬楼上に開く黒耀会——	〃	〃	
〃	口笛吹く男	〃	〃	カット
岡　千代彦	二種の力を有する平民	第143号	12月５日	みのる会演説の一部
岡野辰之介	婦人は労働に堪へ得るか	〃	〃	
〃	大井町より＝汽車と貨車とを停車させよ＝面目一新せる平民パン	〃	〃	
斉藤　嘲爾	予が自由評論を去つた理由	〃	〃	
岡野辰之介	同職者は兄弟である——簞笥工組合睦会総会にて演説の一節——	第144号	12月20日	
〃	大井町より	〃	〃	
斉藤　嘲爾	資本家三省せよ	〃	〃	
山県　直道	後藤市長に望む	第145号	1921年 １月20日	
岡　千代彦	噫無情劇	〃	〃	
岡野辰之介	中産階級の運命（上）（下）	第145号 第146号	１月20日 ２月５日	
ウイリアム・モリス 堺利彦　訳	全訳　理想郷	第146号～第154号	２月５日～６月５日	翻訳

岡野辰之介	某夫人に与へて男子の愛を論ず	第147号	2月20日	
フリッツ・クンメル	僕の経歴	第148号	3月5日	
〃	独逸の同志より	〃	〃	書簡
岡野辰之介	下火になつた	〃	〃	
〃	大井町より	第150号	4月5日	
〃	労働者の教育機関（1）（2）（3）	第151号～第153号	4月20日～5月20日	
〃	大井町より	第152号	5月5日	
〃	大井町より	第153号	5月20日	
〃	家庭製パン法	第154号	6月5日	
山県　直道	原内閣は何時まで晏如たるか	〃	〃	
岡野辰之介	精神運動と物質運動＝其の何れが喫緊なるか＝精神運動は第二義に属す	第155号	6月20日	
山県　直道	妻は夫の職業を理解せざるべからず	〃	〃	
〃	婚姻の目的に就いて――前号の所説に法律的解釈を試む――	第156号	7月10日	
原　　霞外	演芸会口上係の記	第157号	7月25日	
岡野辰之介	大井町より	〃	〃	
〃	労働争議の悪化――労働者教育を禁じたるの結果社会進化の理法は阻止されず――	第158号	8月10日	それぞれ副題がつく
岡　千代彦	腐敗せる社会の状態（1）（2）（3）（4）	第159号～第162号	8月25日～10月10日	

岡野辰之介	婦人の史的研究	第164号	11月10日	
〃	婦人屈辱の起源	第165号	11月25日	
逸見　雄亮	二階ロマンス	〃	〃	小説
小杉　天外	第二維新を読みて	〃	〃	書簡
村井　弦斎	無題	〃	〃	〃
岡野辰之介	華府会議の教訓	第166号	12月５日	
〃	安全の絶対	第167号	1922年 １月10日	
貝塚　渋六	自来也の話――一休和尚と銭屋久兵衛との問答――	〃	〃	
堺　　利彦	知識階級に与ふ	第168号	１月25日	
チェーン・レーブラッシュ 逸見雄亮訳	小説　捨小舟（上）（下）	第168号 第169号	１月25日 ２月10日	翻訳
岡野辰之介	雑誌亡国論	第169号	２月10日	
マキシム・ゴルキー 岡野霞村訳	労働者村の生活（１）（２）（３）（４）（続き）	第170号～第175号	２月25日～５月10日	翻訳 第174号には掲載されていない
逸見　雄亮	其日の歴山二世	第171号	３月10日	小説
岡野辰之介	蚯蚓の糞	〃	〃	
逸見　雄亮	乳と赤い本	第172号	３月25日	小説

岡野辰之介	時代相	第172号	3月25日	
岡　千代彦	物価はどうしたら下落するか（上）（下）	第174号 第175号	4月25日 5月10日	
逸見　雄亮	今は昔　露西亜の労働運動	第174号	4月25日	
曽我廼家五郎	喜劇叢書	〃	〃	書簡
岡野辰之介	ザックバラン	〃	〃	

1）第174号（1922年4月25日）までを対象とした。
2）「霞」署名で原霞外と断定できないものがいくつか存在する。

〈一九二二年二月一〇日〉）、逸見雄亮によるジェーン・レーブラッシュ「捨小舟」（第一六八号〈一九二二年一月二五日〉――第一六九号〈二月一〇日〉）、霞村生によるマキシム・ゴルキー「労働者村の生活」（第一七〇号〈一九二二年二月二五日〉――第一七五号〈五月一〇日〉）、かすみ生によるサーリバン「金貨」（第一九八号〈一九二三年五月二五日〉）、岡千代彦によるチエホフ「眠がり子守」（第二〇一号〈一九二三年七月一〇日〉――第二〇四号〈八月二五日〉）を掲載、文芸の香りもいくらかではあるがただよわせていた。こうした執筆状況は、〈表一一〉「『平民』における主要論文一覧　Ⅰ」および、後掲の〈表一三〉「『平民』における主要論文一覧　Ⅱ」をみられたい。

『平民』は、第八五号（一九二二年一〇月一〇日）から「生活問題、社会問題につき論議すべきこと甚だ多く、到底従前の発行回数にて間に合はざるに付」、毎月二回発行、ページ数も一〇ページだてとし、関東大震災までその体裁をたもつ。その後、第二〇五号（一九二三年一一月一〇日）から月刊となり、一九二五年（大正一四）三月一〇日、第二二一号まで発行された。

『平民』への改題と相前後して、加藤は一九一七年（大正六）九月二〇日、一一月三日、一九一八年（大正七）一月二〇日に、A六版四ページだてで『平民の友』（いずれも号数表記がない）、A六版二ページで『生活の栞』第一号（一九一八年六月一〇日）を出している。『平民の友』は、発行兼編輯人梶文五郎、印刷人岩本菊雄、『生活の栞』は、それぞれ梶文五郎、国井五郎がつとめ、平民病院をはじめとする社会政策実行団の事業の広告、『平民』よりの加藤の主張の転載、人々の暮しに密着した「外国米の炊き方」（『生活の栞』第一号）などが掲げられる。当初、社会政策実行団の機関誌として『平民』、実行団の宣伝と人々の生活合理化をはかるために『平民の友』『生活の栞』という区別けを構想していたように思われるが、両誌はすぐ廃刊されたようで仔細はさだかではない。この『平民』は、普通選挙運動に大きな役割をはたす。

普通選挙運動への参加と社会主義者との提携

加藤は「政治は即ち生活、生活は即ち政治それが我々の理想である。多数人民の生活が保証されずに、どこに政治の意義があるか」（「平民生活団体の急要」『生活の力』第六九号〈一九一七年五月二〇日〉）といい、「経済上の団結、生活上の結合」として社会救済事業を実践したが、同時に政治の局面へも参画し「普通選挙を主張し、政治の運用をして多数人民の手中に帰せしめる事」（同右）も志す。普通選挙運動に加わり日露戦争後から普選を要求していたが、その後も一九一四年（大正三）三月一六日に堺利彦、高畠素之、片山潜、西川光二郎、山崎今朝弥と普通選挙に関する政談演説会を計画する（これは当局に中止させられる）など普選への関心をもちつづけ、一九一七年（大正六）には再び盛んに普選運動へ関与するようになる。

一九一七年（大正六）一月二〇日に発行された『生活の力』第六一号は、加藤が巻頭に「普通選挙断行の好機会」を掲げ、寺内正毅内閣に「現内閣唯一の使命」は普通選挙断行にほかならないことを述べ、堺利彦も「普通選挙は文明国に於ける政治上の大勢である」（堺利彦「普通選挙の大勢」）ことを説く。また「生活社有志の名を以て、敢て普通選挙の請願書を帝国議会貴衆両院に提出するの計画を立てた」（無署名「普通選挙請願」）ことを報告、*さらに「我々は今後、請願と共に、有ゆる方法を以て普通選挙実現の為に努力する」（同右）と宣言し、あたかも普通選挙特集号の様相を呈す。このほかにも、『生活の力』第六五号（一九一七年三月二〇日）で、布施辰治『普通選挙運動の機運』を紹介し、中村太八郎の普選に関する行動を伝え、社会政策実行団設立当日には、加藤、堺利彦、中村太八郎、大井憲太郎ら十数名が、神田青年館で「普通選挙期成同盟会ヲ組織スルコト」「議会ニ請願スルコト」「演説会ヲ開催スルコト」「機ヲ見テ普通選挙運動ニ関スル檄文様ノ印刷物ヲ散布スルコト」（『特別要視察人状勢一斑』）を協議した。後者は「発企者側ニ於テ内訌ヲ生シ」（同右）実行に至らなかったが。

＊　このときは議会が解散してしまい、実現はしなかった。

社会政策実行団幹事、評議員に（普選を説く）石川半山、大井憲太郎、中村太八郎、青池晁太郎らが就くのは、普選運動に加藤が積極的であるためであろう。一九一七年（大正六）末に、普通選挙同盟会の再興が企てられるなか、加藤は一二月六日に平民病院で熊谷千代三郎、堺利彦、青池晁太郎、小野瀬不二人、石塚三五郎、石川半山、尾崎士郎、藤田貞二、北原龍雄、江川喜太郎、中村太八郎、久津見蕨村ら一八名と会合し、「普通選挙請願書用紙ヲ各地ニ配布シ之ヲ取纏メテ議会ニ請願ヲ為スコト」「大正七年一月二十日頃ヨリ二月二十日頃迄ノ間ニ於テ市内各所ニ普通選挙運動ヲ目的トスル政談演説会（凡二〇回位）ヲ開催スルコト、シ第一回ハ神田区美土代町青年会館ニ於テスルコト」（『特別要視察人状勢一斑』）などを申し合わせる。加藤はこのとき、運動経費五〇〇円のうち二〇〇円を「当座ノ費用」として負担した。

こうして普通選挙運動の中心に加わり資金援助をおこなうとともに、加藤は『平民』第八〇号（一九一八年一月一〇日）に附録「普通選挙」四ページをつけ、運動の活性化を促す。これは数千部発行されたといい、いずれも無署名で、一面に「普通選挙とは何ぞや」を掲げ、二面には「日本普通選挙運動略史」、三面には実際活動のさいの手引「普通選挙運動方法」「運動費を作る方法」をつけ、四面で二月九日に請願をおこなうことをよびかけている。普通選挙同盟会自体がそうであるが、『平民』附録でも「姑く簡単に『丁年以上の男子』を以て普通選挙の範囲を定めておく」（「普通選挙とは何ぞや」）と述べる。対して、婦選には、いくらか言及しつつも、当面は見送るという態度をとり、のちにアンケート「本年度より改め度い事」の一つに「婦人参政権の承認」を挙げる加藤も、ここではその主張を前面に出してはいない（『実業之世界』第一八巻第二号〈一九二一年二月〉）。だが彼は人々の政治参加、政治的権利拡張をはかり、再び社会運動に加わっており、活動領域を拡げ救済内容を重層化させたといえる。

しかも、加藤は普通選挙同盟会委員を、中村太八郎、松本君平、小野瀬不二人、大井憲太郎、森田義郎、西本国之輔、石川半山、青池晁太郎とともにつとめ、本部を平民病院におくことを承認し、同会の機関誌が発刊されるまで『平民』を「通信連絡の機関」として提供した。* そのため、一九一八年（大正七）一月一四日から、平民病院に「普通選挙同盟会事務所」の看板がかけられ、堺、中村、藤田貞二、北原龍雄、和田久太郎が出入し、加藤は請願用紙と『平民』附録を「地方在住ノ同志」に郵送した。先にふれた西田正義など、「居住者二十一名ト共ニ請願書ニ調印」（『特別要視察人状勢一斑』）返送してきたという。

* 毎年『生活の力』『平民』の新年最初の号には、生活社、社会政策実行団経営の事業および従業者の名簿が掲げられるが、『平民』第八〇号には、平民病院、平民法律所、平民薬局などとならび、普通選挙同盟会も記されている。

大逆事件後に社会救済事業に比重をかける加藤だが、こうして社会運動自体を忌避しておらず、双方を社会改良の方法とすることとなった。社会救済事業に〝逃避〟するのではなく、逆に積極的に「自由民権以来の大きな運動」（松尾尊兊「普選運動の史的考察」）と評価される普選運動に参加し、その高揚を支える一員となった。しかも、この運動には、堺利彦はじめ社会主義者たちも加わっており、加藤は再び彼らと提携し活動することにもなる。

加藤は依然、社会主義者の保護者でありつづけ、一九一七年（大正六）末から翌年にかけ、荒畑寒村がおこなった入獄中のアメリカＩＷＷ会員慰問金募集に応じ、同年五月に堺が社会運動基金の貯蓄を計画したときにも醵金した。また同じ一九一七年（大正六）四月二三日、二四日頃、加藤は平民病院でブハーリンをふくむロシア革命党員と会見、彼らを堺に紹介する。これに先だち加藤は、片山潜より「何卒ブハーレン氏が参りました節は、旅情を慰藉して彼等と共に革命の成功を喜び、尚前途の大成功を祝福しておやり下さい」（三月三〇日付加藤宛書簡。『生活の力』第六八号〈一九一七年五月五日〉）という手紙を受けている。さらに一〇月中旬ごろ、堺とともに横浜でロシア革命党員と会見、二七日には別のロシア人に売文社を紹介したという。

加藤は外国の社会主義者と交流をもつかたわら、社会主義研究も怠らず、*Antwort auf Kautskys Richtlinien für ein sozialistisches Aktionsprogramm*（一九一九年、カウツキーの社会主義方針への回答）や *International Press Korresponding*（一九二二－二三年）を購読した。この加藤が一歩ふみ出し、社会主義者と同調して現時の社会運動に参加したのである。

＊ 彼らは亡命先のアメリカから、革命が成就したソ連邦へ帰国するさい日本に立ち寄った。もう一人の人物はボロダルスキーと思われる。

だが、加藤の実践活動は長続きしない。普通選挙同盟会は、一九一八年（大正七）一月二四日に演説会を計画、ビラ二、五〇〇枚を用意し加藤も弁士の一員として準備していたが、前々日二二日に加藤と中村太八郎が警視庁特高課に召喚され「普通選挙同盟会ノ運動ハ加藤時次郎及堺利彦等カ普通選挙運動ニ名ヲ藉リ其ノ実其ノ懐抱スル主義ノ宣伝ヲ目的トスルモノナリ」（『特別要視察人状勢一斑』）ときめつけられた。そのため加藤は演説会の中止を決め、同時に、自分が普選運動を継続すれば「延いて先方同志の人々に多大な迷惑をかけるのみならず余が関係事業特に社会政策実行団にも尠からぬ累を及ぼすことゝ思ひ、余は断然背信の謗を甘受しつつ」(「余が普通選挙同盟会を引退したる理由」『平民』第八一号〈一九一八年二月一〇日〉)運動より「引退」し、同盟会の看板を撤去する。脅迫に屈したと言わざるをえないが、加藤のかかる行為に対し藤田貞二、北原龍雄は憤り、西本国之輔と謀り看板を西本方に移し、『平民』附録や請願用紙を持ち去った。盟友堺利彦も、「社会主義者たる私が此上本紙(『平民』――註)に関係して居りましては、自然他の関係者諸君に御迷惑を及ぼす」(堺利彦「お別れの辞」『平民』第八一号)ため、「一切の関係を絶つ事に致しました」(同右)と退社してしまう。

だが、加藤は一方で「余が眼中社会主義者もなく、所謂目的の為めに手段を選ばずで、唯だ普通選挙てふ理想実現の為め、彼の人々等と提携したに過ぎない」(「余が普通選挙同盟会を引退したる理由」)といいつつも、「将来再ヒ機ヲ見テ同志諸君ノ期待ニ副フヘキ」(『特別要視察人状勢一斑』)旨を語り、事態の仔細や「余の軽忽」を隠すことなく披瀝し、関係者には書面で申し送っている。「貴下(加藤――註)にして飽くまでも此(普通選挙――註)運動に加はり、当方(警視庁特高課――註)の注意を聴れざるに於ては、遺憾ながら貴下も社会主義者と見做さねばならぬ」(「余が普通選挙同盟会を引退したる理由」)という脅しに屈したのはいなめないにせよ、その後の身の処し方は、加藤が政治的な権謀術数やかけひきにはおよそ遠いこととともに、真摯に運動にとりくみ、普通選挙断行以外のなにものも求めていなかったことを示していよう。その後、中村太八郎、青池晁太郎、大井憲太郎、石川半山らとは社会政策実行団をつうじての交流を保つ。また、六月一八日には堺に「旧交ヲ温ムヘク申」し入れ、堺利彦、タメ夫人、真柄が加藤の私邸を訪問し「裏面ヨリ援助ヲ受ケン」、（『特別要視察人状勢一斑』）という加藤の申出をうけた。

　だが、若き社会主義者たちは、加藤を許さない。北原龍雄と尾崎士郎は、彼らが発行した機関誌『国家社会主義』第一巻第一号（一九一九年四月一日）で、加藤は警視庁で「大島監房主事の前に平身抵頭して謝罪し、大島から種々な事を追求せられるに臨んで顔色青錆め、肥満の身体をブル〳〵顫はせて、語る言葉もシドロモドロに……哀訴嘆顔して、大島主事、生駒高等課長の二人からあらゆる冷嘲怒罵を浴びせかけられて引下つたために運動が根柢から打ち壊れてしまつた」（北原龍雄・尾崎士郎「社会主義に復活したる加藤時次郎」）と述べ、敵意をむき出しにした。また同誌は、第一巻第四号（一九一九年八月一日）にも、匿名の英文欄に「DR. KATO NOT SOCIALIST」を掲げ、加藤の行為を非難している。『新社会』に毎号掲げられていた平民病院の広告が、第四巻第八号（一九一八年五月一日）以降見られなくなり、添田知道が加藤を「平民成金!!　卑怯者!!」（添田知道。『新社会』第四巻第一一号（一九一八年八月一日））と罵倒するのも、ここに原因があろう。

　大逆事件の後、一度は社会主義の実践活動から遠のいた加藤が、彼らとの協調を厭わず社会運動にのり出したものの、加藤の「撤退」を彼らは糾弾する。社会主義者と歩をともにする加藤を一方的に断ち切るのだが、これは社会主義者と、位相を異にするデモクラットが手を携えることのむつかしさを物語る。加藤と堺のように、立場の相違を互に認めつつ、接点を見出し協力し援助しあう関係もないことはない。たとえば、堺が「実費診療所は如何にも不健全なる変態現象である。……そして何れも皆現社会に於て存在の理由を有する正当の現象である」（堺利彦「実費診療所問題」『生活の力』第四〇号〈一九一六年三月二〇日〉）と述べるのに対し、加藤は、堺は理論家であるが、自分は実行を重んずる、その眼で堺の議論を読むと「些か胸がイラ〳〵する」（「評論の評論」『生活の力』第四一号〈一九一六年四月五日〉）と応酬した。堺は体制変革を見こしたうえで、当面のなしうる課題として加藤の事業に好意をよせ、加藤は民衆を主体とした日常改良のつみかさねを重視し、社会主義ともその点において共闘しうるという立場をとる。このように相互に思惑は異なりつつも、堺は加藤の事業に協力をおしまず、加藤は堺が一九一七年（大正六）四月二〇日の総選挙に出馬したときに、一票を投じている。性急に事をかまえれば、両者の志向は逆であるため——救済事業に関していえば堺はそれを必要悪とするのに対し、加藤はそれに邁進している——、提携は不可能であったに違いない。

だが、こうした加藤と堺の関係は、例外に属した。大正デモクラシーという状況のなかで、社会主義者とデモクラットの共闘は、双方にとりもっとも必要であったにもかかわらず、かつて社会主義に足をふみいれ、彼らに共感を示す加藤でさえ、苦渋をなめたのである。こののちも、加藤は普選の理念をすてず、おりにふれその必要を強調するが、普選運動から手をひき、社会主義者との提携も長期間試みることがなかった。

平民食堂・平民パン工場・平民銀行

この間、社会政策実行団の事業は着実に営まれ、さらに、あらたな事業の開始までみられる。一九一七年（大正六）一二月、加藤は自ら会長をつとめ、監督梶文五郎、講師牧田省二、高梨芳太郎とい

平民食堂の風景

うスタッフで、平民病院内にマッサージ講習会を開く。「将来マッサージ業ニ従事セントスル者、及既ニ開業資格ヲ有スル者ニシテ一層研究セントスル者」(「マッサージ学講習会々則」『平民』第七九号〈一九一七年一二月一〇日〉)に短期間で技術を習得させるもので、順調に卒業生をおくり出した。また、たびたびみのる会が開催された新橋倶楽部の跡に平民倶楽部を設け、「平民の集合所、娯楽所、演芸所」(無署名「平民倶楽部」『平民』第八〇号〈一九一八年一月一〇日〉)とする。平民倶楽部は、計画していた簡易娯楽場の実現にほかならないが、約六〇〇名が収容でき「低廉」に団員の利用に供した。こうして『社会政策実行団趣旨』で予告した事業を加藤は次々に開始していくが、もっとも大規模なものは「薄給者、労働者、店員、学生等に対し、簡単にして安価なる、

〈表一二〉 平民食堂献立表

朝食（味噌汁付）

曜日										計
月曜日	材料		米	味噌	若布	豚肉	漬物	茶	瓦斯	
	価額	銭厘毛	四五八	○五○	○二○	○二五	○五○	○○五	○七○	六七三
	分量		一合五勺	一○匁	一把⅕	一匁	二切	｜	｜	
火曜日	材料		米	味噌	葱	豚肉	漬物	茶	瓦斯	
	価額	銭厘毛	四五八	○五○	○一七	○二五	○五○	○○五	○七○	六七五
	分量		同	同	一○匁	同	同	｜	｜	

昼食（平民汁付）

曜日											計
月曜日	材料	米	馬鈴薯	葱	人参	豚肉及骨	漬物	塩	茶	瓦斯	
	価額	四五八	○三三	○三五	○三○	二二○	○五○	○○五	○○五	○七○	九○六
	分量	一合五勺	一五匁	一○匁	四匁	一二匁	二切				
火曜日	材料	同上									
	価額										同
	分量										

夕食（煮〆付）

曜日												計
月曜日	材料	米	塩	キャベツ	玉葱	人参	豚肉	漬物	醤油	茶	瓦斯	
	価額	四五八	○○三	○二五	○四○	○三八	二○○	○五○	○三○	○○五	○七○	九一六
	分量	一合五勺		二○匁	一二匁	五匁	八匁	二切				
火曜日	材料	米		糸ゴン	生揚	蓮根	豚肉	漬物	醤油	茶	瓦斯	
	価額	四五八	｜	○四○	○三六	○四六	二○○	○五○	○三○	○○五	○七○	九三五
	分量	同	｜	一○匁	三匁	七匁	同	同				

曜日	項目										計													計
水曜日	材料		米	味噌	豆腐	豚肉	漬物	茶	瓦斯		計	同		米	―	人参	薇	干芋	豚肉	漬物	醤油	茶	瓦斯	計
	価額	銭厘毛	四五八	〇五〇	〇三〇	〇二五	〇五〇	〇〇五	〇七〇		六八八		同	四五八	―	〇三八	〇三七	〇三三	二〇〇	〇五〇	〇三〇	〇〇五	〇七〇	九二一
	分量		一合五勺	一〇匁	六分ノ一	一匁	二切					上		一合五勺	―	五匁	一五匁	七匁	八匁					
木曜日	材料		米	味噌	脱脂豆	馬鈴薯	豚肉	漬物	茶	瓦斯	計	同		米	―	キャベツ	隠元豆	人参	豚肉	漬物	醤油	茶	瓦斯	計
	価額	銭厘毛	四五八	〇五〇		〇三〇	〇二五	〇五〇	〇〇五	〇七〇	六八八		同	四五八	―	〇二五	〇二七	〇三八	二〇〇	〇五〇	〇三〇	〇〇五	〇七〇	九〇三
	分量		同	同			同	同				上		同	―	二〇匁	五匁	五匁	同	同	同	同	同	
金曜日	材料		米	味噌	玉葱	豚肉	漬物	茶	瓦斯		計	同		米	―	牛蒡	鹿尾菜	油揚	豚肉	漬物	醤油	茶	瓦斯	計
	価額	銭厘毛	四五八	〇五〇	〇三三	〇二五	〇五〇	〇〇五	〇七〇		六九一		同	四五八	―	〇三三	〇一九	〇三六	二〇〇	〇五〇	〇三〇	〇〇五	〇七〇	九〇一
	分量		同	同	一〇匁	同	同	―	―			上		同	―	四匁	一匁	二匁	同	同				

土曜日									
材料		米	味噌	蕪	豚肉	漬物	茶	瓦斯	計
価額	銭厘毛	四五八	○五○	○一五	○二五	○五○	○○五	○七○	六七三
分量		同	同	一把1/10	同	同	—		

日曜日										
材料		米	味噌	葱	油揚	豚肉	漬物	茶	瓦斯	計
価額	銭厘毛	四五八	○五○	○○八	○一八	○二五	○五○	○○五	○七○	六八四
分量		同	同	五匁	四匁	同	同	同	—	
			一食平均 六銭七厘七毛	売価一食八銭	差引 一銭二厘三毛					

土曜日	同上
日曜日	同上
	一食九銭六毛 売価一食十銭 差引 九厘四毛

	米	葱	蓮根	蒟蒻	牛蒡	豚肉	漬物	醤油	茶	瓦斯	計
同	四五八	○一八	○三三	○三二	○三三	二○○	○五○	○三○	○○五	○七○	九二九
	同	一○匁	五匁	八匁	四匁	同	同				

	米	—	雁擬	馬鈴薯	莢豌豆	豚肉	漬物	醤油	茶	瓦斯	計
同	四五八	—	○四二	○三三	○三四	二○○	○五○	○三○	○○五	○七○	九二二
	同		三匁	一五匁	八匁	同	同	同			
			一食平均 九銭一厘八毛			売価一食十銭	差引 八厘二毛				

1）『平民』第88号（1918年7月20日）より転載。

2）欄外に「以上の外点燈料木炭代其他雑費として一ヶ月三十九円を要するを以て一人三食の実費は売価の九割二分以上に相当す」と記されている。

而も相当滋養ある食事を供給」（無署名「平民食堂開設」『平民』第七九号〈一九一七年一二月一〇日〉）する平民食堂の開設である。

簡易食堂の実現として、平民食堂は一九一八年（大正七）一月一一日、東京芝区烏森町五番地の平民倶楽部地下に設けられ、当初、午前六時半から午後七時まで一食一〇銭で豚汁（のち平民汁とよぶ）・飯・沢庵を供給、すぐに朝食（味噌汁・飯・沢庵。七銭）、弁当（煮付・飯・沢庵。九銭）、飯のみ（六銭）という献立をつくり、午前六時半――八時半、午前一一時――午後二時半、午後四時半――八時に営業をした。*

＊ 午前六時――午後九時とされたときもある。なお献立も、のちに一銭ずつあがっている。

ややのちに作成された『平民食堂規約』*「趣旨及目的」に、平民食堂は「無産大衆食堂の模範」で「大衆本位の精神を維持」すると明言するが、ここには、いわゆる飯屋は非衛生、乱雑であり、弁当屋・一品料理屋は高いのみならず滋養がとれず、都市民衆のための食堂が存在しない、という認識がある。平民食堂はセルフ・サービス、立食形式（のち椅子となる）、豚肉・青物問屋の協力で開業した。

前年一九一七年（大正六）九月一日に、暴利取締令が出されるほど物価が高騰し、そば五、六銭、天丼二五銭というなかで、物珍しさも手伝い、平民食堂には日々七~八〇〇名の来食者があり「五百名を限りて食事を供し、其他は御断り致し居る有様」（『平民』第八〇号〈一九一八年一月一〇日〉）をみる。『平民』第八六号（一九一八年六月二〇日）によれば、利用者は一九一八年（大正七）三月――

一万三、三八七名、四月――一万一、八三二名、五月――一万五九五名と一日平均三八九名を数えた。[**] これを職業別にみると、官吏・会社員・銀行員三五％、学生三二％、車夫・人夫一三％、商工業者一三％、その他六％となり、加藤の対象とする新中間層が七〇％ちかくをしめるが、遠隔地から通勤・通学する彼らが朝食を多く利用した結果であろう。八三・四％の人々は豚汁（＝平民汁）、残り一六・六％が煮付党だが、平民食堂では季節の野菜を使ったあたらしい献立を一週間ごとにつくり、栄養価とともに献立の工夫もみせている（〈表一二〉平民食堂献立表）。

＊　罫紙七枚にカーボンで書かれている。日付の記載がないが、一九二八年（昭和三）に作成されたと思われる。

＊＊　『平民食堂規約』に、「震災前の来食者一日千人以上」と記されている。また一九三二年（昭和七）八月一〇日の『凡人の力』第三二〇号は、協調会の調査を利用し、一九三〇年度中の平民食堂利用者延四二万三、三〇八名、一日平均一、一六〇名で、当時の公衆食堂二五ヶ所のうち第四位と報告している（一記者「統計に表れたる平民病院及び平民食堂」）。

平民食堂は従業員に、食堂が相互扶助の事業であり「之に背く商略や営利法を取らざる様飽迄質素を旨とし衛生上清潔を守り質扑切実の風儀」（「平民食堂規則」『平民食堂規約』所収）を保ち、酒を禁止しているため、酔客を入れないよう注意した。また来食者に「相互の不利を成さゞる公道心を守り卓上の乱雑器具の汚穢及鉢どんぶり等の散乱に注意し自身に食後の整理をする程(ママ)に訓諭訓煉せしむ可き事」（同右）を要求し、細かい配慮をみせる。また、来食者の要望も積極的に聞き、立食は不便、飯の分量が少い、味つけが淡白である、時間がかかる、食堂の設備が不完全などという彼らの意見に、食堂主任が『平民』誌上で返答した。経営は困難で、当初はなかなか収支があわないというが、加藤は「兎に角沢山の人が来て呉れゝば収支は償ふ」（「平民食堂の経営」『平民』第八八号〈一九一八年七月二〇日〉）と訴える。こうして平民食堂は、病気の救済、権利の覚醒とすすめられてきた加藤の事業が、日々の生活に直結する食生活にむかい、「物質的に多少なりとも、彼の平民階級に対し慰安を与へ」（「平民食堂を開いて」『平民』第八一号〈一九一八年二月一〇日〉）る事業の実現であった。平民食堂の経営にいたり、加藤はより広範な都市民衆に接触し、生活に根ざす救済事業を一層多様にする。平民食堂は、大江天也、向軍治、田川大吉郎、本山彦一、阿部浩、南挺三ら郡市問題・社会問題に関心をもつ人々の来訪も得るなど、着実に支持を拡げていく。一九一九年（大正八）三月には、平民洋食（パン二切、ビフテキ、野菜、紅茶。三五銭）を供給し、三月一七日には、平民病院名古屋分院横に平民食堂名古屋支部を設け、平民食堂は社会政策実行団の中心事業の一つとなる。

このほか、加藤は「すべての生活必需品を公営」（「生活必需品の公営」『平民』第八五号〈一九一八年六月一〇日〉）にせよと主張し、原価による食料販売（野菜・味噌・豚肉など）もおこない、人々の食生活救済に正面から取組む。さらに「材料を精選し諸経費を節約して、出来る丈け安く、そして身体の為めに成るものを供給」（無署名「パンは平民パン」『平民』第一五〇号〈一九二二年四月五日〉）しようと、東京府下大井町字倉田に工場を建設し、*一九一九年（大正八）一一月一一日から平民パンの製造にのり出す。平民パン一斤一三銭（のち一五銭）、このころ食パンは一斤一四銭（一九一八年）であり決して安価ではないが、食生活の合理化を目ざし、米食にかわり簡便なパンを供給し、おりからの米価暴騰に対する方策とした。また平民パン工場は、社会政策実行団の事業が相互救済から一歩ふみ出し生産活動を開始したことでもあり、理念的・精神的結合にさらに具体的な生産の場での高次の結合をもたらすことにもなった。もっとも、社会政策実行団は平民パン工場が中軸とならず、生産を媒介とした組合に転換しえないが、生産活動をくみこんだことは注目しておきたい。そして、一九一九年（大正八）一一月に平民病院駒形分院が浅草区駒形町河岸に移転したのちは、跡地に平民パン工場製造のパンを使用した平民パン食堂を開設し[＊＊]、野菜付ビフテキ、スープ、パン、紅茶（三五銭）や平民シチウ、パン、紅茶（一五銭）、パン雑煮（五銭）を供給、味附平民パン（二銭五厘、五銭）の技術開発もおこなう[＊＊＊]。

＊　工場規模やパンの生産量は不明だが、石垣敏行ら五名が、この事業にたずさわっている。

＊＊　一九一九年（大正八）一二月二日に開設された。なお、平民パン食堂の二階には、平民法律所駒形事務所（第二平民法律所）が設けられている。

＊＊＊　一九二〇年（大正九）三月一日から、平民食堂でも洋食を提供する。

加藤は一九一九年（大正八）一月、さらに「中流下層の社会に於ける完全なる金融機関と為し、以て此の不安なる社会状態に対する、有力なる一個の事業」（「平民銀行設立趣意書」ビラ一九一九年一月）として、平民銀行設立を計画した。加藤は先に庶民金融機関を検討し、勧業銀行や無尽が民衆の利益とならぬことを論じたが、「最初より営利を目的とせず、広く中流下層民の小額出資を求め、殆んど一個の信用組合として只管低利資金の貸出しに勉め、上流富裕階級に利用せらるゝことなく、純然なる相互扶助、共同救済の金融機関」（同右）たることをはかる。平民銀行は、生活資金でなく営業資金に比重をおき、実際上、新中間層より旧中間層に利益を与えることになろうが、資金不足のため実現はしなかった。

こうして食生活、金融面へと加藤の事業は拡大し、これまでの平民病院、平民法律所が都市民衆の非常時における救済をはかるのに対し、あらたに平民食堂、平民パン工場、平民銀行という日常そのものの困難を救う事業を設ける。おりしも米騒動により、地域団体が社会事業への着目をようやく開始し、職業紹介所、簡易宿泊所、簡易食堂、公衆浴場、公益質屋、公設市場が設置され、神田昌平橋際に開設された簡易食堂など、「一日二千名を超過し」「最大限を尽しても収容し切れず日々数百の気の毒な人々を空しく帰らせてゐる」(『東京朝日新聞』一九一九年六月一日)という状況であった。のちになるが、一九二七年(昭和二)四月五日に浅草三味線堀に開業した市営の公衆食堂は、鉄筋コンクリート二階建、階上は七〇名の定食席、階下は「パン、コーヒー、ミルクをすすり乍ら一寸休養する事の出来る二十人を収容する休養室」、定食は朝一〇銭、昼・夕食一五銭、パン八銭、コーヒー五銭、うどん一五銭で、「質に於ても量に於ても市中よりは遙に大勉強」(『毎夕新聞』一九二七年四月九日)と本格的な施設となっている。だが、これらは恩恵的・慈恵的事業にほかならず、市営食堂の場合、つねに市会議員と業者が結托、「魔手」をのばし私利私欲をはかり、「醜聞」がたえない。また民間業者との折合いもわるく、公益質屋に関しては「全国質屋連の陳情」(『時事新報』一九二七年一月二三日)があいつぎ、「民営質屋を圧迫するな」と全国同業者大会も開かれている。

このとき、加藤は都市民衆の相互扶助を基礎におき、独力で公に頼ることなく、事業を次々に拡大し、意識的空間を切り拓き、共同社会実現の布石を敷いた。都市民衆の生活難に発しながらも、一方は、彼らの力におののき権利意識を眠りこまそうとし、他方は、彼らに共感を示し権利意識を自覚させようとし、その相違が、事業の私物化・利権化と活性化との差をみせる。加藤は新中間層を対象としていたため、借地問題、市区改正など地域に根ざした問題には対応を欠いていたが、何らかのかたちで社会政策実行団の事業を利用する人々は、このときまでにすでに累計二〇万人という。都市民衆を基軸にすえた都市問題解決のための創造的・多面的事業を展開したといいうる。

中産階級は浮草に等し

中産階級論と共同生活会への改称

事業が拡大される時期は、加藤時次郎が救済対象としていた「中等貧民」内部に変化がみられる時期でもある。一九一八年（大正七）夏に日本全国に展開された米騒動は、職人、車夫、人夫、日雇など都市雑業者と職工が、彼ら個有の主張と生存権をかかげて起ちあがり、激しい行動をともないつつ、同じ「中等貧民」の新旧中間層との別離をはっきり告げたできごととなった。職工は、こののち労働者の自覚をもち、階級としての結集をおこなう。加藤は、米騒動に中間層が参加しないことを安堵する一方、労働者の台頭に大きな刺激をうけ、あらためて、生活にもっとも困難を感じ「社会活動の原動力」である「精神的労働をなしつゝ、ある中層階級」（「米価応急の一策」『平民』第九〇号〈一九一八年八月二〇日〉）に自己が立脚することを表明した。そして加藤は、彼らを「中産階級」「有識無産階級」「平民」「中等階級」などとよびつつ、「中層階級救済の緊急問題」（『平民』第九一号〈一九一八年九月五日〉）、「予の唱ふる平民主義」（『平民』第九九号〈一九一九年一月一五日〉）はじめ、一九二〇年（大正九）までの二年間に一五本におよぶ「中産階級論」を発表する。

ここで加藤は、「中産階級」は「上に富豪上流あり、下に労働者下層階級ありて、上にも下にも何れへ対しても板挟みの状態にあつて、双方から押しつぶされて苦しんで居るサンドウヰチのやうなもので、誠に気の毒な人達」（「平民の意識」『平民』第八三号〈一九一八年四月一〇日〉）だが、社会の大部分を占め「中堅」をなす彼らが動揺・疲弊すれば、たちまち社会全体が衰微することを強調し、社会政策の徹底により、彼らに「自由平等の権利」を与えるべきことを説く。

とともに、「中産階級」にむかい、「資本家に従ふか労働者の味方となるか此二つ」（「智識ある無資産階級」『平民』第一〇六号〈一九一九年五月五日〉）のどちらを選択するかと問いかけた。そして「余が結論としては、智識ある無資産階級者は、其官吏たると人民たるとを問はず、其差別城府を設けず、宜しく団体結合して其団体結合の力に依つて自己生活の安定を鞏固にすると共に、大に労働者教育の任に衝つて、以て資本労働の調和に健全なる仲介者となり、以て最も健全なる社会の中堅となるに努む可きである」（同右）と述べ、労働者、資本家に同化することなく団結し、自己の立場を貫くように主張した。双方と敵対せず、かつ従属せず、労働者、資本家と協調しつつ「中産階級」の立場を保持する姿勢は、彼らの相対的独自性を強調することでもあり、『平民』は、加藤の論説のほか、斉藤嘲爾「資本家三省せよ」（『平民』第一四四号〈一九二〇年一二月二〇日〉）、岡野辰之介「中産階級の運命（上）（下）」（『平民』第一四五号、一四六号〈一九二一年一月二〇日、二月五日〉）を掲げる。

また加藤は、一九二〇年（大正九）二月一五日、肥田理吉*（自由評論社社長）、斉藤嘲爾（献文社）が中心となり結成した中産階級団の発会式に、江原素六、上杉慎吉ら四〇名とともに出席した。斉藤は、加藤が中産階級団の相談役であり、「肩を入れてくれたことは大変なものであつた」（斉藤貢『転換日本の人物風景』一九三二年）と記す。中産階級団は「富豪の横暴を抑止し労働者の暴力を警め飽迄も皇室中心主義に立脚して中産階級者の結束を強固にし以て健全なる社会政策を行ふ」（大原社会問題研究所編『日本労働年鑑』一九二一年）と宣言し、普通選挙の施行、労働団体の善導、金権政治の打破、中庸思想の宣伝、「危険思想」の撲滅と「頑迷思想」の打破、および中産階級の向上発展を「綱領」としている。

＊ 原敬、板垣退助の指導を仰ぎ、一九一三年（大正二）二月二〇日結成された、立憲青年自由党の総理（肥田琢司『政党興亡五十年』一九五五年）。なお、同党の機関誌『自由評論』に、加藤は多く執筆する。

では、この時点で加藤は、具体的にどのような人々を「中産階級」としていたであろうか。加藤は、「動産不動産の、以て遊食して一家族を支ふるに足るもの無く、給料或は報酬に因つて生活せねばならぬ者で、我輩は月収五百円以下の者は悉く無資産者として平民階級に属す可きものと認めて誤りは無からふと思ふ。平民とは約言すれば無資産者にして非権力者であると言つて宜からふ」

（「軍人警官是亦平民也」『平民』第一一七号〈一九一九年一〇月二〇日〉）といい、下級官吏、教員、会社従業員、銀行員さらには軍人、警官までをその範囲とする。私はこれまで新中間層と記してきたが、生産手段をもたぬ俸給生活者であり、第一次世界大戦下に急速に増え、このころ啓明会（教員組合一九一九年）、東京俸給生活者同盟（一九一九年）、全国タイピスト組合（一九二〇年）を結成するなど、あらたな動きをみせてきた人々である。

加藤は一方で彼らの結集に力をえて、事業を急速に拡大したといえるが、彼らの団結は、労働者の促迫への対応と生活防衛のためでもあり、生産手段をもたない分だけ危機感はつよい。加藤も「今や新時代の警鐘は智識階級者の智識にのみ依頼して生活するを許さず、智識階級者が自から鍬鋤をとり、自からハンマーを振ひ、自からハンドルを握つて肉体労働を為す可き時機の来れるを告げて居ります」（「智識階級の肉体労働者時代は来れり」『平民』第一一三号〈一九一九年八月二〇日〉）と不安を隠せない。新中間層の不安定さと労働者の台頭への焦慮は、加藤に揺れを強いる。加藤は、事実の充実、拡張は多額の資金を要することもあり、資本家に手をさしのべ提携を試みるに至った。

一九一九年（大正八）五月、加藤は『平民』に突如「特別広告」を掲げ、社会政策実行団を共同生活会と改称する。「社会政策実行団は決して政治団体では無い、共同の力に依つて安易な生活を営まうといふ平民階級中の有志の組合である事」（無署名「特別広告社会政策実行団改称共同生活会」『平民』第一〇七号〈一九一九年五月二〇日〉）が、ただちに諒解できるようにするための改称という。だが実際は、のちにあきらかにしたように、資本家に「社会政策という名称は、動もすれば社会主義の団体と誤まらるゝ懼れがある」（無署名「共同生活会は再び社会政策実行団と改称す」『平民』第一二四号〈一九二〇年二月二〇日〉）といわれており、「吾等は資本家と提携する必要上余儀なく呼び慣れた社会政策実行団の名称を棄て、共同生活会と呼ぶ事にした」（同右）のである。[*]あらたに、三菱汽船会社調役から日本郵船社長となり、ベルサイユ講和会議に実業家代表として出席した男爵近藤廉平を顧問に戴き、実業界の有力者、華族に共同生活会入会勧誘状を送り、寄附金を募り、賛助員には資金不足を訴え出資を要望した。

＊　一九一九年（大正八）五月、共同生活会改称とともに、幹事に加藤、飯田旗郎、塩島仁吉、石川半山、評議員に大井憲太郎、牧野充安、向江都知三ら二六名を選出したが、幹部に多少移動がある以外は、社会政策実行団時代と変化はない。

もとより加藤の事業は、慈善を排し民衆の自立と自助に基くが、「多数国民の問題は即ち全社会の問題であり、従つて又国家問題でありますから、富豪貴族の人々と雖も、苟くも世を憂ひ国を思ふの心がある以上、我々の自助的事業、相互扶助的事業に対し、之に力を借して相共に国家社会を救ふの至誠と情義と識見と覚悟とがあるべき筈であります」（「資本家に対する小生の断乎たる決意」ビラ　一九二〇年一月）といい、『「心ある』富豪貴族の人々に対しては、十分なる理解の下に其援助を求め、相共に国家社会を救ふの道を立てやうと考へ」（同右）る。[*]そして岩崎家より五万円、雨潤会陸奥広吉より七〇〇円、富士紡績会社社長和田豊治より二、〇〇〇円の寄附をうけ、賛助員からは飯田巽・各務幸一郎より各五〇〇円、土方久敬・小笠原長幹・根津嘉一郎より各三〇〇円、長松篤棐・石川ようより各二〇〇円をはじめ、四、三七〇円の出資をえた。

このうち大口寄附――雨潤会の五〇〇円は、平民病院駒形分院手術室設置費用とし、岩崎家の五万円中、三万円で平民パン工場を建設し、一万五、〇〇〇円で駒形分院の移転をおこない、残る五、〇〇〇円で東京府下大井町に「平民階級者の為め実費にて細菌試験の依頼に応ず」る平民衛生試験所を設け（一九一九年九月）た。さらに和田豊治の二、〇〇〇円は、公共質店の設置にあてている。

＊ 加藤はこのほか、平民銀行を計画したさいも「上流富裕の社会に於ける国家社会を念とするの士が、尋常営到の念を離れ、進んで有力なる出資者と為られんことを懇」（「請平民銀行設立趣意書」）し、「趣意書」を有力者に郵送した。現在「平田東助関係文書」（国会図書館憲政資料室）に、見出し得る。

だが、加藤の呼びかけに応じ、寄附をおこなうものは、むしろ例外であった。「社会政策実行団改称共同生活会の檄」（ビラ 一九一九年六月）によれば、華族六八〇名、実業家三〇〇名に共同生活会への賛同を呼びかけたところ、賛助を得たのはそれぞれ七九名、一三名にすぎず、「大部分は返信用の葉書を取りつ放しで諾否の回答さへも送られ」ない。会合通知案内にいたっては、三三二通発送したうち、出席する旨を返答したもの二二名、実際出席したものは五名というありさまで、華族・資本家の側は、加藤の提携の申し出など一顧だにしない。このため加藤は、「我等は最早や断じて彼等に依頼せぬ事に決した」「而して余は大正九年を期して、断乎資本家と絶ち有識無資産階級者諸氏と共に歩みを進めんのみ」（「吾は資本家に絶望せり」『平民』第一二二号〈一九二〇年一月一五日〉）と宣言、『平民』第一二四号（一九二〇年二月二〇日）に「最早徒らに曖昧不鮮明な名称を用ゆる必要な無くなつた」と記し、再び社会政策実行団を名のった。そしてこののち、加藤は二度と資本家・

華族に幻想をもつことなく、中産階級個有のありかたを、労働者との関係でさぐりはじめる。

労働問題へ

これまで、加藤は労働者に共感をよせていた。一九一六年（大正五）一〇月五日、『生活の力』第五三号で「労働組合の必要」を説き、「組合員の数が多くて、其の団結が鞏固で、そして多額の積金を持つてゐなければ、資本家に対抗して勝利を得る訳に行かない」といい「何しろ大きな組合を作る事が肝腎だ」と述べていた。そして、彼らと中産階級の差異が明確になるこの時期にも、その姿勢は変わらないばかりか、加藤の労働者・労働問題への好意あふれる発言は、数を増す。ここには、労働者が個有の主張をもち、台頭するのは世界的大勢であり、必然的に惹起する労資対立は放置すれば社会の危殆をまねくという観点から、彼らに着目する点も皆無ではないが、加藤は、労働者の困窮する生活や権利から疎外される状態に、中産階級との共通性を見出し、労働問題の解決をはかったといえる。そうであればこそ、労働の下請制・請負制度の不合理性を説き、労働者が「工場に於ても、何方に於いても、ナマけるのを誇りとし、ナマけるのを偉らしとして居る」（「労働者の懶惰病」『平民』第一三七号〈一九二〇年九月五日〉）ことを指摘、彼らに「苦言」を呈す。また、労働運動家が労働者から零細の金を集め徒食しているさまを批判し、あるいは「欧米の労働状態を目睹し、親しくその実情に接触して帰朝しながら、帰朝後忽ちに資本主としての心情を遺憾なく発揮」（「労働運動者の陋」『自由評論』第七巻第一〇号〈一九一九年一〇月一日〉）する鈴木文治を論難した。

加藤は、だが「労働問題の第一要義は、労働者に権利の自覚を与ふる事であらねばならぬ。労働組合は即ち彼等に其権利の自覚を与ふるもの」（「労働問題解決の第一歩」『平民』第一〇一号〈一九一九年二月二〇日〉）と、権利意識に主眼をおいた労働組合がもっとも重要であるとし、その発達を目ざして、一九二〇年（大正九）一月二〇日、縦横社より『労働組合早わかり』を上梓する。同書はB六版、定価一円二〇銭、二四三ページの書きおろし著作で、「我邦の実際に当つて、労働組合設立者の参考となり、一般労働階級の読物」たることを目論む。まず第一篇で「労働組合の必要及び発達の機運」を説き、第二篇で古代ローマ、ギリシアの「労働組合」から中世のギルドなど、世界史における「労働組合」の発達を概観し、第三篇でイギリス、フランス、アメリカなど「欧米各国労働組合の現状」にふれ、その紹介をする。第四篇では、江戸時代の「同業組合」「職人組合」、日本最初の労働組合である鉄工組合はじめ、矯正会、活版工組合、誠友会、船大工組合の結成を「日本労働組合の歴史」としてふれ、「現存の労働組合」――信友会、友愛会、革進会、大阪鉄工組合、小石川労働会、S・M・U、労友会、大進会、日本連合労働会、小学教員組合など一五組合の沿革、人事に説き及ぶ。そして第五篇「労働組合内部の組織」では、各国の代表的労働組合の規約を掲げ*一覧に供し、実際上の参考に資す。だが、第二篇以下は概説書の域を出ず、加藤の創見はうかがえない。

＊ 日本の組合でとりあげられているのは、信友会、大阪鉄工組合、友愛会、友愛会鉄工部、電工組合、啓明会で、巻末には「入会申込書様式」まで掲げられている。

『労働組合早わかり』で加藤が労働組合論を展開したのは第一篇である。彼は、労働組合を公認せず治安警察法第一七条により「事実上にストライキを犯罪視」し、温情主義、労資協調で「眩惑」する政府や資本家に頓着することなく「善く世界の大勢を見定め、欧米諸国の先例に学び、どしく本式の労働組合を設立する事に努力」せよ、と労働者によびかけ、組合の必要性をいう。そして、労働者の生活から説きおこし、その改善・向上のためには「労働を売る時の条件を善くす」るにしかず、多数団結すれば「雇傭条件を改善することは朝飯前である」。物価騰貴を憂うるよりは、資本家に利益をはき出させ、「労働力」を高価に売りつける手段を廻らさねばならぬと述べる。また、「労働組合は殊更らに同盟罷工をするものでは無い」ものの、賃上げ要求が却下されれば同盟罷工に及び、多額の組合基金さえあれば「裏切り者」や「家庭に於ける悲劇」をみることなく、長期間の罷業をうちぬき、要求をとおせるとした。すなわち、「一人々々では如何に頑張つても資本家は屁とも思はない。けれども全工場が一致協同すれば梃でも動かぬこと丶なり資本家も譲歩するより外は無い」と労働者の多数団結の力を強調する。つづけて、「労働組合は一個の攻守団体である。労働条件改善に対する戦闘的団体である」ことを、縷々説明する。

加藤の労働組合論を、経済主義と批判するのはたやすい。だが彼は、労働者が団結し資本家に対抗することを「金力と衆力の対決」と表現し、団結こそ労働者の力の発露と説き、賃上げ・工場設備の改善要求などを行うよう促し、労働者固有の権利であるストライキも容認した。しかも、一九一九年(大正八)一一月の日付の序文をもつ『労働組合早わかり』が執筆されたのは、まだ共同生活会として資本家との提携を試みていたときである。加藤は資本家に期待を寄せつつも、労働者に共感をよせ、彼ら固有の権利や資本家との経済上の争いを見のがすことがなかった。「国際労働会議にも其の正式の代表者を出し猶ほ労働問題の一切について世界各国の労働階級と提携し、国内に於いても国際に於いても、資本家と対抗して能く其の強大な威力を示す事になつた時、初めて日本が本統(ママ)の文明国となり、日本の労働者が本統(ママ)の文明的労働者となる」というのである。

加藤は、一九一九年(大正八)に、東京各新聞社印刷工の組合である革進会に一五円寄附し、山口孤剣を介して、労働運動家で当時『東京毎日新聞』記者であった加藤勘十と知りあうものの(加藤勘十『自叙伝』一九六三年)、もちろん労働運動に参画することなく、あくまでも自らは中産階級に立脚する。いわば中産階級と同じ生活難をあじわい、多数を力とし団結以外にそこから脱却する手段がない労働者を、中産階級の友として啓発した。こうした加藤の主張は、これまでの事業による救済もふくめ、S・M・U(サラリーマン・ユニオン)に類似しているように思われる。

S・M・Uは、一九一九年(大正八)九月二八日、杉原正夫により、東京俸給生活者同盟として結成された。機関誌『月刊　俸給者』第三号(一九二二年一〇月五日)によれば、監督顧問は河津暹、顧問に神戸正雄、安部磯雄、石原修、幹事に桂皐、伊藤憲之、杉原正夫が名をつらね、俸給生活者の「生活改善ニ関スル資料」の調査・蒐集、消費組合・医薬救済所・職業紹介部、さらにはSMU会館の設立を計画(「SMU趣旨及規約」第三条)する、俸給生活者の相互共済団体である。彼らは、第一次世界大戦をつうじて「筋肉労働者」の権威が増大し、「之に応じて俸給生活者の権威は次第に衰頽し脅威を蒙る」(黒川緑雨「俸給生活者と其の組合」『月刊　俸給者』第三号〈一九二二年一〇月五日〉)とともに、資本家の事業独占により「一切の事に関して資本の掣肘を受けなければならないやうになつた」(同右)という危機感をもち、(明言してはいないが)労働組合にも親近感を示す。俸給生活者という都市新中間層を結集した団体がもつ問題関心は、加藤が披瀝したところと重なるのみならず、S・M・Uは一九二二年（大正一一）四月一日に、東京王子にSMU実費診療所を設置、[*]救済事業を開始し、一層その相貌を似せた。

＊ 診察無料、投薬実費で二ヶ月間に一、四六五名、五六七円八〇銭の成績をみる（『月刊 俸給者』第三号〈一九二二年一〇月五日〉）。こののち、一九二三年（大正一二）二月二二日には、東京大塚に、SMU大塚診療所（のち医薬救済部）を開設している。

だが俸給生活者の組合が、関東無産俸給生活者組合（一九二五年一一月）、日本俸給生活者組合聯盟（一九二六年五月）と労働組合化していくのに対し、加藤は中産階級の立場を貫く。加藤は資本家との提携を破棄したのち、「中産階級はどうしても労働階級と結ばなければ勢力を得られないし、何れは労働階級に墜落する運命を持つて居る」（「中産階級は浮草に等し」『平民』第一三四号〈一九二〇年七月二〇日〉）と労働者との提携を主張し、一方による他方の同化や従属ではなく、連帯の途を追求した。「労智協調」と表現するが、中産階級のもつ「智識」に着目し、「労働者をして智識階級に近づかしめ、智識階級をして労働に狎れしめる」（「労智協調策」『平民』第一四六号〈一九二一年二月五日〉）ものであり、相互に独自性を保ちつつ、対等の立場での協力・共闘をはかる。加藤は「労智協調」により中産階級の活路を見出し、この理念にもとづく新たな事業を開始していく。

平民的生活団体の新たな地平

平民社労知組合

一九二一年（大正一〇）八月一〇日の『時事新報』「横浜横須賀版」は、「内田造船所の社宅を／労働者の慰安場に／加藤時次郎氏が八万円で買収して／横浜社会館に似たものを経営する／六十一家族が現在生活」という記事を掲げ、加藤の新しい事業の開始を報じた。

一〇月一日に平民社労知組合と命名され発足するが、横浜市神奈川町字子安小字七島に九坪家屋七戸、九坪二合五勺が四〇戸、七坪五合が一〇五戸、七坪二合五勺が六戸、総計一五八戸の家屋を経営、「建坪一坪に付一ヶ月一円の割を以つて掛金を為す」（「平民社労知組合規約」第三条[*]）「理想的住宅組合」である。総面積は三、一〇六坪、家族を含めた総人数は四、〇〇〇名といい[**]、安価な住宅を中心に共同の食堂、物置、炊事場、さらに野菜・薪炭の共同購買所など共同相互扶助施設をもち、「それに依つて多数団結の習慣を作り、経験を積み、次第に紀律あり、訓練ある共同生活団体を編成し、以つて有力なる模範組合を拵へ上げ」（「平民社労知組合趣意書」『平民社労知組合規約』所収）るという目的をもつ。

当初は「我々は此の機会に於いて、一個の模範的労働組合若しくは模範的労働村を建設したい」（ガリ版「平民社労知組合趣意」）と「労働者」、「労働組合」という表現がみられ、労働者への接近も示すが、労知組合という名称にうかがわれるように、「労智協調」策にもとづいた新たな事業にほかならない。もっとも、実際に組合員の大半を占めたのは職工で、加藤の思惑は少々はずれる。だが、加藤は「一般建築土木工事ノ設計及請負ヲスル」（『平民社労知組合　営業案内』発行年不詳）平民社労知組合建築土木請負部を結成、請負部は「精々廉価ナ工事費デ迅速ニ竣工」を期す一方、「月賦住宅ノ建築ニ関シテハ社会奉仕ノ為メ特ニ普通家賃ノ仕払ヒ額位ニテ五年後ニ自分ノ家ニ成ル様契約致」した。そして、この請負部に「技術員等ノ知識階級(ママ)ガアリマセン故、小林助市氏ヲ嘱托技師トシ」（同右）、「労智協調」を実践するのである。

＊　『平民社労知組合規約』（パンフレット　一四ページ　一九二一年一〇月）に収録されている。

＊＊　平民社労知組合の組合員について、詳しいことは不明である。ここでは、岡千代彦「平民社労知組合の思出」（『凡人の力』第二九八号〈一九三一年八月一〇日〉）によった。

＊＊＊　一九二一年（大正一〇）九月に出されたが、パンフレットとは若干の字句の相違がみられる。

平民社労知組合はまた、医療、法律、娯楽、金融、食生活の領域に事業を経営し、都市民衆を救済してきた加藤が、資金面などからもっとも着手しにくい住宅を軸として結成した組合である点にも注目したい。第一次世界大戦後に、住宅問題は深刻な事態をみ、家賃・敷金の高騰、権利金の設置がおこなわれ、九割までが借家人である都市民衆に「空前の住宅難時代」を現出するなか、加藤はこの問題に取組む。一九二二年（大正一一）一一月の協調会『第二回　全国家賃調査』によれば、一畳あたりの価は一円五〇銭前後、家賃は一五円から二〇円前後がもっとも多く、平民社労知組合の一坪あたり一円という価は、三割以上安いこととなる。しかも労知組合の家屋は、単なる借家ではなく、組合員の払う金を家屋購入費などの組合負債金（七万円）の償却にあて、償却が完了した時点（加藤の計算では七―一〇年後）において、組合員に譲渡される。彼らが毎月支払う金は、家賃のように払い捨てになるのではなく、積みたてられ、その金により遠からぬさきに持家となるのであった。

このような住宅組合を結成する場合には、資金がいつも問題となるが、加藤はどのように調達したのであろうか。さきに掲げた『時事新報』が報ずるように、平民社労知組合の住宅は、もと船成金内田信也の内田造船所社宅であり、加藤は一五八戸を四万五、〇〇〇円で購入した。このほか、病院、共同炊事場、共同食堂などの施設費、修繕費に二万円かかるが、これらの費用は「予（加藤――註）が星を戴いて出で、月を踏んで帰る程の勤労から生んだものと、団員（社会政策実行団――註）費と、三菱からパン製造費として与へられたもの、幾分とである」（「住宅資金の出所」『平民』第一六一号〈一九二二年九月二五日〉）。加藤はあらたな寄附を募らず、社会政策実行団団員の多数の力と自力のみで、「殆んど四面楚歌の間に於いて、疾風の如く」（同右）住宅組合を設けた。そして、収支計算や予算、さらにこうした経過を加藤はすべて組合員に公表し、彼らの信頼を得ることにもつとめている。

この平民社労知組合は、病院はじめ食堂など加藤がこれまで経営してきた施設を内に包摂するとともに、空間的に離れた人々を対象とする事業ではなく、同一地域に人々を居住させ、救済を試みる点に最大の特徴をもつ。「組合員遵守事項」(『平民社労知組合規約』所収)には、組合員は月番で衛生主任、消防主任をつとめ、洗濯、食事、入浴はそれぞれ組合洗濯所、食堂、組合浴場を利用し、病気のさいには平民病院子安分院で治療するように定められている。共同生活による日常生活の合理化が、はかられた。しかも「組合員は互に礼節を重んじ方正勤勉を旨とし、禁酒禁烟を厳守し、常に物質的進歩と共に精神的向上を期」(「平民社労知組合規約」第二〇条)し、彼らは「一大家族なれば相互親睦するを要す」(同右 第二一条)と、文字どおりの生活共同体であることを強調した。

平民社労知組合の運営は、「共同協力を以って根本精神とし総べて合議制」(同右 第八条)で、総務加藤、理事加藤さき、木下三千太郎、榊原龍之輔、吉村茂徳、岡野辰之介のもと、組合員は二〇戸に一名の割合で委員を選出し、さまざまな建議を行う。娯楽にも力をいれていたことは、一九二一年(大正一〇)一〇月一五日に、第一〇二回みのる会が労知組合内で催され、曽我廼家五郎が「善悪二筋道」「禁酒」を演じたことでも知れる。加藤は、労知組合で漸次着手すべき事業として、各種職工養成所、農牧場、職業紹介部、職工請負部、信用組合、和洋服裁縫所並に講習所、労知教育所、看護婦養成所、娯楽所、運動場、妊婦収容所、児童収容所、消毒所などをあげ、「完全なる独立都市といふも不可なきを期する方針」(無署名「理想的住宅組合」『平民』第一五九号〈一九二一年八月二五日〉)を宣言するにいたった。

もちろん、困難をかかえた人々が来るのを待ち、それを解決する従来の事業とは異なり、平民社労知組合は生活を共にする事業であり、これまでにない問題がたちあらわれる。加藤の意向が組合員に徹しないことである。彼はガリ版刷りで「組合員諸氏に再び熱誠(まごころ)を罩(こ)めて警告(おしらせ)する」（一九二二年ごろ）を出し、「禁酒禁烟の如き組合の規則なと(ママ)全く蹂躙にして大に飲んだものがある想(ママ)だ。既に私か(ママ)五日に第二社宅を巡視しての帰途某妻君の如きは大びらに酒を提げて自宅に入りたるを見受けた位であるから其の余は押して知るべしである」といい、「昨暮迄に三ヶ月分も掛金を怠てたやうな者が多数あり、尚ほ又規則違反者も沢山ある」と嘆く。そして「厳重に規則を励行すること」を組合員に要望し、平民法律所所長の山県直道を、平民社労知組合の法律顧問とする措置をとらざるをえない。だが、事業を拡大し新たな試みを実践すれば、さらに新たな課題と障害が認識されるのは必然である。こうして平民社労知組合は、日常生活と非常時にかかわるいくつもの施設をもち、自治と団結にもとづく共同社会の実現にほかならないが、加藤のこれまでの事業の集大成であり、かつ新たな地平を切り開いたものであったといえよう。

都市論史上の実験

加藤は都市民衆の生活に具体的に寄与する救済事業を実践し、平民社労知組合という住宅を中軸とし全生活領域におよぶ総合的な救済事業に到達したが、この到達点およびここに到る事業の軌跡は、ひとつの都市論を形成している。これまで都市論といえば、もっぱら行政的側面から都市制度・法体系・公益企業・財政問題を重視し提出される都市構想を指し、第一次世界大戦を契機とする都市の発展を背景に、よりよき都市経営を推進した田川大吉郎、池田宏、関一ら都市政策家の主張がその代表とされた。だが、加藤の医療救済から出発する事業群も、都市政策家と同様、都市総体に目配りをしている。新たな都市建設の可能性を示唆するのみならず、都市問題解決のために「自治」と「都市装置」をそなえた共同社会構想、すなわち都市構想を打ち出しており、加藤は事業をつうじて都市論を唱えたといえる。もちろん、ここには市政や税制度への言及はなく、上下水道・港湾・道路など論じ残された都市装置も多いのみならず、理論化や体系化もされていない。しかし加藤は、都市の現実から出発し、都市民衆がかかえる困難をいまひとつの「都市」により解決しようと試み、その事業は欠落部分が多いにせよ、都市論として考察することが可能である。

こうした加藤の都市論は、私に、ロバート・オーエンの工場村、シャルル・フーリエのファランジュなど、世界史における「都市計画上のさまざまな実験」（L・ベネヴォロ　横山正訳『近代都市計画の起源』一九七六年）を想起させる。オーエンは、ニュー・ラナークの紡績工場に性格形成新学院という講堂、運動場、台所、食堂、倉庫まで備えた教育施設をもうけ、幼児から成人までの教育にたずさわった。彼は、さらに、工場を有し、共同炊事場、食堂、学校、礼拝堂、講堂、図書館、運動場、寮、病院、宿泊棟、託児所、倉庫、庭園、洗濯場、農園をもつ「コミュニティ」を考案、「政治経済的な前提から建物の計画、予算見積りにいたるまでのあらゆる面から検討」（同右）した。そしてアメリカのインディアナ州に土地を購入、「実験」を試みる。一方、フーリエは、ファランジュという生活共同体を計画、住民はファランステールという共同宿舎で生活し、ここには冷暖房装置、共同食堂、図書室、娯楽室、応接室、集会室が完備され、周辺には劇場、郵便局など公共施設を配置する構想を打ち出す。フランスでの実現化は失敗するものの、アメリカではフーリエ主義にもとづき四一ヶ所の実験的コミュニティが設立されたという。*

加藤は、オーエンには二回言及しているが、[**]「予は共産主義者としてよりも、社会改良家としての彼れを想ふ」（「オウエン生れて百五十年」『平民』第一五八号〈一九二一年八月一〇日〉）といい、オーエンの労働教育や「社会政策」に着目しており、そのコミュニティ活動も知っていたと思われる。加藤は日本で、あたかもオーエンのごとき「実験」を試みたとはいえまいか。

＊　オーエン『ラナーク州の報告』、『オウエン自叙伝』、フーリエ『産業的協同社会的新世界』などを参照した。

＊＊　もう一篇は、「社会政策概観」（『平民』第一九四号〈一九二三年三月二五日〉）である。

ただ注意しておきたいのは、加藤はオーエンの事業に示唆をうけたにせよ、その日本への移植という発想はなく、民衆と具体的に接触するなかから、施設の一つ一つの意味を確認しつつ設置し、都市民衆に実利を与える自前の都市論をつくりあげた点である。ひとつの理論体系、外来の思想に依拠しないことは、一面で同じ轍を踏み、すでに解決された問題をむしかえし、さらには視野が限られるものの、より着実に状況に適合した態度をとりうる。加藤の姿勢は、田川大吉郎ら都市政策家が外国の都市や都市理論をモデルとし、日本の都市の基準をそこにおき、そこへの到達を目的としたこととまことに対照的である。往々にして自治体官僚である都市政策家は、都市の理念から都市装置を演繹するため、都市民衆に目配りしつつも「上から」の都市論を展開するのに対し、加藤は民衆の実状から都市装置を検討し、いわば「下から」の都市論を提唱したのであった。

もちろん、救済事業を中核とする「下から」の都市論は、加藤の専売特許ではない。神戸の「貧民窟」に居住し一膳飯屋「天国屋」を経営、イエス団友愛救済所で無料診療を行い、歯ブラシ工場や購買組合共益社、神戸購買組合を設け、「貧民」を基底におく多様な事業を展開した賀川豊彦。廃娼運動をおこなうとともに、やはり「貧民」のために出獄人救済所、労働紹介所、救世軍病院、救世軍結核療養所、一膳飯屋「箱舟屋」、あるいは娼妓の救済施設「東京婦人ホーム」、貧民法律顧問部・身の上相談部をそなえた生活館「大学殖民館」、〝貧民窟〟に設置され慰問・給食・看護をおこなう「愛隣館」を設ける、山室軍平の事業も同様の試みといえる。

また、労働者の消費組合運動のなかから労働会館を建設し、労働金庫や文化義塾、相談部、日曜労働講座、労働劇団と、金融、学習、娯楽面までの施設をそなえた平沢計七ら共働社の事業。さらには、職業婦人の解放を希求する過程で休憩室、図書室、共同炊事場、共同洗濯場、食堂、宿泊設備をもつ「職業婦人の家」を計画し、保育部、簡易宿泊部、夜間女学部、妊娠調節相談部、職業相談部、講習会などの活動をおこなう「婦人セツルメント」を実現、「働く婦人の家」も建設した奥むめおの実践も、全生活分野にわたる救済を目ざした「下から」の都市論のひとつに数えられよう。*

＊ 賀川豊彦については、横山春一『賀川豊彦伝』（一九五一年）、武藤富男『評伝賀川豊彦』（一九八一年）によった。また、山室軍平は、成田龍一「山室軍平の都市事業」（『史観』第一〇五冊〈一九八一年〉）、奥むめおは、阿部恒久・成田龍一「婦人運動の展開」（鹿野政直・由井正臣編『近代日本の統合と抵抗』第三巻〈一九八二年〉所収）で検討しておいた。

しかも加藤は、一九一六年（大正五）七月一四日に山室軍平夫人・機恵子の葬儀に出席し（『ときのころ』第四九五号〈一九一六年八月一日〉)、奥むめおが一九二九年(昭和四)に「職業婦人の家」建設のために二〇銭の募金を行ったとき、多くの女性にまじり二円五〇銭を寄附した(『婦人運動』第七巻第四号〈一九二九年四月〉)。また、同じ一九二九年(昭和四)七月二五日に賀川豊彦が東京市社会局嘱託となるおりには、「賀川豊彦氏の社会局入り」(『凡人の力』第二七四号〈一九二九年八月一〇日〉)を寄せ、平沢計七が編輯する『労働週報』に平民病院の広告を掲げるなど、いずれの活動へも共感を示す。斉藤嘲爾は、加藤が山室軍平を「宗教で仕事をするのはゴマ化し」だと「罵倒」していたと伝えるが(斉藤貢『転換日本の人物風景』)、加藤はすくなくとも公の場では、山室をはじめとする人々の営為を一切批判非難せず、逆に好意をよせている。

私は、彼らの事業は都市問題から出発し、都市民衆の救済をはかるという意味で都市事業とよびたいが、今日まで、賀川豊彦、山室軍平は毀誉褒貶がはげしく、着実な資料にもとづいた検討が少なく、平沢計七や奥むめおのこうした側面は、閑却されてきた。ましてや都市史では、都市事業をとりあげることはなく、彼らの営みは全く無視されている。だが、都市事業による「下から」の都市論は少なからぬ民衆を具体的に救済し、共生空間を切り拓き、その視座から現実の都市を撃つことにより、新たな都市像を提出しており(少なくともその可能性をしめし)、都市史・都市論史上に決して看過しえない。そして、加藤時次郎はその代表的人物にほかならないのである。

さて、加藤の事業を支える思想は社会政策であり、おりから勃興してきた新中間層の活力(およびそれと表裏一体をなす危機意識)を基礎に労働者階級の台頭を刺激とし、社会主義者との提携も辞さず、*大正デモクラシーの一翼を担うことはすでにふれた。そのことは、都市民衆の生活に着目し、彼らの自治と共同をはかった点にもうかがえるが、加藤は、市民的自由や権利を、生活上の実利を媒介として都市事業という形態で展開したデモクラットであった。したがって、事業が発展するにつれ、加藤は「今後の余生、生命のあらむ限り社会政策のため没頭せん」（「真正社会政策の必要」『自由評論』第八巻第七号〈一九二〇年七月一日〉）と「真正社会政策」への邁進の決意を一層固める。加藤は、「社会政策は穏和なる社会主義である。社会主義が産業革命を唱道するに対し、社会政策は一歩々々現制度を改善して、完全なるものとしやうとする。其の手段に相違こそあれ、其の目的は一である」（「共産主義と社会主義」『平民』第一三七号〈一九二〇年九月五日〉）と述べ、社会政策と社会主義の共通性を力説した。

＊ この時期にいたっても、その姿勢をくずさず、一九二〇年（大正九）一一月一一日に開かれた石川三四郎帰国歓迎会に、安部磯雄、永井柳太郎、西川光二郎らとともに出席している。また、平民社労知組合に、かつての社会主義の同志である斎藤兼次郎を雇っている。

加藤のデモクラットたる所以は、おりから自治体により公設市場、公衆食堂が設置されることを歓迎しつつも、「其の費用の徒らに多くして、其の実質の之れに伴はざるは何が故であらうか。他なし、総べて今日のやり方は官僚的請負制度だからである」（「官僚的社会政策を排す」『平民』第一三二号〈一九二〇年六月二〇日〉）と、都市民衆の視点から厳しく「官僚的社会政策」を批判する点にも求められる。いや社会政策だけではなく、彼は「平民的立場」を貫くゆえに、官僚政治およびそれを支える資本家を論難した。官僚政治のもとでは、学問の独立、司法権の独立、言論の自由などあらゆる自由・権利を求めることは絶対に不可能である、と語気を強めて論じ、「立憲政治」も看板だけと断言した。

考えてみれば、加藤がこれまで拒否し抵抗してきたのは、民衆の権利・自由を疎外する官僚の画一的支配であり、民衆の主体性・自発性を認めず、お上意識をふりまわす官僚的思考、民衆の困窮に対応できない官僚組織の硬直性、さらに自由を希求する運動や行動を規制・弾圧する、官僚の取締りである。彼自身、官僚に社会主義者とみなされ行動を束縛されたが、加藤の生涯は、こうした官僚への対抗をつうじ、民間において自立した営為をおこない、民衆を基底にすえた価値を創出することにあった、といって過言ではない。そして、官僚主義批判の鋒先は、「民主思想の旺盛に伴ひ阿世売名の似面非学者、民主々義、社会主義の贋物が瀕々踵を接して現はれ」(「思想界の流行性寒冒」『平民』第一二三号〈一九二〇年二月五日〉)ると述べ、民本主義を唱える帝国大学教授たちへもむけられた。

大逆事件後に社会主義者が圧迫されていたとき、彼らは「官僚に阿附迎合して盛んに社会主義者を罵言し」排斥を試み、幸徳秋水ら刑死者の遺体解剖を拒否し、加藤の社会政策学会入会の申出を拒絶した。だが、それにもかかわらず、教授たちは、現在では吉野作造、福田徳三をはじめとして「我物顔、我れ発明顔」に民主主義、社会主義の研究をおこない、「虚名」をなしていると加藤はいう。「思想界の流行性寒冒に罹れる学者の流す害毒」(同右)とまで、語を窮める。また加藤は、一九二〇年(大正九)一月、『経済学研究』創刊号に寄せた「クロポトキンの社会思想の研究」で筆禍をうけた森戸辰男に対し、森戸は、官僚の禄を食みながら無政府主義思想を研究しており、官僚の忌諱にふれたのは（官僚政治で学問の独立が認められない現在において）当然であると述べ、いささかの同情もよせない。加藤は、「官」につらなるものとして教授たちの民本主義をとらえ、官に庇護される特権的立場とそのことへの無自覚、「変節」のすばやさに苛立ちを隠さず、彼らを批判した。むろんここには、いちばん困難なときに、自分たちが社会主義を研究し、社会主義者を保護したという自負もあろう。こうしたとき、加藤の「真正社会政策」にもとづく思想は、社会主義ではなく、また、吉野作造らの民本主義とも異なるものとなる。

『第二維新』と『性慾と道徳』

社会構想の提示
事業の試煉・思想の苦難
女性論・家庭論・結婚論
性をめぐる諸問題の考察

社会構想の提示

国内外の状勢認識

一九二〇年（大正九）二月、加藤時次郎は、長男時也に家督を譲る一方、七月に、さき夫人とともに福岡県田川郡後藤寺町の親戚加治三益（元簡のいとこ）の養子となり、加治姓に復す。複雑な手続をへての改姓で、『平民』第一三五号（一九二〇年八月五日）に「改姓御披露　旧姓加藤　加治時次郎」と報告しているが、本書では、こののちも加藤姓で記すことにしよう。

社会政策実行団の多様な事業に携わる加藤の毎日は多忙で、一九二二年（大正一一）二月二一日付の『労働週報』第三号に掲載された「平民病院広告」によれば、院長である彼の診療時間は、本院が月曜・水曜・金曜日午前七時——午後四時、駒形分院が水曜・金曜日午後四時——六時、横浜分院が火曜・木曜・土曜日午前七時——一一時、平民社労知組合の子安分院は、火曜・木曜・土曜日午後一時——三時となっている。* このほか、名古屋分院に毎月二、三回、大阪分院が管轄にあったときには、こちらにも出張し、監督・監査をおこなう。一日に三〇〇名に及ぶ患者を診るが、外科のため、手術のときは立ちづめとなるゆえ、足にゲートルをまいていた。遺族によれば、彼は毎朝四時前に起床、ただちに水をかぶり眠気をさり、読書や論文の執筆をし、朝食ののち、七時には病院へ出勤していたという（加治甚吾「岳父時次郎のこと」『加藤時次郎選集』附録　一九八一年）。

＊　夏期の時間で、冬期はそれぞれ一時間ずつ遅らされる。飯田旗軒「加藤時次郎」（『平民』第八四号、第八五号〈一九一八年五月一〇日、六月一〇日〉）も、加藤の多忙な様子を伝えている。

この忙しい日々にも、加藤は医学の研究をつづける。Hugo Sellheim, *Geburtshifliche Gynakologische Untersuchung*（一九二三年　産婦人科診察）、Alfred Grotjahn, *Das Gesundheitsbuch der Frau*（一九二二年　女性健康読本）などを購入し、医書の翻訳草稿ノートも五冊残されている。また外国の事情や世界の動静にも関心をしめし、外国の新聞・雑誌から心覚えのため翻訳をし、＊「禁酒運動ニ就テ・医師ト保険（ミュンヘン市）」（四〇枚）、「エルフルトの二個の問題たる提議（政府様式・商法・行政）」（二九枚）、「各国に於ける社会変革の歴史」（一九三枚）、「独逸社会党プログラムの哲学的基礎に就て」（三六枚）、「アドルフ・ブラウン氏『社会党議題の修正時代が与へ（ママ）られてあるか』」（二七枚）、「Robert Owen zu seinen 150 Geburtstag」（二八枚）をはじめとする草稿——四〇篇あまりが、遺族のもとに残された。

加藤時次郎の筆跡

ドイツ語に堪能な加藤は、このように事業を次々に拡大していくさなかにも、医学界および世界の動向に目を配ることを忘れない。

＊　原稿類は一四〇点あまり残されているが、こうした翻訳が三分の一弱を占めている。

とすれば、加藤は、都市民衆の救済事業を事業の枠におしとどめたり、内外の政治情勢と切り離して考えていたのではないといいうる。現時の状勢に深い関心をはらい、主として『平民』誌上に、ときどきの政治問題を論じ、「真正社会政策」の徹底の必要と都市事業の存在意義をますます確信していた。国際情勢に対しても、外在的に国際認識の知見を披露するのではない。日本のあり方や政策を考察し、自己の立脚点を確認する作業と重ねあわせえて論じている。

まず、国際問題への発言をみよう。加藤が発言した時期は、第一次世界大戦という世界の激動期にあたり、その論はロシア革命、ドイツ革命、国際連盟、ヴェルサイユ体制、ウイルソン大統領の民族自決論など多岐にわたるが、貫かれている関心は平和の希求である。アメリカの参戦を「世界人類の幸福の為に専横暴悪なる独逸の軍国主義を打破し絶滅せん」（「ウイルソン氏の永久平和とは何を意味せるか」『平民』第九五号〈一九一八年一一月五日〉）という理由から評価し、国際連盟も世界平和の観点から賛意を示す。だが、加藤は国家対国家の関係で平和を考察するのではなく、常に民衆を基底におく点に見識をみせる。ドイツの民衆は敵とせず、世界平和は「世界民衆」の自覚にまたねば実現することはないため、「国際聯盟は進んで人類全体の聯盟」となるよう喚起し（「世界民衆自覚の力」『平民』第一六七号〈一九二二年一月一〇日〉）、また、ウイルソン大統領の唱える民族自決主義は「民衆自決主義」にほかならないとも述べ、民衆に立脚する立場をはっきり示す。このとき彼が立ちむかわざるをえないのは、軍閥と官僚・資本家となる。ドイツ軍閥が第一次世界大戦を惹起し、ロシア革命は「彼国の軍閥的圧制政治が多数人類を虐殺し来つた結果、民衆の怨嗟凝つて此に爆発し」（「露国革命と米大統領」『平民』第九六号〈一九一八年一一月二〇日〉）たのであり、ドイツ民衆は大戦に敗れたのち、言論自由の圧迫と生活脅威のため革命をおこした、と説明した。人種差別も、仔細に検討すれば「実は吾々平民ではなくて軍閥の仕業である」（「新国際聯盟の提唱」『平民』第一六四号〈一九二一年一二月一〇日〉）と述べ、加藤は平和と民衆の観点から世界の動きをみつめ、敵とすべきものを明確にしたといえる。

もっとも、世界情勢といいつつも、欧米の動向に目を奪われ、朝鮮における三・一独立運動、中国における五・四運動など、アジアの民衆運動にはふれず、彼らのナショナリズムにも言及しない。したがって、日本人が、中国人や朝鮮人を蔑視し偏見をもつことを指摘するものの、日本の植民地支配へは論が及ばない。帝国主義認識が希薄であり、侵略を助長こそしないが、植民地支配へのチェックを怠っている点は、はっきりと指摘しておかねばならない。しかし、ここに示される民衆を主体とする視点は、あらためていうまでもなく、加藤が事業をつうじて表明したもので、その信念の確固たるさまをしりうる。そしてかかる見地にたてばこそ、ただちに第一次世界大戦後のあらたな世界秩序の欺瞞をみぬき、国際連盟が「強大国と資本家を本位として小弱国と平民階級を圧迫するが如き」「全く無意義のもの」（「黄色人種同盟を形成せよ」『平民』第一〇二号〈一九一九年三月五日〉）となったことを指摘した。また、ウイルソン大統領の唱える「民主主義」は、少数の資本家のためのもので、「真の民主々義で無い資本家的民主々義である」（「仮面を脱せる維遜氏」『平民』第一二〇号〈一九一九年一二月五日〉）と喝破する。さらに加藤は、戦争とは資本家同士の争いであり、戦争には絶対反対すると宣言しつつ、今後は、世界各国が、資本家対労働者の「国内戦争」に悩まされるであろうと断言した。こうした認識に、民衆の生活問題をぬきにした政治は存在せず、たとえ国防・外交問題でも、すべて彼らの生活を安易ならしめるのが目的であるという主張を貫く。とともに、民衆が自由と平等を求めるのは「生きんがため」である、彼らに権利を与えず言論の自由を束縛し運動を武力でおさえることは許されない、という政府批判が加わるとき、加藤の対外認識は必然的に国内問題と融合する。

国内問題に対しては、さほど具体的に論究しないものの、米騒動を軍隊の力により鎮圧したことを批判し、民衆に生活の安定を与え「貧民」を一掃するようにせよ、という主張を『平民』誌上で唱える一方、直接の政治担当者に意見書を提出する行動にも出た。彼は「微力ながら従来内閣の更迭毎に敢て多少の進言を為し」（「田中総理大臣閣下に進言す」『凡人の力』第二四七号〈一九二七年五月一〇日〉）ており、これまで大隈重信、原敬☆、田中義一、桂太郎各総理大臣、後藤新平（内務大臣）、大隈重信（内務大臣）、波多野芳直☆（宮内大臣）、床次竹二郎（鉄道院総裁）、元田肇（鉄道大臣）、鎌田栄吉☆（文部大臣）、山梨半造☆（陸軍大臣）、田中義一（陸軍大臣）の各大臣に、意見書を提出している。＊

＊ 意見書の写しが残されているものに、☆印を附した。『生活の力』『平民』に転載されるのが常であった。

一九一八年（大正七）一二月の日付をもつ原敬への意見書では、加藤は「世界の大勢が各国内の平民運動に対する調和互譲を以て現時政策の中心点と為すこと」を縷々と説き、日本もいつまでも「官僚的専制思想」では統治できない、依然「各種一切の社会主義的思想」を敵視するのであれば、それこそ「危険の極」という。そして、言論・結社の自由、普通選挙の実施、社会政策の徹底による国家の「平和的社会進化」を要望した。また、このとき、同時に波多野敬直に提出した意見書で、欧米で唱えられる「徹底せらる丶デモクラシー」とは、日本では皇室の藩屏を華族に限らず、「日本国民の全部」を藩屏とし、「君民一体の実を示すこと」にほかならないという。そしてつづけて、「皇室をして直ちに国民に接近せしめ深く皇室の仁慈を多数民心に感銘せしむるの方策」をとるように提言している。

加藤は、国際状勢の変化、それに影響をうける国内状勢をみすえ、官僚・資本家および軍閥支配の改変、民衆の自由と権利の獲得を緊急の課題として、さまざまに論評を加えた。同時に、加藤はロシア革命のような「過激」の手段を好まず、「もっと温和の手段で、合理的に社会改造の途を立て丶見たい」（「戦後に於ける平和計画」『平民』第八六号〈一九一八年六月二〇日〉）とし、激動期における日本国家発展の「穏健中正」な方策を考察する。これは、とりもなおさず、彼の事業や社会政策思想を、世界の大勢と関連づけ再確認する意味をもち、さきの意見書など、いずれも政府や宮内省は彼の事業への干渉をやめ、積極的に援助するようにとむすんでいた。こうして、加藤は内外の状勢認識と事業をつうじて示した思想とを結合させ、ひとつの社会構想を提出するにいたる。「第二維新」論である。*

＊　加藤は一九一八年（大正七）八月、四八ページの小冊子『予の平和思想並に日本国をして世界大公園たら

しむるの私見』を発行し、平和を理念とする社会構想を提示している。スイスを念頭におきつつ、「日本が利害関係を離れたる真の大中立国となり、『世界の公園』『東洋の極楽郷』を以て自ら居り、全世界各国の人民をして、富士山と共に我皇室の高く麗はしきを仰がしめる事にしたい」と述べ、国際会議や国際裁判所を設け、「世界平和の指導者」となるようにいう。この構想は、すでに『直言』第一巻第一二号（一九〇四年一一月一五日）に「世界の大公園東洋のスヰツル」として説いていたものだが、肝腎の部分には、わずかしか紙数を割いておらず、救済事業と平和思想の関連、換言すれば事業と「社会改造」の問題が欠落しており、本格的な社会構想とはいいがたい。

平和的変革の提案

「金力的封建制度を廃絶して、皇室を中心とする真正の家族的国家を現出せしめん」とする著作、『第二維新——根本的社会変革の提案』は、一九二一年（大正一〇）一〇月二〇日、生活社から発行された。三三八ページ、一円六〇銭。生活社の「副業」として開始された出版事業の最初の書物である。同書には『第二維新』全二〇章のほか、簡単な半自叙伝「思想の変化」、「予の社会改良意見」として「実費診療所開設趣意書」から「労知組合趣旨」まで、おりにふれ書かれた事業の趣旨書一九篇が附されている。この『第二維新』こそ、加藤のこれまでの思想と営為の集約であり、それにもとづき全面的に展開された社会構想の提示にほかならない。

加藤は、第一次世界大戦後の国際状勢から筆をおこす。この部分は、むろんすでに紹介した国際認識と同様である。第一次世界大戦が、国際関係の整理とともに「資本家制度の改廃」という国内政治の変革をもたらし、ロシア・ドイツでは変革がなされたことをいう。イタリア・フランス・イギリス・アメリカの国内事情にふれつつ、どの国も「其の旧態を持続する事は出来ない」とも述べた。そしてこの「世界大勢の進展」のなかで、日本のありようを探り、藩閥・官僚・政党など「資本家階級の擁護者、代表者、若しくば手先」による政治ではなく、「無産階級」の要求を助長し、「国家」と「国民」のための政治をおこなう途を考察するという課題を設定した。

これに対する答案が「第二維新」であるが、加藤はまず「社会変革」のあり方に思いをめぐらし、その「国史の上」の先例として大化改新、明治維新をとりあげ、「革命の惨毒を見ずして、国家的国民的の天職使命を完う」したと評価する。なぜ「平和の変革」が可能であったか。加藤は「特殊の国体」が存在するためという。そして皇室は断絶したことはなく、君民は「一体」で「錦旗」に抗することは不可能であるとくり返しつつ、日本では「革命」という概念は成立せず、今後の「大変革」も「革命」ではないと強調する。この主張はいささか強引で恣意的にすぎ、また社会主義に共感をよせる加藤が国体観念を唱えるのは矛盾し、奇異であるという印象もうけよう。

だが、加藤は以前より皇室・天皇に言及し、「真に皇室の藩屏たる者は即ち多数の平民である」(「皇室の藩屏たる平民」『生活の力』第五四号〈一九一六年一〇月二〇日〉)と説き、唐突にこれらをもち出してきたのではない。「無産階級」に共感をよせつつ彼らに同化せず、一線を画した独自の「社会変革」を追求した結果であり、「維新」の語を使用する点にも、その配慮がうかがえる。この点については、のちにあらためて検討することとし、加藤が「第二維新」の内容をどうとらえていたかをつづけてみておこう。

「第二維新」は、その名のとおり明治維新につづく「社会変革」だが、加藤は、明治維新は「封建制度の廃絶」を実現したものの「政治上の形式」にとどまり、「経済上の実質」からみれば、四民平等どころか「新たに貧富の大懸隔」を発生させたとする。明治維新により、「武力大名」のかわりに「金力大名」が、「武力的領土的の封建制度」のかわりに「金力的経済的の封建制度」が、できたとした。そのため経済上の平等、「金力的封建制度」の廃止が「第二維新」の課題である、と加藤はいう。

もっとも、その前に「予備政策」として、普通選挙の実施と労働組合の公認も、忘れずに要求している。加藤は、前者に関し、一切の制限をつけず「丁年以上の総ての男子に対し」選挙権を与え、「適当なる近き時機に」総ての婦人にも選挙権を附与するよう主張し、後者については、治安警察法第一七条を改正して、「完全に労働組合の自由」を認可せよと述べた。そして両者により、産業界で資本家と労働者が対抗、衆議院では資本家諸政党と労働者党が対抗し、「それに依つて政治及び経済の新らしい運用が出来る事になる」「根本的改革案が実行の道に就く」と主張する。加藤はさらに、言論・集会・結社の自由をも要求しており、市民的自由の獲得を前提としたうえで「第二維新」を唱えている点に留意しておきたい。もちろん視野は限られており、貴族院や大日本帝国憲法には全く言及しないが、一挙に理想に驀進するのではなく、「封建制度」が残存しているなか、まず必要な権利を獲得し、そのうえでさらなる改革を、試みようとする。いわば、二正面作戦をとっており、現実をよくふまえた主張といえよう。

さて、「第二維新」個有の課題は、「産業の労資共同管理」「土地の国有」「大産業の国有」である。

「産業の労資共同管理」とは、労働組合を背景に各産業に労働者代表、事務員・技術者代表と資本家代表による評議会を設置し、評議会が事業計画を立て、さらに経営に参加するもので、「産業上のデモクラシー」と、加藤は説明する。一九一九年（大正八）、二〇年（大正九）ごろ、内務省や資本家が提唱する工場委員会に類似するが、彼は、他方で労働者の権利の確立を主張しており、評議会を資本家と労働者の対等の協議機関たらしめんとした。

「土地の国有」は、「第二維新」でもっとも重要な大策で、全国の土地を買収し、地主・小作人を消滅させ、すべてを自作農とし、「中央政府に於いて全国に互る農業計画を立て、各人各村はそれに従つて耕作に従事する」。したがって、土地の私有による、少数の地主の搾取という「害悪」がなくなるとともに、機械を利用した共同耕作も可能となり、無駄の排除、収穫高の増額がはかれるという。農地にのみ言及しているが、利用地の大半が農耕地である当時では、当然といえる。やや後の一九二五年（大正一四）六月に、中村太八郎が「土地国有の方法を講究せんと欲す」と土地国有講究会を創立したときは、三浦銕太郎、石川半山、松本君平、西本国之輔、青池晁太郎、今井嘉幸、黒須龍太郎、斯波貞吉、安部磯雄、吉野作造、田川大吉郎、横山勝太郎らとともに、加藤は名をつらねている。土地国有に賭ける執念をみせる一例である（平野義太郎編『普選・土地国有の父　中村太八郎伝』一九三八年）。

「大産業の国有」は、大資本家が存在するあいだは、人々は生活の安定が保たれない、という観点から説明される。労働者、技術者・事務員の代表と政府の代表が評議会を組織し、国営の大産業を経営することにより、大資本による小資本の併合、「資本が労働を商品化して剰余価値を搾取する害悪」もなくなる、と加藤は述べた。

土地と大産業の国有に関しては、さらに言葉をつづけて、単なる国営では、国家が資本家にかわり「国民」を搾取し、「第二維新」は「空虚」となる。そのため「モット根本的」に、国法を以て、私有財産の最高制限を規定するようにいう。加藤は、仮りに一〇〇万円とその額を定めるが、その金額に拘泥しているのではない。そして、これらの諸改革の結果、「重大な工業、商業は皆な国営となり、鉱山も鉄道も船舶も会社も銀行も大商店も皆な国家の手に経営され、小さな工業と、小さな商業とだけが個人の私営となり、農村は直接労働する農民ばかりの共同耕作となり、而もそれらが総て内部に於ける評議会組織のデモクラシー経営となり、政府と帝国議会とが其の全体を指揮し監督して、国民全体が皆な其の処を得る」と、社会構想を描いた。

「第二維新」による新社会では、資本の独占が強まるなか、労働者と中間層、とりわけ中小商工業者・農民という旧中間層を基軸に、民衆の経済的・物質的平等がはかられる。一方で事業を営みつつ、加藤は目ざす社会を大胆に提示し、市民的権利・自由の獲得から、さらに平等の概念をとりいれた壮大な理想を、展開した。すでに初期社会主義者は、土地国有、大産業国有を主張しており、加藤もその志を保ちつづけたといえるが、これは社会制度の根本にふれる提案であるだけに、実現を期すという点からは、幾多の困難が予想されよう。一般に、ひとつの計画を検討する場合、実行方法の綿密さ、具体性が、実現の可否のひとつの目安となる。だが、加藤は「第二維新」で、地主、資本家の「『奉還』の誠意」に期待をよせており、非常に楽観的である。このことによって、加藤の「第二維新」を、実現不可能の絵空事として葬り去るのは容易だが、こうした人間観をもつゆえに、強権や統制、「革命」によらぬ「社会改造」を提示しえたことを見逃すべきではなかろう。

加藤はなおも、「第二維新」後の新社会について語りつづけ、労働立国主義を旨とし、「各人が、或は自分の能力に応じ、或は国家の必要に応じて、皆は斉しく国家の強制労働に服」し、報酬は各人が自己に応じて必要な分配をうけることを計画するという、マルクスばりの説を唱えた。また、すでに主張した「労智協調」もくみこまれ、労働者は半日労働に従事し、半日は学術・文芸に親しみ「知識の注入開発」に力を尽すようにいい、新社会の細部まで熱をこめて描く。

このほかにも、「新しき教育制度」により、人々に無料で教育を授け、男女共学で実業を教え、「新しい裁判所」で、陪審制度を発展させた「十分デモクラチック」な裁判をするようにいう。「復讐主義、苦役主義」ではなく、犯罪者を「良心の故障者」として感化し、療養させるための「監獄」について、説明を加える。あるいは、加藤はこれまでの男子中心主義を排し、男女が平等に労働し報酬をうける「男女対等主義」も、「第二維新」後の新社会で実現するとした。もちろん、女性の労働時間の短縮、産前産後の休養、生理休暇などへの配慮を忘れず、またそれにともなう「家庭の改革」も必須とする。集団行動により、家事・育児からの解放をはかり、公共食堂、公共洗濯所、公共裁縫所、幼児預り所、幼稚園の設置を表明する。

さらに新社会の病人についてふれ、無料の病院をいたる処に設けることを約束し、老人や子供には養老年金、養育費を与えるように述べる。住宅・衛生・人口問題にも、わずかではあるが触れ、模範的国営住宅・徹底的な大規模の衛生設備・産児制限の必要性にも、言及した。こうして「第二維新」で、加藤はひとつのユートピアをきめ細やかに描き出してみせた。事業が次々に拡張され、

「社会改造」の意欲に漲るなかで記されたものであり、「理想郷」ではなく、文字どおりの目標として考えられていた。

『第二維新』が、いささかも屈折するところのない文体で書かれている点もさることながら、生活社や社会政策実行団結成のときのべた問題関心や、そのとき計画中と記した装置（事業）が引きつがれ、事業として実践していることがらも多々もりこまれている点にうかがえる。『第二維新』は、加藤のこれまでの営為を一旦整序し、その方向をさらに歩むことにより、実現する社会を描くとともに、そこへいたる決意を、あらたにするために記された「宣言」といえよう。おりにふれて草された趣旨の類、それらを貫く社会政策の思想が、ひとつの社会像として集大成され、骨格を与えられ、具体的にいきいきと、かつ魅力的に展開される。加藤は、あらためてそれを、目標として設定したのである。もちろん、加藤は理論的体系を構築する意図はないため、体験に頼りすぎる点が目立ち、詰めの不十分さもいなめない。だが、その構想の全容がここにあきらかになった。しかも大胆な構想となっており、加藤は、初期社会主義者がもつ理想を高らかに掲げる側面を維持し、展開したといえる。

しかし、この新社会は同時に、「真正の家族的国家」を標榜し、「全国を以て皇室を中心とする一家と為し、全国民を以て皇室を奉戴する平等親和の家族員と為す社会」でもあった。すなわち、加藤は、「第二維新」は日本の「特殊の国体」の完全な発揮とし、「皇室と人民」（即ち労働者）の二階級のみから成立つ社会の出現を期す。「第二維新」を、「革命」ではないとする主張と照応しており、加藤は労働者階級や共産主義者とはむろん異なる社会を目指し、また、「社会問題」の解決を

（「過激主義」ではなく）「広義の社会政策」ではかろうとする、民本主義者吉野作造らとも、「国体論」で一線を画した。加藤が、欧米流の理論に依拠せず、自前の自生的な社会を追求したためで、「第二維新」は、表面上はおそらく、北一輝『国家改造案原理大綱』*（一九一九年）に類似している。

北は、加藤よりはるかに綿密に「国家改造」の方策を描くが、「国民ノ天皇」のもとで、私有財産と私有地を制限し、**「大資本ノ国家統一」や限度を超えた私有地の国家買収をいう。また、さまざまな「国民ノ生活権利」を擁護しており、加藤との共通点を指摘できる。だが、北は天皇大権の発動による憲法停止・戒厳令により「国家改造」を断行すると謳い、平和を否定し対外的な武力方針をとり、大産業の統一も「国家的生産」の見地から述べた。また、普通選挙を唱えつつも女性には参政権を与えず、社会的弱者への配慮も（「婦人人権ノ擁護」という条項はあるが）みられず、北は、加藤の「第二維新」とは目的、内容、実行の方法において、全く逆の方向から「改造」をはかっている。

では、なぜ正反対の地からではあれ、加藤は天皇をもち出し、北と表面上の類似をきたしたのであろうか。国家と社会を混同した点に由来する、と私は思う。加藤の事業は、社会のレヴェルで人々を救済するものであり、いかに領域を拡張しようと国家とは次元が異なるが、彼は事業により切り拓いた地平、事業の進展がもたらす「新社会」を国家と把握し、「真正の家族的国家」とした。そのため、「金甌無缺の国体」や「未だ曾て断絶したことが無い」天皇を動員し、国家としての存在原理を求めるのである。個と個の関係により成立する社会では、問題とならぬことが、国家という支配機構では、統合の必要から要請される。もとより、これは、国家が社会の領域に入りこんでいる日本「社会」の独自性の反映にほかならず、日本において、自生的な社会を考察したとき、天皇制に調和し併呑されるという陥穽に、加藤がおちいったことを示す。

＊『北一輝著作集 Ⅱ』（一九五九年）によった。

＊＊北は、私有財産限度三〇〇万円、私有地時価三万円というが、前者は『日本改造法案大綱』（一九二三年五月 改造社版）では、加藤と同額の一〇〇万円と述べている。

こうして、加藤は第一次世界大戦後にあらわれた、労働者・民本主義者・超国家主義者による諸改造とそれぞれ踵を接しつつ、それらとは異なる「第二維新」にもとづく「社会改造」を提唱する。そして、加藤は「世界の知己知友に頒つべく」（無署名「英訳第二維新」『平民』第二〇四号〈一九二三年八月一〇日〉）、英語版 *The Second Restoration*（生活社 八八ページ）を、一九二二年（大正一一）八月一五日に出版した。『第二維新』に対する評として、私は、『平民』第一六五号（一九二二年一月二五日）に掲げられた小杉天外、村井弦斎の礼状、『東京日日新聞』『報知新聞』の短評以外に見出しえていないが、加藤は、自ら「尚ほ桃源に惰眠を貪つてる連中とて、取り立て、反響が無い」（同右）という。書肆の販売力が弱体である点にもよろうが、加藤の構想は、あまりにも荒唐無稽とされたのであろうか。

社会改造と宗教と

『第二維新』上梓後も、加藤は、ヨーロッパ・アメリカを中心とする世界状勢への発言をつづけ、ますます、民衆の力への信頼と確信を深める。そのため、彼はヨーロッパ各国の社会運動史に着目し、「仏国に於ける近世社会運動概観」（『平民』第一九六号、一九七号〈一九二三年四月二五日、五月一〇日〉）、「小弱国（ベルギー、スペイン——註）に於ける社会運動概観」（『平民』第二〇〇号〈一九二三年六月二五日〉）、「独逸社会運動史」（『平民』第二〇一号〈一九二三年七月一〇日〉）などを執筆するが、焦点となるのはソヴィエト政府論であろう。加藤は、これまで世界は「白色」であったが、現在では「赤色」が出はじめ、「半赤」になった国も多く、「近き将来に於いて全世界が赤化するの日を予想させる」（「世界は赤白の闘争」『平民』第一八五号〈一九二二年一〇月一〇日〉）と、ソヴィエト政府の影響がひろまるのを必然のこととみる。革命という手段は肯じないものの、革命ロシアには比較的に好意をよせ、いたずらな反共論をいましめ、ヨッフェ来日のおりなど、「須らく彼れの言議を聞いて、而して後之れを判断すべきである」（「ヨッフェの動静と水平社の運動」『平民』第一九五号〈一九二三年四月一〇日〉）と、いささかの偏見も示さず、冷静な態度を示す。*

加藤はシベリア出兵には何ら発言せず、政治的側面からは、ロシア革命にかかわる動きをみせないが、ロシアの民衆に対しては手をさしのべた。一九二二年（大正一一）七月二六日から三〇日まで、大飢饉にみまわれたロシアのために「露西亜人を救つて下さい。露西亜の住民を助け下さい、

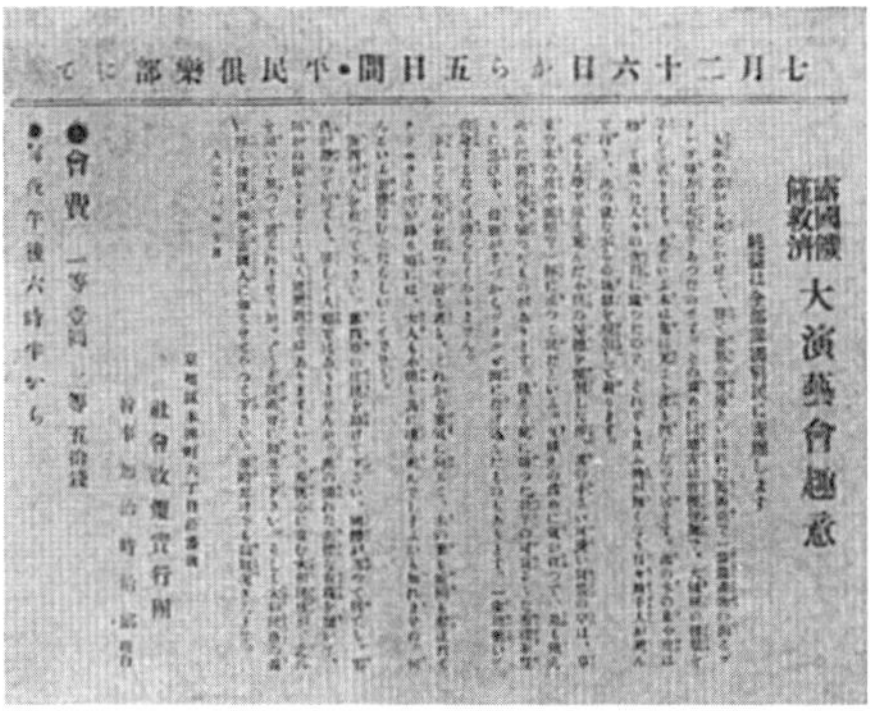
七月二十六日から五日間・平民倶樂部にて

露國饑饉救濟 大演藝會趣意

純益は全部露國罹災民に寄贈します

社會改造實行團

主事 加藤時次郎

●會費 一等壹圓 二等五拾錢

●毎夜午後六時半から

露国饑饉救済大演芸会趣意（1922年）

国体が違つて居ても、毛色が変つて居ても、等しく人類ではありませんか。此の憐れな悲惨な有様を聞いて、聞かぬ振りすることは人道問題ではありますまいか」（「露国饑饉救済大演芸会趣意」ビラ一九二二年七月）と、救済大演芸会を催すのである。

このときの出演者は、音曲噺　古今亭万好、落語　翁家寿々馬、新内　富士松連（国太夫、園太夫、徳太夫、美弥太夫）、落語　三遊亭若輔、物まね　江戸家猫八、講談　松林右円、手踊　高島屋連中（左喜枝、左喜松、左喜子、西之助）、落語　金糸亭馬きん、かる口　大門亭円蝶・歌蝶、落語手踊　三遊亭小円遊、曲芸　林福来。さらに特別出演者として、講談　桃川小燕林、義太夫　加藤時次郎、落語　松本翠影、錦心流琵琶、田村滔水・福沢輝水・山口春水・榎本芝水が顔をみせ、平民倶楽部で連日開かれた。一等一円、二等五〇銭、「初日以来予期以上の来場者」（無署名「露西亜大飢饑救済（ママ）演芸会の成績」『平民』第一八一号〈一九二二年八月一〇日〉）をあつめ、七月二六日一六四名、二七日二〇九名、二八日二〇四名、二九日二二六名、三〇日二四七名、計一、〇五〇名から五九九円五〇銭の入場料収入を得た。これから諸経費を引き、寄附と社会政策実行団からの補足を加え、四五〇円を革命ロシア政府に、義捐金として送った。** 協力者（入場したかどうかは不明）として、小栗貞雄、穂積俊春、曽我祐邦、関守造、向江都知三、小笠原長幹、桜井忠胤、杉山茂丸、土方久敬、牧田省二、緒明圭造、村井弦斎、今村力三郎、木戸幸一、根津嘉一郎、大木遠吉、島田俊雄、所金蔵、各務幸一郎、木村栄三郎、副島八十六らの名前がみえる。読売新聞社主催***の三浦環独唱会による「ロシア飢饉義捐音楽会」、前衛社による募金活動がよく知られているが、加藤も無頼の実行力により、生活面からの援助を行うのである。

＊　片山潜によれば、加藤は、二月革命の勃発は「ロシア革命が産み出した全世界の革命思想の促進と共に、日本に於る運動も幾分か遣り易き時期を造り出すならん」と、書き送ったという（片山潜『わが回想』下巻一九六七年）。

＊＊　この金は、ベルリンにいた真下誠の手から、スイスの露国小児救済委員会に託され、ロシア政府に渡された。

＊＊＊　企画したのは平林初之輔、交渉したのは市川正一、西雅雄、小牧近江というコミュニストグループで、このとき、主催者に「君たちは表面に出てくれるなよ」と念をおされたという（小牧近江『ある現代史』一九六五年）。

また加藤は、「露西亜に遊んで彼れの国情を探り、其の真実を御土産に帰国したいのであります。そして些少にても取るべきものあらば、之れを日本に実行して頂きたい」（「入露を思ひ立つた理由　附之れを断念した理由」『平民』第一九八号〈一九二三年五月二五日〉）と述べ、革命ロシアに出かけることも試みた。「過激派だからといつて、一概に恐ろしいもの危険なものと為し、之れを擯斥し排斥するには当らぬ」、また「通商互市」を開くことは双方の利益である。だが、革命ロシアの「真相」がわからぬため視察に行き、産業、「国家組織」を研究、あわせて日本の国情を説き「日本赤化の企図が徒労に属する」ことを説明する、と加藤はいう。ロシア革命やレーニン、ロシア政府に対する非難と中傷が渦巻くなかで、一見中立的な加藤の態度は、革命ロシア政府への誠実な向きあい方であり、彼らと交流を再開する有効・現実的な手段であった。とくに加藤は、自ら標榜するように、シュトゥットガルトで開かれた万国社会党大会で、レーニン、トロツキーに知見を得、まだ「社会主義のインターナショナルからは其名を除かれて居らぬ」（同右）うえ、モスクワにいる片山潜とは親交厚く、パイプ役としての資格を充分にもつ。

このロシア行きは、結局許可がおりず断念せざるをえないが、加藤はロシア政府を敵視することなく、その意義を彼なりにうけとめ、実態を知ることが当面の課題であり、最善の策であるとした。この背景には、「実業上の利益」というシベリアへの経済進出や、日本の「赤化」防止という意図も存在するものの、ロシア政府を無視して、今後の世界状勢は語れぬこと、多かれ少なかれ影響をうけざるをえないことを認識したうえで、民間レヴェルの交流をはかっている。さきの飢饉救済とあわせ、加藤のロシア論は、対露非干渉運動の一翼につらなる、といえるのではなかろうか。肝腎のシベリア出兵に言及しないという点はあるが、事実上、非干渉・友好の位相にあると思われる。

同じこの時期に、加藤が宗教に関心を示すようになったことも、記しておかなければならない。もっともはやい発言は、『平民』第一三三号（一九二〇年七月五日）に寄せた「精神主義と物質主義」で、彼は自己を「物質主義者」と認じつつ、物質主義者と精神主義者は「共に人類の福祉を増進し、地上に天国を建設する」目的をもち争うべきではない、という見解を披瀝する。また、「欧州戦争は物質文明の行き詰りであつて、過去の人類の罪を滅亡すべく、果た又、官僚政治と、貪婆飽くなき軍国主義を打破し、新たなる世界を現出させんが為めに、神の御志に依つて現出させられたるノアの洪水ではないか」（「科学的ノアの洪水」『平民』第一六八号〈一九二二年一月二五日〉）ともいう。

加藤は、民衆中心の世の中が到来するのは必然だが、先行する国々の形態は手本にならず、「社会改造」の方法は、きわめて困難であるという認識をもつ。この認識から、「特殊の国体」に基づく「第二維新」を提起したのだが、他方で「科学一点張り」で改造をおこなうと失敗するといい、「宗教を緯とし科学を経として精神主義を基礎として科学を使ふ」（「日蓮主義の新使命」『平民』第一八〇号〈一九二二年七月二五日〉）ことを提唱する。そして、宗教と社会政策の結合をとき、社会事業は、仏のいう「一切平等」を経済的に実現するものであり、「政府にも権勢にも反抗し」「現在を出発点として罪を未然に防がんとし」「現世を救ふ事を主眼として居つた」日蓮を、「宗教的世界に於けるデモクラシーの開祖」（同右）として、高く評価した。

他の宗教ではなく、日蓮宗を選びとったのは、日蓮宗が貴賤のわけへだてを嫌ったこと、旺盛な批判精神をもっていたことなどが考えられるが、加藤のいくらか性急なこの主張は、マルクス主義という「物質主義」を強く意識し、マルクス主義と同化できず、さりとて敵対、無視しえず、それとの調和をはかろうとする態度を、あらわしていよう。唐突に精神主義を唱えることは、それだけ「社会改造」に熱心で、改造を目ざす諸々の動きに敏感であったことを示すが、「第二維新」が社会や制度の改造であるのに対し、宗教は改造を実現する主体の問題として、視野に入り言及された。この点は、物質主義は「社会変革」を達成する道程であるにもかかわらず、分配・労働の難易・時間の長短などをめぐる争いは残り、「物質のみを以てしては、益々社会を紛糾せしめることに想倒した」（「科学的平等と宗教的平等」『法華』第一〇巻第八号〈一九二三年八月一日〉）、と述べる点にうかがえる。加藤は、「第二維新」と宗教の関連を説明する余裕もなく急いでいるが。

だが、もちろん「社会改造」の目標とその主体の問題は、切り離して考えられるものではない。

そのため加藤は、キリスト教社会主義に関心をよせ、一九二三年（大正一二）一月一日に『世界戦後の独墺に於ける基督教社会主義』（一〇〇ページ　生活社　五〇銭）を上梓する。この書物は、キリスト教社会党の政策・綱領の紹介で、加藤が「アレコレと拾ひ読みながら」、岡野辰之介に筆記させたものである。「精神と物質の二元論で無くては、未来永劫、地上に黄金世界若しくは極楽を建設することが出来ない」ことを説き、「精神的物質主義」がヨーロッパには久しく存在し、「矛盾や撞着や杆格のあるもので無い」ことを紹介しようとした。そして加藤は、キリスト教社会主義という「精神的物資主義」を模範に、「日本的に純化された」仏教を基本とした社会主義――仏教社会主義の「創始」を課題とするようになる。

さき夫人は、はやくから日蓮宗に帰依していたが、加藤は一九二二年（大正一一）夏に夫婦で身延山に詣でており、このころより帰依したようである。同年一一月二五日、伊東晋大を介し信解会に入会、帰正授戒式をあげた。また自宅で日蓮宗の講義を聴聞しはじめ、さらに翌年より、平民病院本院で週一度『日蓮聖人御一代記』の講話の場を設け、ついには従業員が「毎朝集合して挨拶を交流する時に、題目を三唱することにした」*（「病院事業と信仰問題」『平民』第二〇二号〈一九二三年七月二五日〉）。だが、この「社会改造」の方策、物質主義と精神主義の調和・結合が、加藤の内部で発酵し、明確な主張、着実な事業となって実現するまでには、しばらくの時間を必要とした。そして、そのかんに、事業の試煉も経験する。

＊　もちろん、「信仰を強ゆるものではない」（「病院事業と信仰問題」『平民』第二〇二号〈一九二三年七月二五日〉）と断っている。

事業の試煉・思想の苦難

関東大震災

都市民衆の生活に着目し、彼らの具体的救済を実践、さらに、それを社会政策と認識しあらたな社会構想を示した加藤時次郎は、生産と流通機構へも言及する。労働者自からが経営する工場をもちたいと語り、購買者が安価に、生産者が高価に取引きできるように「中間の商人」を排除した小売市場を計画した。とくに後者については、平民社労知組合内に廉売所を設け、さらに「東京及び横浜近郊の農民諸君が直接作物を運び来り、委託若しくは売渡しで之れを引受け、直ちに需要者——消費者に販売」（「農民諸君に告ぐ」『平民』第一七〇号〈一九二二年二月二五日〉）しようと、農民によびかける。都市と農村・農民との関係も、一方通行ではあるが、加藤は視野にいれつつあった。

だが、こうして事業が興隆し勢いづくなかで、事業への試煉の種もまかれる。一九二〇年（大正九）五月一二日に駒形平民パン食堂、*五月二五日に平民病院渋谷分院が、それぞれ毎月数百円の欠損を出し、「収支相償は無い」ため、閉鎖されることになった。加藤は駒形平民パン食堂にふれ、「此の収入が尠いといふことは、即ち客が尠くないのは、其の附近に平民パン食堂の必要が無いからであります。此所に食糧調節の目的で平民パン食堂を建設したのが、既に地の利を誤つて居つた」

（無署名「駒形食堂閉鎖」『平民』第一三〇号〈一九二〇年五月二〇日〉）と、設置場所に原因を求めた。

しかし、事態は、もう少し複雑である。同年七月一日に、「労働者の多い工業地」東京王子に、王子工友会の人々が中心となり、社会政策実行団の事業として、王子平民食堂を設けるが、「何れも腹黒き人間共にて、不正を働き候為め」（無署名「王子食堂に就いて」『平民』第一四四号〈一九二〇年一二月二〇日〉）、わずか二ヶ月で縁を切ってしまう。また実費診療所時代に、産婆看護婦養成所の舎監をつとめ、『生活の力』『平民』の発行兼編輯人の名義人となってきた、古くからの同志である梶文五郎、および大長重太郎、石渡正作を「仔細あつて」、同じ一九二〇年（大正九）一二月に、平民パン工場から解雇する。そして一九二二年（大正一一）九月には、「古い歴史を持ち、収支相償ふ」（「名古屋分院の閉鎖」『平民』第一八四号〈一九二二年九月二五日〉）平民病院名古屋分院を、閉鎖せざるをえなくなる。名古屋分院閉鎖のおりには、さすがに『平民』号外（第一四八号号外〈一九二二年九月二三日〉）を出し、社会政策実行団団員に報告したが、名古屋分院「主脳者」の思想が加藤らと「共鳴」せず、「治療投薬に於いても予（加藤――註）の方針を採用」（「名古屋分院の閉鎖」）しないのみか、「監督の眼が届かなかつた為めに、或は薬価を私するあり、帳尻を誤魔化すあり、其の私脈名状すべからざるものがあつた」（同右）ことが閉鎖の理由という。

事業が拡大するにつれ、加藤の理念が、直接の事業担当者にすら徹底しなくなり、民衆救済の理想をもつことなく、事業を営利の対象とみる人々が寄生しはじめ、皮肉なことに事業の規模の拡大は、そのことを可能にしてしまったのである。事業が発展すればするほど、こうした問題が惹起するであろうが、加藤が人をめぐる問題でつまづき、いくつもの事業を閉鎖するにいたることは、決して看過しえない。事業の内情を、社会政策実行団団員に隠すことなく、率直に語る点は評価できるものの、ロバート・オーエンの工場村の例をもち出すまでもなく、民間の救済事業は、資金不足か、内部紛争のいずれかで崩壊している。

＊　駒形平民パン食堂内にあった平民法律所駒形事務所は、平民病院駒形分院内にうつされた。

こうしたなか、加藤は一九二三年（大正一二）一月に岡野辰之介、小栗又一を中心に生活社内に、売文社ならぬ代文社を設け、英語、中国語、ドイツ語、フランス語、ロシア語、イタリア語の翻訳、広告文や論文、手紙、趣意書の代筆の授業をはじめ、二月には、平民病院本院内にマッサージ科を新設した（在院で全身八〇銭、局部五〇銭。出張で一円五〇銭、一円）。また、平民倶楽部に設備を整え、演芸場とし、一九二二年（大正一一）一〇月より四〇銭（社会政策実行団団員は半額）という「安価で毎晩慰安を提供する」（無署名「演芸場披露大演説会」『平民』第一八五号〈一九二二年一〇月一〇日〉）。演芸場では、「情実」の多い芸人社会に対し、演芸会の模範を示すとともに、「ブルジョアに壟断せられた」演芸を民衆の手にとりもどすため、「演芸界の改革」という「社会改造の一面」に取りくむと宣言された（無署名「演芸の民衆化」『平民』第一八八号〈一九二二年一一月二五日〉。「平民倶楽部趣意」でもある）。そしてさらに、後にふれるように、社会政策実行団に結婚媒介部を開始し（一九二二年一月）、コドモ倶楽部を開設し（同年同月）、『平民』に家庭欄を新設（一九二二年一〇月）するなど、新たな領域にのりだす。

だが、平民倶楽部が一年もたたぬうちに「興業ブローカーに利用せられ、平民倶楽部の真意義を発揮することが出来ません」(「改正平民倶楽部趣意及規定」ビラ　一九二三年六月一日)と、再び社会政策実行団団員のための集会・会合場所とされるように*、事業の動揺をのりきる方策は、事業拡大の方向ではなかったはずである。労働運動の急迫が、社会政策実行団内部の不統一と加藤の掲げる理念への無理解を表面化させる基因であり、「第二維新」の徹底化、および思想的課題として、仏教と「第二維新」の関連の追求が要請されていた。米騒動後の民衆の意識と運動の変化が、加藤に事業の再検討を迫っていたのである。だが、そのことに気づく前に、さらに大きな試煉が彼をおそう。

＊　社会政策実行団団員の「演芸試演、おさらひ及び政治的意味を有しない会合の使用に供」(「改正平民倶楽部趣意及規定」)された。「改正平民倶楽部趣意及規定」では無料としたが、『平民』第一九九号(一九二三年六月一〇日)掲載の「規定」では、電燈料・蒲団代・下足代をふくむ「使用料」として、「昼七円　半日五円　夜十円　昼は午前十時から午後五時迄　夜は午後五時から十時迄」と記されている。

一九二三年(大正一二)九月一日、関東一円を襲った関東大震災は、東京・横浜両都市を破壊し甚大な損害を与えたが、加藤の事業も大きな打撃をこうむった。平民病院本院のならびにあった十五銀行本店(京橋区木挽町七丁目)の庶務課長染川藍泉は、『震災日誌』(一九八一年)に「平民病院は二階が全く潰れてしまって、患者達は大抵無事に搬出したさうであるが、東南角の室に一昨日入院したと云ふ患者が一人、寝台に寝たまゝ圧死した」「寝台の端が往来から見へてゐて、そのそばには青い蚊帳などがひら〳〵風に動いて居った。又なく悲惨な、言はゞ凄愴の感を禁ずることは出来なかった」と記している。* そして、患者たちは十五銀行の倶楽部の階下に、一時収容された。しかし幸いなことに、近くまで火はせまるものの類焼をまぬがれ、従業員の負傷もなく、分院や他の事業の損傷も比較的軽微であった。『平民』が一一月一〇日に四ページで復刊したの**をはじめ、一一月八日に平民病院本院、二〇日に平民病院駒形分院を再開し、***本院には、再開当日二〇名の来院患者をみたという。平民食堂は、翌年一月二六日に再開され「日増しに来食者がふえて行きつゝあ」(T生「平民汁に舌鼓」『平民』第二〇八号〈一九二四年二月一〇日〉)り、二月一六日には平民倶楽部、みのる会も復活し、長唄、義太夫、手踊のほか松本翠影「復興新話」が演じられている。

* 九月一日条。半世紀をへて染川藍泉の『震災日誌』が公けにされたが、染川は河東碧梧桐門下の俳人である。

** A4判の大判で、第二〇三号と誤記され(実際は第二〇五号)発行された。第二〇六号(一九二三年一二月一〇日)より毎月一回の発行となる。

*** 年内はいずれも半日の施療で、翌年一月より完全に復旧する。なお、本院歯科の再開は一九二四年(大正一三)一月二六日からである。

だが、横浜は被害がひどく、東京の事業復旧に主力をそそぐこともあり、なかなか事業再開の目途がたたず、「差当り分院の場所を神奈川青木上台八七の小生宅と極め追々其他の準備を進め不遠再開したい」(「横浜分院に就て」『平民』第二〇八号〈一九二四年二月一〇日〉)と述べられるありさまであった。そののち、『平民』誌上の広告で、平民病院横浜分院は、加藤の住所を記し「再興準備中」とされるが、ついに第二一二号(一九二四年六月一〇日)から、横浜分院の広告が消されてしまう。

関東大震災により、平民病院横浜分院は活動を停止し、放棄のやむなきにいたった。従業員の身のふり方や跡地の処分について、詳細は不明である。また、平民社労知組合は、住宅がすべて倒潰したため、加藤は「土地は地主に返却し倒潰せる余材は凡て住民に与へ徐ろに再挙の日を待」（岡千代彦「平民社労知組合の思出」『凡人の力』第二九八号〈一九三一年八月一〇日〉）つが、こちらも再開されることなくおわる。

こうして加藤は、震災により少なからぬ事業を失い、つづけざまの試煉をうけるが、このときの焦燥感は大きく、震災後に平民病院従業員と『誓約書』*をかわし、「忠実熱心に社会奉仕を念とする」ことを課すとともに、「万事主裁者（ママ）の命令に服従する」ようにいい、背反者、職務怠慢者は「直ちに解雇せらるるも何等異議を申立てず亦退職手当の要求を為」さぬことを要求する。しかも、月給一五〇円以上の者は三割五分、それ以下の者は三割減俸し、「従前の平民病院約束其の他一切の規定は之れを放棄」**、三ヶ月開業し収支があわないときは、人員を淘汰し、さらには事業を停廃止するが、いずれも「何等の要求を為さゞる事」を誓約させる。これまで加藤は、事業の従業員に対しても、自己の理念を貫き、自治と共同の精神を説き、共同経営者として接していたが、ここに事業の危機を強引な方法で、力まかせにのりきろうとし、従業員の主体性や自尊心はむろんのこと、就業権までを蹂躙し、事業の続行を自己目的化するような態度をみせるにいたった。

いかに彼が大きな衝撃をうけ困惑したかを示すが、このことは、震災直後に社会政策実行団が救済活動を行えなかった点にもうかがえる。一切の都市機能がマヒし、早急な救援を必要としていた東京・横浜市民に対し、政府、軍隊、警察や府・県、市・区などの公共機関とともに、日本赤十字社、済生会、愛国婦人会、日本婦人協会、在郷軍人会、青年団、基督教青年会、日本基督教会、日本メソジスト教会、協調会、仏教各派はじめ、震災を契機につくられた震災同情会、大震善後会や帝国大学生有志まで、さまざまの民間、および半官半民の社会事業・宗教・女性団体が救済活動に立ちあがる。東京の女性たちは、震災救援活動をつうじて「東京聯合婦人会」を結成し、布施辰治を中心とする借家人同盟は『震災罹災者権利主張法律活用　実際問題解説』というパンフレットを発行し、テント張りの巡回法律相談をおこない、借家人を力づけた。また本営が全潰し、救世軍病院、労働寄宿舎、社会殖民館を焼失、多数の人々が死亡し損害の大きかった救世軍も、「事務は平常通り」という方針のもとで「救護、慰問、教化の大運動を開始し」、バラックに居住する罹災者を戸毎に尋ね物資を援け、身よりのない人々の医療救済にたずさわる（秋元巳太郎『日本における救世軍七十年史』一九六五年）。これに対し、加藤は平民病院の復旧を急ぎ、一一月八日の治療再開をビラで宣伝するものの、事業の枠をこえての民衆救済にはのり出さない。

＊　日付けはない。罫紙四枚に毛筆で記されている。これによると、一旦全従業員を解雇し、『誓約書』にもとづいて再雇傭したようである。

＊＊　主眼となるのは、資産を償却したのち、従業員と患者に平民病院を解放するという条項の破棄であろう（二七二ページ参照）。

もっとも、復刊された『平民』第二〇三号（一九二三年一一月一〇日。第二〇五号の誤記）は、八角子「恐ろしかつた自警団」を掲載し、自警団、軍隊、警察のふるまいを批判する見識をみせ＊、加藤自身、震災を「社会変革の一大偉力」ととらえ、「之れより何事も更新することが出来る。実に今日は世人の一大覚悟を要する秋である」(「団員諸君！　賛助員諸君‼」)と、震災後の「社会改造」には意欲を示した。加藤は帝都復興院に建議書を出したというが、それをみることがかなわぬため、一九二三年(大正一二)一一月二八日に出されたパンフレット『大正維新と帝都の復興』(六一ページ　一〇銭)に、震災を契機とする「社会改造」の提案をうかがおう。

＊　ただし、朝鮮人虐殺事件や大杉栄・伊藤野枝、あるいは平沢計七らの虐殺には、ふれていない。

加藤はまず、「帝都復興」の最重要案件として、市区改正を主張、道路拡幅・公園増設をおこない、あわせて「土地国有断行」をするよう唱える。また、震災により生じた失業者対策も、緊急を要する復興問題とし、彼らの就職をはかるとともに「失業者防止策として大産業の国有」を説き、「私有財産の最高制限」「労働立国主義」「労智協調、半日労働」「新らしき教育制度」の理想を展開した。そして、「生活の不安を招来するものは物価の騰貴」という観点より、物価の逓減、衣・食・住に関する産業の国営を提案するかたわら、「国民一般に大倹約法を行はしむる法令」の必要を述べ、酒・煙草、贅沢品、奢侈品に「重税」をかけるようにいう。さらに、「大都市の再興に就て最も最大急務は衛生上の注意と医業の供給」と、医薬の国営や健康保険制度の発足も促した。

この時期、多くの「帝都復興」案が、都市政策家から一般庶民にいたるまで、あらゆる階層の人々から提出され、東京が焼野原となった機会に、理想的都市を建設しようという議論が沸騰、あたかも都市論の競合という状況を呈する。＊それらはいずれも、政府の復興政策におしつぶされてしまうものの、人々の都市改造の意欲の強さを示しており、加藤の『大正維新と帝都の復興』もその一翼につらなるものといいうる。ただ、人々により提出された「帝都復興」案は、精粗あるが、いずれも道路、公園、市場など都市装置の充実と配置の重要性や、耐震耐火建築の必要性を説くなど、都市の外観に重点がおかれるのに対し、加藤は都市社会のしくみ――「社会改造」に力点をおく。もちろん都市の外観としくみは表裏一体で、加藤も「内容と外観を共に相一致せる帝都を再現」せんといい、市区改正を真先に主張するが、地域にそくした具体的展開は試みず、「帝都復興は事大小となく華を避け実を取り、同時に大資本家を制限する」と「第二維新」への一階梯として、このパンフレットを提出している。この点からいえば、加藤の提言は、「復興問題の中心は、国家は社会全体の利益のためにどの程度まで私有財産主義と資本主義とを制限して、社会主義の政策を実行するかといふことにかかつてゐる」（山川均「復興問題と社会主義的政策」『改造』第五巻第一一号〈一九二三年一一月〉）と、復興問題を体制変革の問題と重ねあわせて論じた、山川均とならぶ「社会改造」論としての復興論の提供であり、数ある「帝都復興」論中に異色の位置をもつ。

だが、『大正維新と帝都の復興』は、あまりに「大正維新」に力点がかかりすぎている。「帝都の復興」部分が弱いのみならず、『第二維新』からの文章の転用が、全体の七割に及ぶ。米騒動を契機とする社会変化は、関東大震災後に定着するが、震災後の社会と民衆に対する加藤の焦りが、ここにもうかがえる。

＊ 成田龍一「『帝都』復興をめぐる都市論の興起と変質」（東京歴史科学研究会編『転換期の歴史学』〈一九七九年〉所収）で、ふれておいた。

『訂正増補　第二維新』
（1926年）

『訂正増補　第二維新』

加藤の主張は、震災後、精神世界に比重がかかり宗教にふれることが多く、労働問題や社会政策実行団の事業を説明する際にも、宗教的言辞を使い、宗教色が滲出する。加藤は『平民』に「ニイチエと日蓮」（第二〇七号、第二〇八号〈一九二四年一月一〇日、二月一〇日〉。I・ダンソンと共同執筆）、「宗教の使命」（第二〇九号〈一九二四年三月一〇日〉。S・ジョンスと共同執筆）、「超人の出現」（第二一〇号〈一九二四年四月一〇日〉。デ・アンダウードと共同執筆）を寄せ、これまで踏みこまなかった意識世界や、「超人」を考察した。また、『平民』誌上では、社会主義者の寄稿や、自由主義者の政治的主張を掲げた論文が減少していく（〈表十三〉「『平民』における主要論文一覧Ⅱ」）。もちろん、加藤は「社会改造」の意欲や、都市民衆への共感と啓発を放棄したのではない。

第二次護憲運動を評して、「平民諸君は政治家の背後には必らず資本家と云ふ特権階級が控へて居つて、政治家を駆使して居ることに心附き又彼等が吾等平民の名を利用して勝手な真似をして居る事実に目覚め」（「政治家の玩弄物たる勿れ」『平民』第二〇九号〈一九二四年三月一〇日〉）ねばならぬ、といい、普通選挙の実施を説きつづけ、普選こそが「流血を見ざる一の革命的事件」で「民衆は自

〈表一三〉『平民』における主要論文一覧　Ⅱ

筆者	タイトル	号数	発行日	備考
岡野　辰之介	味噌臭（其一）（其二）	第175号 第176号	1922年５月10日 ５月25日	
〃	労働組合が認めらるゝには	第176号	５月25日	
〃	食堂の此頃――夕飯も味噌汁――	〃	〃	
〃	郊外生活	〃	〃	
堺　利彦	富たる者と貧しき者	〃	〃	「未完」とある
〃	女の演説	第177号	６月10日	
加納久朗	独逸の学生々活――独逸の二週間の一節――	第177号 第178号	６月10日 ６月25日	続稿が予告されるが未掲載
肥田春充	強硬摩擦による健康増進法	第177号	６月10日	
岡野　辰之介	野菜の値段――食堂の此頃訂正――	〃	〃	
肥田春充	生に答へる	第179号	７月10日	
岡野　辰之介	官省の暑休廃止	〃	〃	
安部磯雄	日本に於ける産児制限運動――倫敦大会に提出せるもの――	第180号	７月25日	家族調節研究会記事
石本静枝	サ夫人とス夫人	〃	〃	〃
岡野　辰之介	耕し紡ぎて衣食する原則	第181号	８月10日	
〃	大竹君に答ふ	〃	〃	
〃	速に米を官営にせよ	第182号	８月25日	

岡野　辰之介	男女闘争から同性闘争へ	第183号	9月10日	
〃	何人デー？	〃	〃	
〃	堀尾君に	第184号	9月25日	
〃	義人無用論――再び堀尾君に――	第185号	10月10日	
〃	産業的社会主義(一)(二)(三)(四)(五)	第187号～ 第193号	11月10日～ 1923年3月10日	第189号、第190号には掲載されない
今村　力三郎	仏教社会主義を待つ	第190号	1923年1月15日	書簡
岡野　辰之介	雪達磨	第191号	2月10日	
加藤　勘十	鉱山労働最近の情勢(一)(二)(三)(四)(五)	第192号～ 第196号	2月25日～ 4月25日	コラム 副題がつく
サーリバン 岡野　霞村訳	小説　金貨	第198号 第199号	5月25日 6月10日	翻訳。未完
岡　千代彦	実業同志会に招かれて――武藤山治君の所説を批評す――	第200号～ 第202号	6月25日～ 7月25日	
チエホフ 岡野辰之介訳	眠むがり子守	第201号～ 第204号	7月10日～ 8月25日	翻訳。未完か
岡野　辰之介	農民党起らざるか	第203号	8月10日	
クンメル	クムメル氏より	第204号	8月25日	書簡
岡野　辰之介	地震の教訓	第205号	11月10日	第203号と誤記されて発行
岡　千代彦	病院の復興した日	〃	〃	〃
徳永　保之助	うぐひすと赤旗	第209号	1924年 3月10日	滑稽歌11首

ヴ・バッシュ 徳永保之助訳	スチルネル研究序論(一)(二)(三)＊	第209号～第213号	３月10日～７月10日	翻訳。第211号第212号には掲載されない
徳永　保之助	偶吟――病中――	第209号	３月10日	七言絶句
〃	鉛毒（上）（下）＊	第211号 第212号	５月10日 ６月10日	創作
ニーチェ 徳永保之助訳	ニーチェの詩＊	第211号	５月10日	翻訳詩２篇
〃	松の樹と電光＊	第212号	６月10日	翻訳詩１篇
ベアリング 徳永保之助訳	チエホフ小論	第214号	８月10日	翻訳
徳永　保之助	釣	〃	〃	歌３首
岡　千代彦	無題	第215号	９月10日	埋め草
徳永　保之助	支那統一の可能性――産業革命は其先行の要件也――	第216号	10月10日	
川合　信水	四ツの貴き宝	第218号	12月10日	
徳永　保之助	山雪抄	第219号	1925年１月20日	歌７首
〃	洋装の四十雀	〃	〃	歌６首
〃	二箇の教育問題	第220号	２月10日	
〃	秋冬句抄	〃	〃	俳句10句
岡　千代彦	２月のみのる会	第221号	３月10日	
徳永　保之助	つばめの死	〃	〃	詩。「旧作」とある

1）　第175号（1922年５月10日）からを対象とした。

2）　徳永保之助執筆分は、成田龍一「雑誌『平民』と徳永保之助」（『大正労働文学研究』第６号〈1982年〉）で紹介したことがある。同誌には、徳永の作品（＊印）が収録されている。

由に其政治上の注文を政府に通じ、而して若し其注文にして正当且つ自然ならば、政府をして之に従はしむるの力を獲得する」（「普選実施の意義」『平民』第二七号〈一九二四年一一月一〇日〉）と、述べる。また国際状勢に対しても、加藤は軍備縮小にとどまらぬ、各国一斉の世界的軍備全廃を主張、省いた財源で経済的・人為的不平等を芟除せよと力説し、日本がその手本を示すことにより、世界人類の平和に貢献するように論じた。当然、民衆が受身的態度をとることや、非合理の状態に陥ることは、厳しく戒めている。こうして「社会改造」に、いささかも意欲のおとろえをみせず、同時に宗教に着目する加藤は、『第二維新』の改訂に着手する。

『訂正増補　第二維新』は、一九二六年（大正一五）五月二八日に、生活社より発行。初版とは構成がかわり、『第二維新』全一九章と「附録　予の社会政策意見」一二篇の二部立てとなり、それぞれに手が加えられたほか、副題も「実験的社会平和変革の提案」とされた[*]。

『第二維新』中、主な改訂個所をみよう。まず書きあらためられたのは、状勢の推移にともなう部分である。国際状勢は、基本的認識には変化がみられないものの、アメリカに大きなスペースをさき、この国が「経済的に全世界を併呑する傾向」を示す、と述べている。国内問題では、初版刊行以後、普通選挙法が成立、治安警察法第一七条も廃止されたため――加藤は、初版『第二維新』「第六章普通選挙と労働組合」の余白に、「此頃は議会の問題になつたから、少しく改めて論ずる必要がある」と書きこんでいるが――、表題を「徹底的普通選挙と自主的労働組合」とし、全面的に改稿した。前者に関し、加藤は普通選挙を歓迎しつつ、年齢制限や「保証金といふ金銭的制限」を廃止するようにいい、比例選挙法や婦人選挙権の採用など、「更に大胆なる一歩の前進が必要」と述べた。そして同時に、労働農民党の成立を、「無産階級は民主々義の正道に依り、飽くまで穏健な政治行動を以て進む事になつ」たと歓迎する。**

一方、後者について加藤は、治安警察法第一七条廃止を喜ぶが、「その代りには『治安維持法』といふ一層威力のある大太刀が振りかざされ」、「甚だしく保守的」で労働組合を「束縛」する労働組合法案も議会に提出されるなど労働組合が認許されているとはいえない、「飽くまで『自主的』なる労働組合を公認せんことを切望する」と述べた。無産階級運動が緒につき、労働運動、農民運動が活発化するなかで、中間層に立脚する加藤は、あらたに「無産階級をして暴力的直接行動に走らしめる最も危険な結果」を避けるという論点を追加して、「徹底的普通選挙と自主的労働組合」を要求するが、彼らと決して敵対するのではなく、彼らの「穏健な」政治活動には共感を示す。この姿勢は、普通選挙法を「無産階級をして政治界に頭角を現はさせ様とする」法律、と説明する点にもうかがえる。加藤は、『第二維新』改訂後も、労働者をはじめとするあらたな勢力に期待を寄せており、基本的な対応や認識を変更していない。

＊　ただ、中扉には、「根本的社会変革の提案」と記されている。初版のものが、そのまままちこまれてしまったのであろう。

＊＊　あわせて、労働運動、社会運動が、「少数者の急進的団結」から「方向転換」したことも高く評価した。

『第二維新』のいまひとつの大きな改変は、教育と軍隊に関する部分である。すでに、『鎌田文相並に山梨陸相に上る書』（一九二三年一月）として、二四ページのパンフレット*で公表されるが、初版を全面的に書きあらためている。教育問題について、初版では、無料教育と学校で労働の知識と経験を与える必要性が説かれたが、加藤はここでさらに論をすすめ、「個人に於ける肉体的活動と精神的活動の調和」を強調し、「半ばは学校、半ばは工場」の教育機関をつくり、知識階級の筋肉労働、労働者階級の精神活動――すなわち「労智協調」の実践を唱えた。また、高等教育機関ではなく、普通教育、中等教育をさかんにし、拡張するようにも主張する。

軍隊に関しては、加藤は初版で、国防や秩序維持のほか、「労働軍隊」として消防・衛生・開墾に従事すると規定していたが、改訂版では、さらに兵士を「労働化し、工場化し、産業化」せよ、そのために彼らに自由を与え自尊心と自覚を促し、「現在の軍隊その物を根本的に改革する必要がある」と述べた。また、一般の労働者をそのまま兵士とし「産業軍即ち国防軍」を結成、農業兵士、都会兵士（工場兵士と商店兵士からなる）を出現させるという、いわば民兵構想もみせる。

教育と軍隊は、学生運動の開始や軍人への反感、軍備縮小の世論もふくめて、一九二〇年代前半のひとつの社会問題の核であると同時に、「第二維新」後の新社会論の要でもあるため、加藤は手を加えたと思われる。この部分が建議書としても発表されたことは、加藤が現状との緊張関係で、軍隊・教育問題を考察していることを示しているが、初版の論旨自体を変更するものではなかった。**

* 英語版（*Letters to Minister of Education & War* 一九二三年一月 二二ページ）も出された。なお、本パンフレットのごく一部は、『大正維新と帝都の復興』に転用されている。

** なお初版『第二維新』の「第八章　土地国有」の余白に、加藤は「農民状態は□（不明）う地主の□（不明）するものを生じ土地を投げ出すの有様である」と書き入れ、「クリスト社会主義第九、を参□（不明）す可し」と記している。

『世界戦後の独墺に於ける基督教社会主義』「九、農業政策」をヒントに、農村論を書き加える心づもりをしていたようであるが、この部分の増補はなされていない。

こうして『第二維新』の「訂正増補」は、主張の根幹に及ぶものではなく、国内外の状勢変化にともなう手直しという感がつよい。加藤は労働運動が進展するなかで、資本が労働を圧迫し、労働がそれに反抗する対立が極限までいけば、「大変革は即ち無秩序の動乱に陥る」。そのため「資本の力を当然に抑制すべき処まで抑制せしめ、労働の力を当然に伸張すべき処まで伸張せしめてこそ、初めて理想的の穏健なる大変革が成就され、初めて国家民人(ママ)が救済される」と記す。そして「資本労働の二力以外、別に第三の大動力」として、軍隊を設定、「新らしき軍隊」による「社会改造」を強く希求している。『訂正増補　第二維新』をみるかぎり、加藤は従来の立場を堅持し、信念はいささかもゆらいでいない。したがって、「第二維新」と宗教の関連の追求はなされず、宗教へ傾く心情や、事業が試煉に直面している翳り、また彼がみせた焦慮感は、同書からは全くうかがえない。

このことは、どういう理由にもとづくのであろうか。加藤の思想は、さきに指摘したように、対極にある二者の中間に自らを位置づける特徴をもつが、資本家・労働者の階級関係だけではなく、精神と物質、科学と宗教の局面でも同様の態度をとり、両者の予定調和を楽観視していた点が、まずあげられる。また、このとき、より疎外されたものに共感を示すため、加藤は、労働者階級がつぎつぎと提起する問題を、不安の材料ではなく事業の触媒としてとらえ、彼らとの緊張感を活力に転用しようとしていた点もあろう。そしてさらに、現実的で実効性がなければならぬ事業と、それを基とした達成目標の新社会構想が加藤の営為の核であり、前者の不振は焦燥感を招くが、そのことにより後者の希求は、強まりこそすれ、それ自体は少しも揺がない。

なお最後の点につけ加えておけば、一般的に、社会に対し有効であり影響力をもたらそうとすると、どのような立場からであれ、強権的色彩を帯びた強者としてたちあらわれざるをえず、弱者の立場に固執すれば、往々にして有効性を放棄し、自己の世界に閉じこもらざるをえない。しかし、加藤は弱者の位相にいながら、社会的有効性を発揮できるあり方を探り、事業を営むかたわら、民衆を主体とする、いっけん荒唐無稽な新社会像を提出した。加藤は、思想の独自性で特筆されるよりは、事業の実践で記憶されようが、こうした現実的実践と理想的新社会の関係は、賀川豊彦にもみられ、社会への強権発動でなく、また社会からの逃避でもない、ひとつの社会参加の形態を示したといえる。

女性論・家庭論・結婚論

『平民』家庭欄と平民社コドモ倶楽部

加藤時次郎は、これまで平民病院、平民薬局、平民法律所、平民食堂、平民倶楽部、平民社労知組合と事業の領域を拡大し、外延をひろげ、「第二維新」にもとづく新社会構想を提出、いわば論を上向させていったが、この時期に同時に、生活そのもの、および人間そのものへ求心的にむかい、足を地につけた、具体的な考察や主張もおこなっている。これは二つの領域にわたり、ひとつは、家庭・生活論をつうじて、女性や子供という社会的弱者への働きかけをみせ、いまひとつは、性をめぐる諸問題に携わり、産児調節や性慾を通じて、その点から人間を考察していく。『第二維新』が、新社会という器を検討したのに対し、加藤は同じ時期に、その内容ともいうべき問題にも忘れずに目を配り、提言や実践を怠らない。まず、日常生活への発言からみよう。

生活が多様な内容をはらむように、加藤の生活論も多岐にわたるが、生活難の告発、生活の合理化の必要、健康的な日常生活の促進の三つの焦点から、論じられている。生活難の告発は、第一次世界大戦中からの物価騰貴による「中産階級」の生活逼迫に心を痛めたためで、加藤はその対策として、生活必需品、わけても米の公営販売を強く主張した。米価暴騰の原因を、仲買商・小売商という流通過程に求め、「眼中唯利あるのみにて、一点人道的良心がな」(「米を官営とせよ」『平民』第八四号〈一九一八年五月一〇日〉)く、買占めや売惜しみをくり返す「民間取引所」に米の販売を委ねることに反対し、「官営」を力説する。また、廃品を活用し、道具屋による「中間の搾取」をなくそうと、月一回、不用品の相互交換をおこなう物品交換会を平民倶楽部で開催することを提唱したが、ここにも、物価対策と流通過程への批判的対応がうかがえる。

加藤は、直行団以来の見識であるが、「儀式の内容に真情がなければ、単なる儀式の為めの儀式であつて何等の意義を為さない」(「虚式虚礼を排斥す」『平民』第一七一号〈一九二二年三月一〇日〉)と断言、虚飾を去り、簡便で真情ある行為をなすようにもいう。たとえば、病気見舞のおり、最初は手ぶらでいき、看護上必要なものをあとからおくれ、食物をおくるならば、医師にどのような食物が適切か尋ねよ、草花ならば精神の慰めになるが、量が多すぎては空気を汚すことになる、とその改良を説く。あるいは、加藤は、宴会はもっぱら酒を飲むことを目的とし、「芸妓」が対応する。「下戸や品行方正の君子」も同額の会費を払うが、これは不公平であり「吾々は飲酒家を保護し、其の酒量を助ける義務は無い」(「宴会と娯楽の改良」『平民』第一四三号〈一九二〇年一二月五日〉)、各々が食べ楽しんだ分を、それぞれが支払う「欧米風の公平無私」のやり方にしなければならぬ、と主張する。また、旅館も、客が一室を占領する形式ではなく、食堂、共同浴場を設け、茶代を廃止するように述べた。加藤は、日常生活・態度の非合理や悪習慣を、些細なこととして見逃したり、黙認したりせず、正面からとりあげ、その改良を唱えた。

医師の立場からは、加藤は酒と煙草の害を説く。酒・煙草は、本人はむろんのこと、子孫にまで害を及ぼし、数々の病の原因となり、失う金も少くない。「科学の実際から見て、国民の身体を改造し、其の健康の増進を企図するには、如何しても酒と煙草を廃さなければ駄目である」(「毒薬変じて良薬となる」『平民』第一五三号〈一九二一年五月二〇日〉)と述べ、禁酒禁烟組合の結成を促す。このとき加藤は、同時に「真に社会を改造せんとする者は、どうしても此の手近な吾儘から改造する必要がある。これ個人の改造がやがて国家の改造となるもの」(「禁酒禁煙組合の組織」『平民』第一四九号〈一九二一年三月二〇日〉)という観点から、社会政策実行団の事業に携わる人々には、禁酒・禁烟の実行を厳しく要求、『平民病院従業員服務章程』『平民社労知組合規約』に、その旨を明記していた。違反者に対して、加藤は断固とした態度をとり、平民病院本院の「一科の首脳であった古い友人」と手を切り、駒形分院の「有力な助手」も解雇しているが、身近な局面や個人レヴェルの改良を重視し、人々に自律的な態度をとらそうとしたといえよう。

こうして加藤は、日常生活の改良、合理的習慣、自律的な行動の必要を説き、これらが「社会改造」の第一歩であり、それを支えるものとみなし、重要視した。日常生活にかかわる問題を、「天下国家」の問題と全く同じ比重で扱い、前者への対応の仕方は、後者にも通ずると考える。生活の諸領域にかかわる事がらを、具体的にとりあげ、数多くの考察と提言を、くり返すのである。ここに加藤の思想の着実性や安定性がうかがえるが、この姿勢は、家庭への眼となり、その主役である女性と子供への働きかけへとむかう。

そうした一環として、加藤は、『平民』家庭欄を新設する。『平民』第一八四号（一九二二年九月二五日）に、「新婦人のための評論や、家庭医学に関する記事、童謡や詩などを掲載」すると予告され、翌第一八五号（一九二二年一〇月一〇日）より第一九六号（一九二三年四月二五日）*まで、小栗又一主任のもと、毎号二頁を増加して、設けられた。『平民』家庭欄は、第一八五号をみると、岡野霞村がベーベルを引用し「醒めよ婦人諸君！　人として亦母として、醒めて健康なる俊英才媛を造れ!!」（霞村生「婦人の覚醒」）と女性の覚醒を説くのをはじめ、小栗又一が詩を寄せ（またいち「蒼空にお帰り」）、加藤がコレラ予防の対策を講じ、白い花「童話　月のお姫様」が載せられ、「手軽で美味な洋食」のつくり方や「家庭衛生相談」欄**がおかれるなど、多彩な内容をもつ。徐々に執筆者が固定し、随筆や小説の数がふえるものの、ここでは病気や乳児のこと、料理のことなど、生活上の実際知識れた。

が平易に解説され、時には髪型の流行に言及している。子供のためには、童話や童謡が毎号掲げら

『平民』家庭欄は、総じて女性の権利の覚醒を声高に説くのではなく、日常の情感や生活の一断面を綴る文章が多い。家庭医学や料理の知識を供給し、『平民』のなかで独自の位置をしめている。加藤による、日常生活重視の態度の具体化の試みといえる。とともに、女性が主体性を保ち、科学的知識・合理的態度をもつことにより、家庭のよりよき運営をおこなうことを促す企画でもある。『平民』家庭欄は、女性を家庭に閉じこめ、その「家風」を絶対視させるのではなく、女性が、「家風」ひいては家庭そのものを、相対化する視点の提供場所ともなろう。

＊　『平民』第一九〇号（一九二三年一月一五日）は、小栗又一が病気のため休載している。また「家庭欄」廃止は、小栗が一九二三年（大正一二）五月に、生活社を退社したためである。

＊＊　家庭の病気・衛生および「妊娠や病毒予防に関する不妊娠」について相談に応ずるもので、紙上回答のほか、五〇銭の手数料で個人回答にも応じた。

加藤は『平民』家庭欄を新設、自ら積極的に寄稿するかたわら、女性の地位向上や参政権獲得にも深い関心をよせ、一九二〇年（大正九）三月二八日に新婦人協会が上野精養軒で結成式をあげたとき、男性連として、大山郁夫、山崎今朝弥、鎌田栄吉、福島四郎、堺利彦、島中雄三、石田友治らとともに出席、寄附をおこなう＊（市川房枝『市川房枝自伝　戦前編』一九七四年）。また女性たちに選挙権を与えることをしばしば説き、『平民』第一四二号（一九二〇年一一月二〇日）は、新婦人協会が第

四三特別議会に提出した治安警察法第五条修正の請願書を、請願の理由とともに全文掲載し、「英国のサツフラゼツトに比較するとまだホンの赤ン坊の運動ですが、何時か大人に成る日も来るでせう」と紹介した。あるいは、岡野辰之介は「婦人参政権要求の原理」を『平民』（第一三八号、第一三九号〈一九二〇年九月二〇日、一〇月五日〉）に寄せ、日本の法律は「婦人を侮辱し、其の利益を侵害する規定だらけ」であり、それを改正するためには、女性が選挙権を得て、自らの代表を議会に送る必要があり、これは女性自身はむろんのこと、全社会の利益であると説く。こうして加藤は、女性を「刺激し鞭撻」し、男性の普通選挙要求のつけたしではなく、ましてや嘲笑し憐愍する立場からではなく、女性の利益と権利のために、女性の主体性を重んじつつ、彼女らの政治的権利獲得運動に加勢した。加藤は、女性たちが日常の家庭の場のみならず、政治においても主体となり、自主的な主張をおこなうことをはかったのである。

加藤はまた、子供へも働きかけ、一九二二年（大正一一）一一月に、「無邪気な面白いお伽話とか手品とか教育講演とか愉快に日曜の半日を子供達が暮すやうにしたい」（「コドモ倶楽部趣意書」『平民』第一八七号〈一九二二年一一月一〇日〉）と、コドモ倶楽部を設けた。「小さな魂が、今の社会にあつてどんな風に過られ育てられてゐるかをみると、実に寒心に堪へない」（同右）と、「俗悪な活動写真や不良の見世物」にかわり、「完全な娯楽場」の提供を意図した。同倶楽部は、毎月第三日曜日に、二〇銭（社会政策実行団団員は一〇銭）で開かれる。一一月一二日の第一回コドモ倶楽部の番組は、開会の辞　加藤、講談孫悟空　桃川小燕林、物真似　江戸家猫八、大神楽　丸一福丸・丸一小松、お噺奇術　柳一、童話　河東水亭、御伽落語　松本翠影のほか、少年剣舞、お伽琵琶、紙切りが予定され、[**]二〇〇名の入場をみたという。みのる会の子供版であるが、加藤は娯楽の側面から、子供のための事業に取りくみ、彼らへの関心が、中途半端なものでないことを示している。

女性と子供という社会的弱者を、どのようにみ、彼らにどのように対応したかは、ひとつの試紙であるが、加藤は共感をもち、主体性を尊重しながら彼らに接し、彼らの権利の獲得や成長が、社会の発展に通ずると考えており、平民的姿勢を徹底させていた。加藤は、公の領域と私の領域双方を、ともに重要視するが、後者への真摯な取組みが、前者への発言に信頼性を与えるのである。彼が弱者への発言を展開し具現化したときは、おりあしく関東大震災前後の事業の試煉の時期で、『平民』家庭欄、コドモ倶楽部は、短時日で姿を消してしまうものの、[***]ここに示された視点と関心は、加藤の全生涯を貫くもので、こののちも消えさることはなかった。

* さき夫人は、このとき評議員に選出されている。

** 実際の番組には、いくぶん変更がみられた。

*** 一二月一七日の第三回（第二回の誤植であろう）コドモ倶楽部の予告が、『平民』第一八九号（一九二二年一二月一〇日）に掲げられるが、それ以降の開催はなかったようである。

『結婚の革命』

女性や家庭への着目は、結婚論へといたる。加藤は、結婚に関し、地位、財産、収入に懸隔のある結婚は、必ず一方が売り物となった「売買結婚」となり、幸福に持続することはできない。「平民階級者の結婚は所謂夫婦共稼ぎであらねばならぬ。由来日本の婦人が良人から奴隷視せられるのは良人によつて養はれてゐるからだ」(「生活問題と平民式結婚」『平民』第一一九号〈一九一九年一一月二〇日〉)、という観点を示す。女性の主体性を尊重し、夫婦の対等の立場を説き、「幸福なる精神的の契り」(同右)を軸とした結婚の必要を唱えており、家族制度や家父長制を正面からとりあげてはいないものの、実質的に家制度の枠組を揺がすような主張を、加藤は唱えていた。家柄や財産が主体となる結婚ではなく、夫婦を主人公とし、家の存続ではなく、家庭の誕生をうみ出す結婚に、価値をおいたのである。

そしてさっそく、加藤は結婚の改革に着手、「今日の結婚媒介は非常に不完全であります。丁度ミクジを引くやうなもので、全く危険千万なのが多い」(無署名「結婚媒介部」『平民』第一八七号〈一九二二年一一月一〇日〉)と述べ、社会政策実行団に結婚媒介所を設けた。結婚希望者の申込みを『平民』誌上に掲載、依頼があれば、身元調査をおこなったうえで、見合いを斡旋するもので、いわば、誌上での無料結婚希望者紹介という態をなす。地縁や家柄をもたず、配偶者を自力で見つける機会の少ない都市の中産階級の結婚希望者を、むすびつける試みである。もっとも、このような方法で、結婚の改革ができるであろうかという疑念は、おさえがたい。加藤の結婚論を実践するためには、基本的に、恋愛にもとづく結婚によらざるをえず、「結婚媒介」という制度そのものを、問う必要があった。しかも、仲人より安直な方法をとり、人物調査をロクにせず、写真もかかげず、本人の提出した僅かの資料を、そのまま誌上に掲載するだけの「紹介」であった。人々が結婚媒介所を利用し、結婚にふみきるためには、あまりに不安・不確定な要因を多く残した杜撰な試みと、いわざるをえない。『平民』第一九〇号(一九二三年一月一五日)より、結婚希望者の申込書を掲載しはじめるものの、効果を全くあげえないまま、この試みが消滅してしまうのは当然であろう。加藤の結婚に対する事業は、理念と方法の落差が著しかった。

しかし「結婚媒介所規定」(『平民』第一九〇号〈一九二三年一月一五日〉)で、「結婚が成立する前には必ず相方の血液、尿、糞便等の検査」を平民病院でおこなうことを義務づけている点には、注目しておきたい。平民病院の「入院男子の九割九分は花柳病患者の青年で多くは独身者だ彼等は溌溂たる元気に任せ殆んど同一経路を辿つて病毒に感染した」(東京機械金物商同業組合『月報』第三巻第七号〈一九二六年七月一五日〉)といわれ、加藤は性病に心を病めていた。いうまでもなく、性病は男女関係に原因をもち、病気一般が、社会的諸関係と切り離しては考察できないなかで、とくにその要素が強い。多くは男性の不品行にもとづくが、加藤は、結婚時に性病のチェックを試み、伝染を回避しようとする。加藤は、結婚にあたり、相手の職業や財産は充分に調査するものの、多くの人々が、健康状態については無頓着であることを批判し、「結納の取交せをすると同じ様に、結婚するには必ず先づ健康証明書の取交せをすると云ふ一般の習慣を作つて欲しい」(「結婚に就て」『平民』第八〇号〈一九一八年一月一〇日〉)とよびかけ、梅毒、淋病、結核の調査と、結婚当事者の血液検査証明書交換の必要性を力説した。彼は医師として、性病回避を目的とする、結婚論を唱えるのである。

加藤はさらに、「梅毒と結婚といふことを仕組んだ社会劇で、医学の素養なき人にも判り易く、何人も見て置いて参考となる」(無署名「みのる会記事」『平民』第八一号〈一九一八年二月一〇日〉)、演劇「花合戦」をもちいての啓蒙にものり出す。「花合戦」は、すでにふれたように、一九一八年(大正七)一月二〇日に第七五回みのる会、二月一七日に横浜みのる会、三月二四日に平民病院駒形分院開業披露みのる会で上演されたが、原作者はユージェエヌ・ブリュウ、原題は「Damaged Goods（壊れ物）」。「仏国雑誌にあったのを某文士に書かせ」（「序文の代りに一言す」『結婚の革命』〈一九二一年一月生活社〉所収）たものという。[*]『平民』第八一号（一九一八年二月一〇日）に、筋書きが掲載されている。一九二一年（大正一〇）一月一〇日に、加藤の「序文の代りに一言す」[**]を附し、『結婚の革命——一名花合戦』として公刊されたが、[***]あらすじを簡単に紹介しておこう。

まず、マネージャーが「此狂言の目的は、梅毒と結婚との関係に対する研究であります。何等卑猥の場面もなく、聞苦しい言葉もありません。無智と暗愚とを婦人に必要なる徳性と考へざる限り、当狂言の価値は、必ず何人にも認識されることと信じまする」と口上を述べ開幕、第一幕は平民治宅、第二幕は藤田錠二宅、そして第三幕は再び平民治宅。藤田錠二は、代議士根本精一の娘鶴枝と婚約し、前途洋々たる青年であるが、挙式直前に梅毒に罹り、ドクトル平民治をおとずれる。ドクトルは、快癒したあとで結婚するようにすすめるものの、藤田は、それまで待てぬと結婚してしまう。やがて藤田夫妻に子供が生まれるが、たまたまその子供をドクトルが往診、梅毒の罹患を示唆し、必要な処置を命ずる。このとき、鶴枝は夫の不品行を知り実家に帰り、親の根本代議士が離婚のための診断書を、ドクトルに要求した。しかし、ドクトルは、結婚前に相手の健康診断をしなかったことは根本にも責任があるとして、破局を避けるよう説得、一方、藤田も治療に専念することを約束して、大団円となる。

ブリュウは、「社会改良の劇作家」として、バーナード・ショウやジョン・ゴールズワージーらとともに「鋭く現代的な時事問題に触れている問題劇の作家として、当時日本に紹介されていた」

（松本克平『日本社会主義演劇史』）という。この劇作家に加藤は着目し、その作品を翻案、上演することにより「結婚の革命」をはかった。ドクトル平民治など、いかにも加藤らしい命名であるが、彼は自らこの役を演じ、そのほか、藤田錠二——吉田柳川、鶴枝——前島鶴齢、根本精一——春田春山、乳母——赤羽多美子、書生——山崎素人、鶴枝の母——川上芳枝（一九一八年二月一七日の配役。『平民』第八一号〈一九一八年二月一〇日〉）と、いずれも平民病院に勤務する面々——素人で演じている。『結婚の革命』に対し一読者は、セリフに物足りない点や、まわりくどい点があるものの、「其筋としては、現代的にうまく仕組れて居」り、「社会思想を風刺したり、文明思想を鼓吹したり、或は民衆の常に知らで叶はぬ法律をも筋の中に運び扱はれて居て面白い」（夢之助「脚本『結婚の革命』を読みて」『平民』第一四六号〈一九二一年二月五日〉）と、感想を述べた。

* 堺利彦も、ブリュウのこの作品に着目し、『廿世紀』に「梅毒劇更概」と題して、紹介しているという（松本克平『日本社会主義演劇史』）。

** はじめ、『平民』第一三四号（一九二〇年七月二〇日）に、掲載された。

*** 「生活叢書第二編」として生活社より刊行、五九ページ、定価三〇銭。一九二七年（昭和二）三月一九日に再版されたが、このときは、版型が小さくなり、八一ページ、定価二〇銭である。

さて『結婚の革命』奥付には、「公演歓迎」と記され、ひろく上演をよびかけているが、この作品の刊行は、新婦人協会の活動が誘発している。新婦人協会は、一九二〇年（大正九）二月に、二、一四八名の署名とともに、「花柳病男子の結婚制限に関する請願者」を、第四二議会へ提出する。

「花柳病」に罹っている男性の結婚禁止、結婚の際に、男性は健康診断書を提出すること、夫が「花柳病」に罹ったり、夫から「花柳病」を感染させられた妻は「離婚後も男子に対し全治迄の生活費と治療費と相当の慰謝料とを請求」しうるとせよ、と主張した。* これを知った加藤は、「此の際之(『結婚の革命』──註)を公刊したならば世人を覚醒せしめるに時機を得たものであらうと思」(「序文の代りに一言す」)い、刊行にふみきるのである。

さらに附言しておけば、加藤は『平民』第一四二号(一九二〇年一一月二〇日)に、この請願を「新婦人協会の請願に就て」と題し、全文を理由書とともに再録し、すこぶる好意的な態度を示す。とともに、結核など「花柳病よりもモット獰悪な病菌が沢山」存在し、これらの疾病をもとりしまる必要があり、「医者として単に花柳病だけを制限することには同意出来兼ねる」(同右)と言を重ねる。また、「花柳病」患者は男性にかぎらず女性にも多く、「上中下各階級の婦人を対象とする必要がある」。たとえ本人にその病歴がないにせよ、父母・祖父母からの「遺伝」があるかもしれない、再び請願するおりには「男女花柳病保菌者は結婚することを得ず」とする方がよい、と提言した。** 加藤の意見は正論ではあるが、現実に「花柳病」の夫をもつがゆえに苦吟している女性たちの性急さや急進性、「花柳病」への嫌悪には想いがいたらず、客観的立場からの発言である点はいなめない。だが、大方の男性、そして社会が新婦人協会の請願に興味本位に揶揄するような対応を示したとき、加藤は好意的に、かつ真正面から自己の見解を披露しており、まことに誠実な態度をとったといいうる。

＊ 新婦人協会の請願は、衆議院で審議されたが、政府への参考送付となり、貴族院では(衆議院が解散され

たため）審議未了となった（児玉勝子『婦人参政権運動小史』一九八一年）。

＊＊ また『平民』第一四二号（一九二〇年一一月二〇日）でも、「一記者」名で、男女の「花柳病」患者の結婚禁止としなければ、「全く片手落ち」と評されている。

こうして加藤は、現在の結婚を批判、とくに、性病を避けることを中核とする結婚論を展開し、ともすれば、隠蔽されがちな問題を俎上に載せた。そしてこのとき、彼は性病の恐ろしさと同時に、その種類や症状なども紹介しており、性病の科学的知識が普及していなかった当時、一種の性教育を施したともいいうるが、[*] さらに、彼は性そのものをも論じるようになる。

＊ 加藤のこれまでの主張は、性病撲滅論としては、性病に大きく関与する「娼婦」や遊廓など、買売春問題にはふれておらず、不充分である点はいなめない。

性をめぐる諸問題の考察

産児調節運動

医師の立場から、性をめぐる諸問題を考察する加藤時次郎は、まず産児調節の主張をおこなう。

加藤は、日本で最初に避妊を講じた『社会改良実論』（一九〇三年）の著者小栗貞雄[*]と昵懇であることもあり、すでに一八九〇年（明治二三）ごろより産児調節に関心をもち、（論文数は多くはないが）その実行をよびかけていた。[**]このとき彼は、「花柳病」をはじめとする「遺伝的悪疾」の伝播を避け、健康的で強健な種属を保持するという、優生学上の見地から産児調節を説いた。だが、女性や家庭へ働きかける現在は、正面から産児調節をとりあげ、活発に論ずるようになり、しかも、より民衆の立場にそくした論点を提出する。すなわち加藤は、産児調節は収入が少ないとき、続々と子供が生まれ生計を逼迫する事態を避け、夫婦仲が思わしくないのに、子供のために離婚できないという状態を回避しうるという。また、職業に専念するために子供が欲しくないときには、その望みをかなえ、病弱な母親の場合には身体の保護となるなど、「若し避妊が自由であつたら、容易に救はれるであらうと思はれる害悪が幾らもある」（『性慾の自由と制限』パンフレット　一九二六年）と説く。

＊　小栗は矢野文雄の弟で、社団法人実費診療所理事をつとめている。なお『社会改良実論』は、賀来寛一郎との共著である。

＊＊　加藤は避妊薬を調合したり、ペッサリー（避妊ピン）を作成しようと試みていたらしい（岡野辰之介「日本に於ける産児制限秘話」『産児制限評論』第三巻第八号〈一九三〇年八月〉）。

おりから、産児制限・産児調節への関心がたかまっているときであり、山川菊栄「女性の反逆」（『解放』一九二一年一月）、安部磯雄『産児制限論』[*]（一九二二年）やマーガレット・サンガーの論文が翻訳・出版されるが、新マルサス主義聯盟委員滝本二郎が積極的に発言しているように、新マルサス主義の人口増加抑止という見地からの主張が、もっぱらであった。このとき、加藤がその理論に拠らず、人々の切実な訴えに耳を傾けることは、彼が常に現実の問題から出発するとともに、実践を重視し、そこに彼の産児調節論の真骨頂があることを、うかがわせる。岡野辰之介によれば、加藤は安部磯雄『産児制限論』を読み、その実行を希望する人々に、「洗滌法及び〇〇〇〇（マ マ）法の二種」の技術を「謄写版刷りにして手数料五十銭で頒つた」（岡野辰之介「日本に於ける産児制限秘話」『産児制限評論』第三巻第八号〈一九三〇年八月〉）という。この活動に拍車がかかるのが、一九二二年（大正一一）のマーガレット・サンガーの来日である。三月一八日に、東京帝国ホテルでの「サンガー夫人歓迎会」の席上、彼女に産児制限実行方法に関する質問が提出されたところ、加藤が「実行方法は自分が引受ける」とスピーチをし、サンガーも、通訳をつとめた石本恵吉も、加藤に依頼している。また、このときのサンガーの講演の要旨を、『平民』第一七三号（一九二二年四月一〇日）に「社会問題と避妊」と題して、掲載した。**

* 『平民』第一七三号（一九二二年四月一〇日）の「新刊紹介」でも、とりあげられている。

** 実際の演題は、「産児制限と道徳」であった。

一九二二年（大正一一）五月、石本恵吉・静枝、安部磯雄、鈴木文治、松岡駒吉、木村盛、岡野辰之介とともに、加藤は東京統一教会に会し、サンガーが石本に託した五〇〇円を元手に、日本産児調節研究会を結成する。同会は、産児制限研究会と命名されるところ、加藤が、制限にとどまらず子供ができずに困っている人々も援助せねばならぬと主張し、かく名づけられた。日本産児調節研究会は、世界の人口増加が続くならば、「今後如何に利用厚生の学理が進歩しやうとも、人類の生存に必要なる物資の欠乏を招来すべきは睹易き道理である」（「産児（ママ）調節研究会設立趣意書」『小家族』第一号〈一九二二年五月一三日〉）[*]ことを強調し、新マルサス主義にもとづく。だが、あわせて過多の出産は母体を損い、経済負担を過重にし、産児調節がなされないために、堕胎罪など「社会的、人道的不義不徳」をおこさしめる、また「悪疫」の遺伝防止にも、産児調節が必要である、という加藤の意見ももりこまれている。そして同会は、本部を、東京日本橋区平松町加島銀行ビルディング三階さつき倶楽部内にさだめ、産児調節への「異論の価値が如何に微弱であるかと云こ（ママ）ふとを世間的に知らしむる便宜を提供」（「本誌刊行に就て」『小家族』第一号）するため、機関誌『小家族』を五月一三日に発行し、活動を開始した。

『小家族』に、安部磯雄「産児制限に就き受取った手紙」、布川静淵「小家族制の主張」、石本恵吉「我人口と食糧の調節」、石本静枝「婦人解放と産児調節」、加藤勘十「産児調節の視界」とともに、加藤は「予の産児調節意見」を寄せる。そして、「産児調節といふ言葉には、子供の無い家庭には子供が出来るやうにし、子供のあり過ぎて困る家には、其の上子供の出来ないやうにする、といふ意味がある」といい、その必要を「公私経済の上からよりも、自分の専門眼から」認めている、と述べた。

だが『小家族』は、年六回の発行を予定していたものの、[**]「仔細あつて続刊が出来ないことに成りました。ドウいふ仔細かは御想像に任せます」（無署名「小家族の休刊」『平民』第一八〇号〈一九二二年七月二五日〉）と、政府の弾圧を示唆しつつ、第一号で終焉してしまう。[***]

加藤はこのとき、日本産児調節研究会のために『平民』を提供、第一八〇号の五面・六面を「家族(ママ)調節研究会記事」とし、「小家族の休刊」はじめ、安部磯雄「日本に於ける産児制限運動」、一記者「ロンドンに於ける産児制限大会について」、静枝「サ夫人(サンガー――註)とス夫人(ストープ――註)」を掲げる。さらに、『小家族』第一号「編集者より」で予告された「海外に於けるこの問題の運動概況」報告も掲載し、同誌を事実上の『小家族』第二号とした。

加藤の相変わらぬ保護者的立場がうかがえるとともに、産児調節運動にかける意欲もしりうるが、彼はさらに、日本産児調節研究会の事務所を平民病院本院内に移し、石本静枝と事務を管掌、小栗又一を書記とし、飯島銀次郎に「此の種薬剤の研究」を依嘱した(飯島銀次郎「日本の受胎調節運動(下)」『産児調節評論』第四号〈一九二五年五月〉)。

日本産児調節研究会はこののち会則を多少変更、「専ら小冊子を発行することにし」(無署名「小家族の休刊」)、産児調節研究会叢書として、石本静枝『産児制限論を諸方面より観察して』(一九二二年一〇月)、石本恵吉『我人口問題と産児調節論』(同年一二月)、松村松年『生物学上より見たる産児調節論』上下(一九二三年一月、三月)を刊行するようになり、もっぱら同会の活動は、安部と石本夫妻が担うにいたる。とはいえ、産児調節・産児制限運動が、産児調節の是非を論議するとともに実行方法を普及させる課題を担う時期に、加藤は、日本で最初の産児調節団体といわれるこの団体に加わり、さまざまな援助、保護をおこなう。しかも他のメンバーが実行方法に通暁しないとき、人々に医学的知識を与えている。彼は、日本産児調節研究会に少なからぬ役割をはたし、同会の活動の牽引車となったといえよう。

＊　『平民』第一七四号（一九二二年四月二五日）にも、「日本産児調節研究会会則」が掲載されている。なお、第一八二号（一九二二年八月二五日）には、改正後の「趣意書」「会則」が掲げられる。

＊＊　日本産児調節研究会の一九二三年（大正一二）四月「決算報告」「予算書」による（太田典礼『日本産児調節百年史』一九七六年）。

＊＊＊　岡野辰之介は、『小家族』出版保証金の不足分五〇〇円を、加藤が出すと約束しながら「ドウいふ訳か」出さなかったため、続刊が不可能になったという（岡野辰之介「日本に於ける産児制限秘話」）。だが、加藤は『小家族』のために便宜をはかっており、金を惜しむ理由もなく、同誌は、弾圧により続刊が出せなかったとみるのが妥当であろう。

＊＊＊＊　いずれも未見であるが、石本静枝の著作は、『平民』第一八五号（一九二二年一〇月一〇日）の「新刊紹介」でとりあげられている。

関東大震災をへた一九二四年（大正一三）六月に、加藤は産児調節運動への関与をさらにふかめ、平民病院本院内に小川隆四郎を理事として、産児調節相談所を開く。小川隆四郎は、熱心なクリスチャンで、アメリカに滞在すること一六年、自ら六人の子供をもつとともに、子沢山の在米日本人の姿をみて産児調節の必要を感じ、この事業にたずさわった。同所は、八月に東京妊娠調節相談所と改称、加藤のほか、安部磯雄、石本恵吉が顧問となる。人口の増加が、生活難や良心の欠如を招くとして、「妊娠調節に関して国民の相談相手たる」（無署名「所則」第一〈小川隆四郎『妊娠調節の実知識』パンフレット　一九二四年八月〉所収）ことを期す。相談、講演会、印刷物配布をおこなうほか、ルーデサック、子宮帽、洗滌器、薬品など、「物品取次」も試みている。

相談者に戸籍謄本の提出を求め、子供数の証明をさせ、同時に、社会政策実行団団員たることを義務づけ、安易な妊娠調節・制限を認めないが、加藤は開所にあたり、「サンガー夫人の産児制限論を実際に行ふ」と記したビラ数万枚を配布するなど、力をいれた事業であった（『婦女新聞』第一二五五号〈一九二四年六月二九日〉）。東京妊娠調節相談所の中心は、むろん、「規定の料金を払て質疑を試むる事を得」（無署名「所則」第五）る、という相談であるが、その実数は記録がなく不明であるものの、全国各地からおびただしい数の相談がもちこまれている。開所一年後の一九二五年（大正一四）六月一日の『太陽』（第三一巻第六号）に、加藤は「産児制限を求める人々」として、その一端を紹介している。加藤には珍らしく、ドキュメンタルな手法で人々の産児調節・制限への切々たる訴えを記しており、彼が大きな衝撃をうけているようすがうかがえる。[*] そのためといえるかどうか、平民病院本院では、一八金ペッサリーによる「一種の手術とも云ふべき」避妊処置をおこなっていたという（『読売新聞』一九二四年九月二九日）。

＊　東京妊娠調節相談所が、いつまで存続したかは不明である。なお太田典礼は、小川隆四郎を「商売気があって、評判はよくなかった」と記している（『日本産児調節百年史』）。

このの ち、日本の産児調節・制限運動は、一九二五年（大正一四）二月に、山本宣治が産児調節評論社を設立、「我等の家庭の合理的生活に於て、産児調節の智識は無くてはならぬものである」（無署名「我等の主張」『産児調節評論』第一号〈一九二五年二月一五日〉）、子を望む母に子を与え、「休み無き妊娠に疲れた母に求むる安息を与ふる」（同右）と主張したときから、本格的展開期に入るが、加藤は山本宣治にも協力、[*]安部磯雄、鈴木文治、安田徳太郎、水谷長三郎、藤沢穆、馬島僩、そして加藤時也とともに産児調節評論社同人となる。[**]そして、『産児調節評論』創刊号（一九二五年二月一五日）に、「産児制限運動の現状と実行問題」、廃刊号（『性と社会』と改題。第一四号〈一九二六年五月二五日〉）に「性慾の自由と制限」[***]を寄稿した。また、一九二五年（大正一四）一一月一日に、小池四郎が「医学上又は経済上」必要のある人々に、産児調節の方法を教示するため開設した中央産児調節相談所に、平民病院駒形分院の一室を提供、安部磯雄、山本宣治、鈴木文治、島中雄三、土田杏村、日本工人倶楽部とともに、その委員となった（無署名「中央産児調節相談所規則」『性と社会』第一二号〈一九二六年二月一日〉）。

あるいは加藤は、小川隆四郎、安部磯雄、馬島僩とともに、妊娠調節公認期成会を設立、山本宣治をして、議会に産児調節建議案を提出させることもはかる。産児調節建議案とは、『婦女新聞』第一四九二号（一九二九年一月一二日）によれば、産児制限運動を法律で認可すること、妊娠三ヶ月以内の堕胎を罰せざること、堕胎罪を体刑でなく罰金刑とすること、虚弱な母体保護の法定堕胎範囲を拡張することを内容としていた。このほかにも、加藤は、凡仏『妊娠調節論』（一九二六年一一月一〇日）を生活社より発行するなど、さかんに産児調節運動に参加し、人々の産児調節実践に力を尽くすが、彼は医師の立場より携わり、もっとも肝要な技術の伝達に重きをおきつつ、人々の生活や生命に思いを巡らし、単なる技術の教示にとどまらぬ産児調節論を展開する。産児調節を必要とする人々に共感をよせ、現実の要請する課題として、その実行を説く加藤の活動は、産児調節・制限運動の展開と歩を同じくし、彼を、その発展を担ってきた一員にかぞえあげることができよう。

たしかに、加藤は「悪疾病弱」な子孫が誕生することを忌避するあまり、優生学的な呪縛から完全に解きはなたれず、「遺伝的悪疾」にともなう産児制限は、「善種学の上から見る時は、消極的価値を持つてゐる」(「産児制限運動の現状と実行問題」)と述べる。だが、彼は堕胎と産児調節・制限を区別し生命を尊重し、子沢山ゆえの経済苦にも思いをよせ、さらに、産児調節に法的認可を与えようとしており、当時の社会道徳・社会通念と対決し、人々の道徳的・経済的困窮を救済しようとした。とくに、(のちにふれるが)日本労農党に接近する加藤が、労働農民党代議士の山本宣治、社会民衆党代議士の安部磯雄、同党東京市会議員の馬島僩と協力して、産児調節認可をはかることは、彼の眼が子沢山に苦しむ人々にむいていたことを示す。山川均が、産児調節は、社会問題の解決と関係があるかの如く考える「ブルヂヨア思想」を徹底的に排撃すると主張、産児調節運動の意義を全く否定し(山川均「ブルジヨア思想の潜入を排撃せよ」『性と社会』第一二号〈一九二六年一二月一日〉)、産児制限運動中に「一切の既成ブルジヨア的反動産児制限運動を徹底的にバクロ排撃」(無署名「宣言」無産者産児制限同盟『産児制限運動』第一号〈一九三一年九月一九日〉)する団体があらわれ、無産運動の分裂・敵対がもちこまれる点をみるとき、加藤の柔軟性と産児調節普及にかける情熱を、より鮮明にうかがうことができよう。

＊　加藤が、一九二二年(大正一一)六月二九日付書簡で、山本宣治に『山蛾女史家族制限法批判』一部送附を希望し、加藤時也が『第二維新』を山本に署名献呈していること(太田典礼『日本産児調節百年史』)をみれば、時也が、山本宣治と加藤時次郎をひきあわせたと思われる。

＊＊　のち、同人に、いくらかの異動がみられる。

＊＊＊　一九二六年（大正一五）四月一三日に、一八ページ、定価一〇銭のパンフレットとして発行されている。また、英語版 *Freedom and Limitation of Sexual Desire*（一五ページ　発行年不詳）もある。

この時期の産児調節運動に、加藤時也がさかんに活躍していることを附言しておこう。加藤時也は、愛知医学校を卒業後、一九〇七年（明治四〇）にドイツへ留学、マーブルク大学、フライブルク大学で学び学位を取得、そののち一九一七年（大正六）四月より、大阪平民病院院長をつとめていたが、＊関西方面の産児調節運動の主要な担い手の一人であった。彼は、産児調節評論社同人として『産児調節評論』にしばしば寄稿、「国家として、完全なる産児調節を保護すべきものとす」（アンケートへの回答。『性と社会』第一一号〈一九二六年一月一日〉）と主張するかたわら、安田徳太郎の伝えるところによれば、避妊ピンを作成し、大阪平民病院で希望者に挿入したという（安田徳太郎『思い出す人びと』一九七六年）。＊＊また加藤時也は、一九二四年（大正一三）六月七日、京都三条基督教青年館で開かれた京都産児制限研究会主催の講演会に、＊＊＊山本宣治、水谷長三郎、野田律太、三田村四郎、九津見房子らとともに参加し（佐々木敏二『山本宣治　下』一九七六年）、一九三〇年（昭和五）三月には、大林大原社会問題研究所所員、富田愛染園園主、佐伯光徳寺善隣館館長、川上大阪府主事らにより結成された、初の協会組織にもとづく大日本産児制限協会の顧問に、馬島僩、飯島銀次郎と名をつらねた（『婦女新聞』第一五五二号〈一九三〇年三月九日〉）。彼は、あたかも父加藤時次郎と同じ役割を、関西での産児調節運動にはたしているといえる。

＊　一七一ページを、参照されたい。なお、時也の大阪平民病院院長就任には、堺利彦の仲介があったという。

ている。

＊＊　安田徳太郎は、避妊に失敗した場合、「大阪の平民病院で人工流産した」（『思い出す人びと』）とも記している。

＊＊＊　実質は、京都労働学校の資金稼ぎが目的であったという（佐々木敏二『山本宣治　下』）。

性欲を軸とする社会論

加藤は性をめぐる問題として、法律、道徳、倫理でも規制できず、これらの「権威」が「ホンの飾物のやうになる」（「性欲倫理と性欲科学」『平民』第二〇二号〈一九二三年七月二五日〉）、性欲にも論及する。すでに大逆事件直後に、食欲とならぶ人間の二大本能として、性欲に着目、発言していたが、この時期にいたり論をすすめ、性欲を人間性の発露ととらえ、現今の性欲に対する倫理・道徳や科学を「資本家的」と批判、「法にも触れず生活を脅威せられずして、性欲を遂行し得る社会」、「何等制限なき自由に結合し、自由に性欲を満足せしめ得る社会」（同右）を、建設しなければならぬという。すなわち、性欲から出発し、人間の本来もつ内発的自由にもとづく、人間主体の社会の必要を、主張するようになる。もちろん、加藤は、性欲の「放恣放縦なる乱費」や無制限の放任を主張して「自然の本能」を奨めるのではなく、「無理のない自然そのものになり切つて互に人格的の投合から出発した」（「近代の道徳観より見た性道徳」『凡人の力』第二二九号、第二三〇号〈一九二五年一一月一〇日、一二月一〇日〉）性欲を説く。性欲の抑圧でも、放縦でもないありかた、すなわち、人間の自然な欲望とその自己統制の関連を追及し、人間性が真に発揮できる社会、その社会と調和しうる人間のありようの考察を、加藤は課題としてとりあげた。科学により合理的に分析しえない領域への着目であり、思想の困難に直面し宗教へ傾斜していた彼の心性と無縁でないものの、「真に人間を人間らしく生かしめる。然らば真に、真の性の（ママ）性道徳も生きるのであらう」（同右）と、人間解放への強い希求にもとづく議論であった。

　性慾を出発点とする人間の内面からの解放のために、加藤はまず、一九二一年（大正一〇）四月に、東京牛込南町一番地に性的煩悶相談所を設け、顧問となる。これは、北野博美（『性之研究』主幹）、安部登（『親之研究』主幹）を責任者とし、「性的及び恋愛問題に関し肉体上並に精神上の煩悶のある方の為めに真面目なる御相談相手とな」（無署名「性的煩悶のある者は来れ」『平民』第一五〇号〈一九二一年四月五日〉）ることを標榜、毎週水曜日午前八時から午後一〇時まで、面談（または書面）によって相談に応じる事業であった。また加藤は、早婚により「性欲に関する煩悶の大部分は忽ちにして人間社会から除去され、不自由な性慾遂行法も無くなり、売淫といふ制度も大部分無くな」（『性慾の自由と制限』）る、と早婚を奨励、性的犯罪や「私生児」も、あわせて減少させようとする。ここには、結婚や離婚、また「男女の性交といふ事もすこしらくに考へたい」という彼の意図があり、性道徳改革の試みでもある。加藤は、性道徳を中核とする「現今の道徳観念は、一面には甚だしく潔癖であり偽善であつて、そして一面には幾多の悲惨事、幾多の醜悪事を無視してゐる」（同右）とその虚偽性を批判し、「人間の真心」に訴える「真の道徳」の創造の必要を説いた。

　こうして、加藤は、性を放任し無原則な欲望を容認するのではなく、また逆に性を忌避し敬遠するのでもなく、人間性の根幹としてとらえ、性すなわち人間への抑圧のない社会を考察する。性に着目し、この地点より社会を撃つとき、梅原北明にせよ、伊藤正雨にせよ、あるいは宮武外骨でさ

『性慾と道徳』（1927年）

えも斜にかまえ、往々にして露悪的となり、女性を手段化する傾向に陥りがちだが、「人性の自然に基づいて、しかも動物性に囚はれない真の人間生活を重視せねばならぬ」（『性教育』一九二三年）と喝破した山本宣治とともに、加藤は性という人間性の根源から社会を照射し、そこからの解放を図った人物といえよう。生物学者である山本は、生命の育くまれる過程を考察するなかから性に着目、急進的な社会変革を志し、医者である加藤は、性病への対策を講じ、性の人間生活に占める重みを認識し、穏健な社会改良を提唱している。二人の相違はあるものの、一九二〇年代後半期に、ともに性を軸とする社会批判、新社会の建設を唱えたのである。

一九二七年（昭和二）五月一日に、生活社より発行された『性慾と道徳　並に性病の撲滅新論』*は、性慾と道徳の関係を論じつつ、現時の性道徳批判、人間の性慾の科学的分析、男女関係の歴史的考察、性病予防法の講述、売春制度への言及までみられ、さしずめ性をめぐる問題に対する、加藤の意見の集大成の観をなすが、同書により、さらに彼の性慾を軸とする社会論を探ってみよう。加藤は「人間は孤立の存在でなく、社会的の存在である」と冒頭に書きつけ、かねての見解どおり、食欲と性欲を人間の二大本能とし、それらを「個人的および社会的に抑制する方法手段」「調節」する機関として、道徳・倫理を把握する。そして、あらたな性道徳創造のために、「性欲の生物的原理」を述べ、下等動物から爬虫類・哺乳動物の生殖を考察、人間の性欲がこれらと同じく、男性において「強烈」である点と、反対に、これらと異なり、人間には「生殖作用を説明する言語」や「性欲を覚る可き意識」を有する点、とを指摘した。人間の動物的側面と人間的側面を弁別してみせたのだが、このとき同時に、人間であるがゆえに、青年たちには動物にはない「早熟的性欲」がみられ、「生理的と倫理的とに大なる障害を起し」、「不真面目なる性行と早期の性行」にいたってしまうことを、加藤は憂う。

一方、性欲は到底抑制しきれないものであり、とくに「妊娠の点に於て無責任」である男性は、時としてあらゆる「破倫」をおかしはばからないが、これは古代より「男子が絶対君主であつて、女子は男子の意志に服従し、全く奴隷的圧迫を受けて居た」結果と、加藤は指摘する。過去の「遺伝」が、「女といふものを全く人間の法式から除外し、同じ人間の資格中に組み入れず、倫理的には総てが平等であるべきものを、倫理的にも甚だしき等差を作り、恰も富者が貧者を扱ふが如く、男子は女子を器械扱にして居るのである」。こうして加藤は、生物的・歴史的見地から、性欲と社会の関連を論じ、経済的理由から、青年たちが「精密に適合せる結婚的性行為の筋道に達する」事が不可能となる現在の社会、「女子は男子の性欲を充たす為の道具」のごとく考える現時の道徳を批判、「本能生活の上に健康を守らしめ、倫理を誤まらしめ」ず、性欲においても女性の要求を認め、女性の主体性を尊重するように説いた。

＊　定価三〇銭、一〇九ページの書物である。

加藤は、この主張をさらに「性病伝染の予防」の側面を加味して、展開する。日本人が公共心・公徳心に乏しく、性病予防に耳をかさない、政治家が「淫売営業所」と癒着している、「患者の懐中を一所に巻き上げようとする」悪徳医師があとをたたず、彼らに対する警察の取締も甘い、また「明かに山師広告、詐欺広告と分つて居」ながら新聞が広告を掲載する、と。そして、これらすべては、「資本主義の害毒」であり「資本制度の改廃に依てのみ救済さるべきもの」としたうえで、「現在の過渡期」に、性病予防上の改革としておこなうべき二、三を、提起する。性病を伝播する恐れのある浴場や理髪所を、充分消毒し清潔にすること、「売淫制度」を改良することなどだが、加藤は、公娼性を廃すると、私娼が増え、性病が増加するという考え方を、あらめていない点は、指摘しておかねばならない。今日まで根づよい俗論から、加藤もまぬがれていなかった。だが、彼は以上の主張を述べるさい、現在の社会で「多数人民」は、身体も思想も僅かな賃金で買われており、「世の謂ゆる道徳なるものは、人民一般から見る時には、兎かく階級的に流れ易く、資本家の不道徳に対しては、道徳は何の権威もなく、只弱き民衆にのみ道徳の権威を振りかざされる(ママ)」と、道徳の「階級性」を暴露する。さらにつづけて、真に社会を救済しようとする以上、「世俗道徳の習慣」に拘泥せず、大胆かつ根本的に「本能充足」の方法を講ずることが必要と宣言、性慾「充足」に立脚する社会改革を説くにいたる。

「第二維新」が制度や社会構造の改革を目ざしたのに対し、この主張は、いわば意識・道徳の改革の要求である。「第二維新」では、政治・経済面の均霑に力点をおいたが、こちらでは、精神面の解放を重視し、人間を尺度とした社会および道徳の創造を希求した。もとより『性慾と道徳』では、(『第二維新』の主題であった)いかなる方法で新社会を実現させるか、という点まではたちいらず、あらたな性道徳の内容も、充分展開されてはいない。また、論旨が粗く、社会批判としても、いささか断片的である点はいなめない。しかし、『性慾と道徳』は、性慾から社会を照射し、両者の関係を考察していて、根源的に現社会を批判する可能性を秘めている。『第二維新』と有機的に結合すれば、人間性の解放と経済的・社会的平等にもとづく新社会、そして、そのための「平和的社会変革」の方法が提案される論であった。都市の中産階級を中核とした資本主義批判、およびその社会面・意識面からの改造のプランとなる筈であり、この方向により、加藤は事業上・思想上の危機を回避し、あらたな進展を期すことができたように思われる。

だが、加藤は性慾の煩悶をなくし、性病を防止するために、公設身体検査所と公設性行所の設立を提唱した。前者は「将来に於る性行の危険と不自然とを防ぐ為」の検査所であるものの、後者は国営の「性行所」で、一切の「情的歓楽」を禁ずるのみならず、「入場者は男女とも耳と目とを蔽ひ、先方の顔も見ず、声も聞かぬ様」にし、「単に性行のみを目的」とした施設である。

加藤のこれまでの主張とは裏腹に、性慾を即物的・技術的に処理し、人々の人間性を管理し、抑圧する提案といわざるをえない。文字どおり「売淫制度の合理化」にほかならず、夫婦にあらざるものが「秘密に性行を行ふ場合、必ず之を厳罰に処する」という言とあわせて、現在以上の非人間的状況を、人々に強いるものであった。性慾の解放を唱えたものの、具体的提案としては、全く逆に、人間性を損う逆ユートピアをもたらしてしまい、「第二維新」との関連も検討されず、人間を主体とした新社会の構想の提示は未発におわってしまう。

加藤の「倒錯」は、性欲という彼自身認めていた不合理なものを、合理的に抑制しようとした点に原因をもつが、あらためて性を軸にして国家や社会へ立ちむかうさいの困難を、思いしらされる。性を享楽しながら隠蔽するという欺瞞こそ、批判にさらされているものの、性を拠点に人々を解放する方法・方向への解答は、ひとり加藤にとどまらず、ついに今日にいたるまで、保留されたままである、といえば極言にすぎようか。山本宣治でさえ（私は彼の軌跡を支持するのであるが）、ついには政治の世界に、より多くの比重をかけていき、ましてや、あまたの論者の主張は、性風俗論へとむかってしまう。家庭や女性・子供に目をくばり、性をめぐる問題を考察した加藤は、山本や、相対会を主宰した小倉清三郎、産児制限に尽力した太田典礼、性教育論を展開した星野鉄男らとともに、大正デモクラシー期に、性ととりくみ格闘した論者の一人として、その名をとどめるが、あわせてその困難さを体現した人物ともいえよう。

持続する志

精神世界よりの問題提起
労農組合以外の無産階級へ

精神世界よりの問題提起

『凡人の力』

一時期、事業の試煉や思想の苦難をきたした加藤時次郎は、精神世界に一層ふみこみ、ここからあらたな組織を提起することにより、その安定をはかろうとする。加藤はまず、「『平民』と云ふ名も随分永く使ひ古しましたし、且つ雑誌の表題として今日此の語は既に現実の社会事情に伴はなくなつて居りますのと、又一ツには多少とも此際面目を一新したいと云ふ希望」（編輯者「改題の辞」『凡人の力』第二三二号〈一九二五年四月一〇日〉）から、機関誌を『凡人の力』と改題した。巻号は『平民』を継続するが、毎月一回刊行、判型はB六版、一四ページだてで、紙質をよくし一部一〇銭、生活社発行。発行人兼編輯人は榊原龍之輔、印刷人は岡千代彦で、編輯には守屋貫教があたり、一般の書店でも販売したという。*

同誌は、『平民』という反官僚・反資本家意識を前面におし出した誌名をあらため、「凡人」という主角のとれた言葉を採用したことが示すように、誌面の雰囲気はかなり変化し、自由主義者や社会主義者の寄稿は全くみられなくなり、宗教関係者の評論が多数を占めるようになる。もとより、

「新刊紹介」で、小池四郎『産児調節の理論と実際』（第二二三号〈一九二五年五月一〇日〉）、山田嘉吉『社会学概論』（第二二四号〈一九二五年六月一〇日〉）をとりあげ、巻頭に毎号掲げられる加藤の論稿も、宗教のことのみを論じているのではない。

だが、アール・グローヴス「宗教に於る非社会的要素」（第二二三号、第二二四号、第二二六号〈一九二五年五月一〇日、六月一〇日、八月一〇日〉）、田中桃堂「宗教の階級性及び超階級性」（第二二九号、第二三二号〈一九二五年一一月一〇日、一九二六年二月一〇日〉）、守屋貫教「教育と宗教」（第二三四号〈一九二六年四月一〇日〉）などの評論が掲載され、加藤自身も「仏教の業（Karma）説と遺伝」（第二三五号〈一九二六年五月一〇日〉）、「加持祈禱に就きて」（第二三六号〈一九二六年六月一〇日〉）などを寄せる。

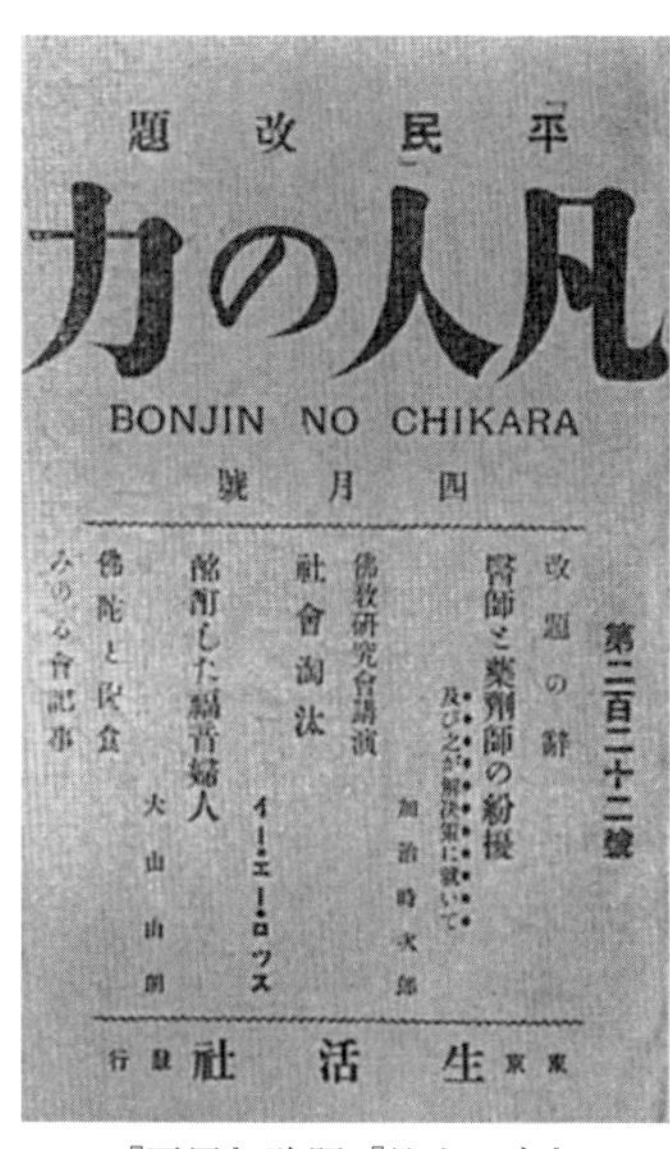
「平民」改題
凡人の力
BONJIN NO CHIKARA
四月號
第二百二十二號
改題の辭
醫師と藥劑師の紛擾
及び之が解決策に就いて
加治時次郎
佛教研究會講演
社會淘汰
イー・エー・ロッス
酩酊した福音婦人
みのる會記事
東京 生活社 發行

『平民』改題『凡人の力』

また加藤が世話人となり、一九二四年（大正一三）一〇月に結成された仏教研究会**の彙報や予告が毎号掲げられ、同会茶話会席上での感想談である、桜田助作「私と仏教」（第二二三号〈一九二五年五月一〇日〉）も掲載された。誌面から、社会政策実行団の彙報や読者の投稿欄、「平民俳壇」「平民歌壇」や小さな囲み記事、コラムが消え、多様性がなくなり単調になったことが、これらの記事を一層目立たせる要因となっているが、みのる会でも、一九二四年（大正一三）九月一九日に、二時間にわたり活動写真「日蓮聖人一代記」を観賞、妹尾義郎の仏教講話がなされている（無署名「初秋みのる会」『凡人の力』第二二七号〈一九二五年九月一〇日〉）。

＊　加藤が関与したのは、第二八三号（一九三〇年五月一〇日）までであるが、彼の死後も刊行され、第四四一号（一九四三年九月一〇日）まで確認できる。

＊＊　田中桃堂が、毎月第二・第四金曜日に平民病院本院で、『日蓮聖人遺文』を講じた。会費は一ヶ月三〇銭。

とはいうものの、すでにくり返し述べたように、加藤は「社会改造」の立場を持続させ、したがって宗教を韜晦の場ではなく、現実と緊張関係を保持する「社会改造」の手段とみなしていた。そのため、仏教研究会は「日蓮聖人の遺文を通して仏陀の真理を顕揚し、以て無辺な仏教デモクラシーの精神を弘布する」（無署名「仏教研究会講演」『凡人の力』第二二二号〈一九二五年四月一〇日〉）ことを標榜する。また加藤は、宗門が「癩病者」のいる深敬病院を移転しようとしたとき、それを「由々敷人道問題」と批判し（「癩病患者の浄土、深敬病院を放逐するの非を論ず」『法華』第一〇巻第七号〈一九二三年七月一日〉）、身延温泉会社と協同で温泉場建設にのり出したときには、「風教を堕落せしめ信仰を退化せしめ霊域を汚す」（「身延温泉興業株式会社の事業に反対し宗門の革正を促す」『凡人の力』第二三九号〈一九二六年九月一〇日〉）と論難し、宗門といえども、歯に衣をきせず俎上にあげた。さらに、現実に背をむける宗教の現状をも批判するが、こうした態度は、自由仏教団というあらたな組織の提唱となった。

一九二五年（大正一四）六月、自由仏教団は、釈尊の説く人間生活の平等は、マルクスの唱えた社会主義と同義である、両者は「精神的の平等」と「物質的の平等」を説く相違にすぎず、しかも仏教の平等観を社会の実生活に「応用」するときは、「物質的の平等に帰着せねばならぬ」。「精神と物質の融合、宗教と科学の一致」により、「精神的平等」にもとづく「物質的平等」が実現する「現世の極楽界」を建設しよう、という目的のもとに提唱された（「自由仏教団趣旨」ビラ　一九二五年六月）。

加藤は、ここで宗教への関与をより強めたが、単なる「精神」と「物質」の調和ではなく、現実の不平等を矯正しなければならないという問題関心により、両者の結合を主張している。「社会改造」を、「飽くまでも平和的に、飽くまでも合理的に、飽くまでも道徳的に」（同右）実行するための「社会運動」組織として、自由仏教団を提起したのである。

あらためていうまでもなく、前年に『マルクス主義』『文芸戦線』が創刊され、この年には日本労働総同盟から左派が分離、日本労働組合評議会が結成され、また、全国で治安維持法をはじめとする三悪法反対運動が展開されるなど、思想・運動に急進的な動きが強まったことの反映である。加藤は、これらの動きに一言も論評を加えていないが、一方で、「社会改造」の必要をますます深く認識するとともに、他方で、その活動形態・主張の「過激性」を批判し、自由仏教団の結成を試みたといいうる。自由仏教団が、「実際的社会改造の事業を起すこと」（「自由仏教団規約」ビラ　一九二五年六月）も目的のひとつとすることをみれば、この点は明瞭であり、同団は研究部、編輯部とあわせ、社会政策実行部を設置、社会政策実行団の事業を継承しようとした。また、医薬業の国営請願、購買組合、信用組合、生産組合、簡易質店、低廉葬儀所、低廉浴場、低廉理髪所、低廉改良長屋、病災保険、団員独身者寄宿所、団員宿泊所の調査・計画もはかっている。なお、このとき、社会政策実行団団員には、「社会政策実行団を従来の如き単なる経済団体に止まらしむる事は到底出来ない所でありますので、今や進んで精神的要素を事業の内容に摂り入れ物質、精神の両方面を協合して発展せしめ度」(無題　ビラ　一九二五年六月)い、というビラを送附した。加藤は、事業にもとづく「社会改造」の試みに「精神的要素」を加え、一層理念と内容を強化し、その実現を目ざしたのである。加藤にとれば、いささか安直な方向ながら、全く別箇に論じられていた「第二維新」と事業と宗教の結合(折衷)にほかならず、自らの営為を、ひとつの有機体としてまとめるための歩を、一歩おしすすめた試みといえよう。

だが、国家や自治体による社会事業が、一応の軌道にのり展開され、無産階級もセツルメントや消費組合運動、借家人運動を活発に展開し、生活と直結する運動にのり出してくるこの時期に、加藤の事業の影響力が弱まる点は、如何ともしがたい。また、すべての思想を批判的に相対化するマルクス主義思想に対し、加藤は、その内在的検討をなさず、唯物論として概括するにとどまり、充分に論点を出しえず、説得力が減少する点もいなめない。これは加藤個人にとどまらず、急進的な労働運動や社会思想に対する、都市中間層の困惑であるが、加藤の事業や思想が、改良的であるがゆえに存在意義をもちえていた時期がおわり、逆に、批判される側にせり上げられ、社会における位相が、変化をみせるのである。たとえば、無産医療運動に参加した泉盈之進は、「東京では平民病院などがありましたが、それは特に労働者に対する関心を持った病院ではなかった」(泉盈之進「労働者診療所より無産者医療同盟へ」『医療社会化の道標』所収)と、批判を加えている。

自由仏教団は、この点に充分な解決を与えておらず、加藤は「失地回復」をはたしえない。しかしあえて、加藤の試みが、急進的運動に対する誠実な対応であり、急進的運動についてゆけぬ人々の共感をうる可能性をもち、これらの運動と提携の余地を残している点に、注意をはらっておこう。すぐふれるように、加藤は無産政党に大きな関心と期待をよせ、関与していくのであるから。

だが、自由仏教団は、思わぬことから座礁する。以上の趣旨では、社会政策実行団団員が、希望の有無にかかわらず自由仏教団に強制的に入団させられるためで、一九二五年（大正一四）一〇月、あらためて、社会政策実行団を存続することとした。自由仏教団による社会政策実行団の事業継承は、「適当の時機迄見合せ」、同団は、しばらく「宗教的研究団体たるに止まる」（同団人「箇（ママ）人自由の見地から」『凡人の力』第一二八号〈一九二五年一〇月一〇日〉）こととした。もちろん、これは自由仏教団が思いつきで提起されたことを示すのではない。加藤は、『凡人の力』第一二五号（一九二五年七月一〇日）に、「自由仏教団の使命と精神」*を寄せ、現在の仏教諸宗派や教団から離れ、「仏陀の真智、真信仰に遡り」自立的な「宗教改革」をおこない、宗教の「熱烈なる情念を社会改造運動の動力とし、之れが指導の原理を社会科学に仰がん」ことを力説するのであった。この意志は持続され、二年後に加藤は再び、創設の提起をおこなう。

＊　英語版 *The Mission and the Nature of the Liberal Buddhist Association*（パンフレット　二ページ　発行年不詳）が存在する。また、*The Liberal Buddhist Association*（パンフレット　四ページ　発行年不詳）もあり、自由仏教団結成にかけた加藤の熱意がうかがわれる。なお当初の予定では、普通団員（団費月一〇銭）、維持団員（三〇銭）、援助団員（年五円―三〇円）の各団員と、団長（一名）、幹事（二―三名）、

評議員（一〇名）、会計監査役（二名）、書記（若干名）の職制をおき（「自由仏教団規約」）、団構成員には「成るべく禁酒、禁煙を実行する事」（同右）を要求する筈であった。

仏教国民同盟

『凡人の力』第二四三号（一九二七年一月一〇日）に、加藤は「仏教国民同盟の組織を提唱す」を寄せ[*]、精神世界から再度、新組織の結成をよびかける。仏教国民同盟の提唱だが、これは前年一九二六年（大正一五）三月五日の労働農民党結成による無産政党の出現、および一年たたぬうちの同党の分裂と、それにともなう社会民衆党（一二月五日）、日本労農党（一二月九日）の結成に影響をうけ、呼応したものである。すなわち、加藤は右の論稿で、無産政党組織は「吾人の双手を挙げて賛する所」だが、そもそもの出発から「社会改革の大精神を逸」し、「資本家と云ふ共同の大敵を控へながら、右傾と軽しめ左傾と毀し両々相争ふて降らず、分裂に分裂を重ね終に大同団結を為す能はざる」を深く憂う。このことが、仏教国民同盟提唱の「直接の動機」という。彼はつづけて、「社会改革」の陣頭にたつ人々が「反抗」と「争闘」をくりかえせば、永久にその争いはつづき、平和に至らぬ、とかねての持論を述べ、「真の社会改革は平和無諍の大精神に依りてのみ達成せらるべきである」とした。加藤は、普通選挙により無産階級の代議士が登場することを強く望んでおり（『訂正増補 第二維新』）、無産政党を高く評価するとともに、現実の無産政党の内輪争いに危惧を示し、（彼らに同調できないこともあって）、再び、仏教にもとづく組織を提唱したのである。

＊「仏教国民同盟の提唱」は、ごくわずか修正して『凡人の力』第二四四号（一九二七年二月二〇日）に再掲載され、このときには無署名の「仏教国民同盟の事業的内容たる生活組合に就て」「仏教国民同盟規約案」が附された。また一九二七年（昭和二）二月二日には、三一ページ、定価五銭のパンフレットとしても、発行された。こちらには、「仏教国民同盟の事業的内容たる生活組合に就て」「仏教国民同盟綱領案」「仏教国民同盟規約案」が附されている。

この仏教国民同盟は、同時に、「社会改革の提案に平和なる仏教的精神的の根拠付をした」（「仏教国民同盟の組織を提唱す」）自由仏教団につらなる組織の提起で、再び「第二維新」と宗教と事業を結合させる試みでもあった。したがって、加藤は従来どおり、「真に国家社会を憂ふる達識具眼の士」で、資本主義社会の改革を希求する意志は、「決して労働者に優るとも劣るものでな」いとする。その立場から加藤は、「その位置境遇上、団結し能はざる」中産階級によびかけた。上に資本家、下に労働者に挟撃されつつある「知識無産者」、とくに「いまだ何等の同盟と団結となく、何等の社会運動を為さざる」彼らこそ、「資本家の横暴にかたよらず労働者の過激に失せずしてよくその中庸を行く」と期待をかけたのである。

このとき都市中間層はといえば、生活難に直面し、組織された人々は、俸給生活者組合や消費組合のように労働組合化し、さもなくば旧中間層の人々のように、一九二七年（昭和二）二月にガス報償契約改訂反対運動、一九二八年（昭和三）八月に板舟権補償・京成電鉄市内乗入にともなう疑獄に対する東京市政刷新運動、一九二九年（昭和四）四月の東京ガス料金値下運動と、ことあるごとに住民運動を展開する。また、旧中間層による借地・借家人組織も多数結成され、一九二九年（昭和四）一一月二四日には、日比谷公会堂で、全日本地代家賃値下運動協議会を開催する動きもみられた（『東京朝日新聞』一一月二四日、二五日）。

とはいうものの、生活に困窮し政治に不満をもちつつ、運動に参加せず、声をあげえない人々も少なくない。とくに新中間層に多くみられがちな、これらの人々は、婦選獲得同盟など女性組織のはたらきかけを除けば、放置されたままであった。現状批判の意識をもちながら、虚無感をただよわせたモダニズムやニヒリズムに奔る都市の中産階級を、加藤は宗教を援用して活性化させ、「第二維新」の実現をはかったといえよう。

仏教国民同盟はまた、「無産階級の生活組合」「無産階級全部の経済的相互安定を打建つる」（「仏教国民同盟の事業的内容たる生活組合に就て」）ことも標榜、「仏教国民同盟規約案」第一条には「本同盟は綱領の定むる所に従ひ諸種の社会政策的事業を遂行するを以て目的と為す」と掲げる。このとき社会政策実行団は、平民病院本院、平民病院駒形分院、平民薬局、平民食堂、平民倶楽部、平民衛生試験所（本院内）、および一九二五年（大正一四）九月一一日に、再び山崎今朝弥を顧問とし平民食堂内・平民病院駒形分院内に復活された平民法律相談所の事業を擁していたが、社会政策実行団の理念を仏教国民同盟に委ね、後者による「模範的大共同組合」（ママ）、すなわちひとつの共生空間の建設をはかるのである。

こうして、加藤は、事業の危機とその影響力の減退を、仏教国民同盟という精神世界よりの組織によってのりきろうとし、「震災後の事業の停頓*」よりの脱却・再生を期した。また、無産政党の登場という政治状勢のもとで、無産勢力との対応を考慮したうえで、いまいちど中産階級を中核とする「大規模の生活組合」、仏教を利用した「平和的」手段による「第二維新」論を確認する。仏教国民同盟により、「労資の紛擾を鎮静し、階級の反目を緩和し、以て国家社会の健全なる発展」(「仏教国民同盟綱領案」)を期した。そして加藤は、一八条におよぶ「仏教国民同盟規約案」を作成、発足に尽力する。

だが、あたかも、この方向が危機克服の最善の途ではないことを証左するかのように、同盟は日の目をみることなく、見送られてしまう。詳細はあきらかにされていないが、自由仏教団と同様に、社会政策実行団との調整が問題となったのではなかろうか。仏教国民同盟が成立すれば、事業と「第二維新」が、宗教を媒介として有機的に結合し、加藤の思想と実践が統一的に把握され、体系化されたかもしれない。しかしこの可能性も、仏教国民同盟の流産にともない消滅し、加藤自らの手による全活動の総合化や、理論化の機会は失われてしまった。

＊　初版『第二維新』への加藤の書き込み。

このかん、加藤が宗教に対しどのような発言をしたか、簡単にみておこう。彼が、その見解をまとめて記したのは、一九二九年(昭和四)八月一三日に二二ページのパンフレットで出版した『日蓮聖人を中心としたる革命的新仏教』＊である。ここでは、現在の仏教者を批判し、歴史的過去の教義をそのまま説くのでは「到底以て科学をその根抵とせる現代人を信服」せしめえない、「科学」を取り入れ自己改革しなければ、仏教そのものの「生命」は滅びると強調する。また、「活眼を開いて世界を観よ、民衆は生活の重荷にあへぎ〳〵して居る」といい、「精神上の革命」と「生活上の革命」が要求されていること、「民衆の生活に(ママ)同情し理解し体験し依て以て民衆の精神的指導となる事」を説く。こうして「既成宗教」を批判、「迷信的宗教」「有閑的宗教」「偽善的宗教」の「宗教革命」をおこない、資本家に「阿附」するのではなく、彼らを民衆主義に「聴従」させ、「日蓮聖人の精神を当面の社会に実現」しようとした。

まことに、日蓮ばりの語調の鋭さで「既成宗教」を指導するが、教義の訓詁的解釈ではなく、現代的解釈を、形式の伝達ではなく、精神の蘇生を唱えた点に、加藤の議論の特徴がみられる。教義の細部にこだわらず、大胆に自己にひきつけ、むしろ宗教的情熱に着目している点に、加藤らしさがうかがわれよう。社会運動に携わる人物が、宗教に「回帰」し韜晦、あるいは運動から離脱する例が、木下尚江、西川光二郎はじめ、この時期にいたれば宮崎滔天、添田啞蟬坊、原子基ら多くみられるとき、加藤は逆に宗教を「改革」しようという意図をもった。もちろん、加藤も、宗教に帰依することにより、かつての地歩よりは移行しているのであるが。

＊　定価は五銭である。

労農組合以外の無産階級へ

日本労農党への参加

普通選挙法の制定と無産政党の結成は、加藤時次郎にとり「第二維新」への大きな前進と映った。加藤は宗教を援用し、「労農以外の無産階級」の組織化を画策するとともに、彼らの啓蒙をはかり、普通選挙の有意義な運用をはかる。「新しい選挙民たる民衆はまだ思ふ程目覚めて居ない」(「普通選挙と労農組合以外の無産階級」『凡人の力』第二四一号〈一九二六年一一月一〇日〉)という認識があり、これまでの宗教論文にかわり、加藤は「軍備撤廃の自然の傾向」(第二四五号〈一九二七年三月一〇日〉)、「大蔵大臣の失言問題」(第二四六号〈四月一〇日〉)、「田中総理大臣閣下に進言す」(第二四七号〈五月一〇日〉)など、現時の政治状勢への発言を『凡人の力』に寄せはじめた。

こうした中産階級への働きかけと並行して、加藤は「吾国社会主義運動史上画時代的の事件」(「社会主義より純社会改良主義へ」『凡人の力』第二八〇号〈一九三〇年二月一〇日〉)である、無産政党中の中間派の日本労農党に名をつらねる、すなわち、無産勢力と協調するという、思いきった行動もみせる。日本労農党は、一九二六年(大正一五)一二月九日に、麻生久を中心に、日本労働総同盟、日本農民組合から幹部を引き抜き、中間派労働組合を抱えこみ結党したが、加藤は、日本労農党中には「幾多真面目な知人もあり、旁々顧問役として道徳的である限りは尽力すると言ふ約束で、幾分の資本を出したりして之を援助した」（同右）のである。

大正デモクラットの一員として、穏健なものと調和するのではなく、より急進的な運動と協調しており、加藤の「第二維新」へかける意気込み、無産政党への期待のほどをうかがいえよう。労働者や農民など、疎外された人々への共感ももちろんあった。そして、初期社会主義の一員から出発、社会改良主義へ移行し、大正デモクラシーの潮流に参加した加藤は、無産政党に関与するにいたる。息長く日本の社会運動史上に寄与しつづけ、たえず「社会改造」のあらたな可能性を探っていたことをしりうる。大正デモクラットの無産政党への関与は、山本宣治、大山郁夫（労働農民党）、赤松克麿、吉野作造（社会民衆党）、麻生久、三輪寿壮（日本労農党）はじめ数多くみられるが、加藤は無産階級の立場に、自己を同化させるのではなく、「労農以外の無産階級」、すなわち中間層の立場を保持したまま参画する。社会民衆党の産婆役をつとめながら、党外にとどまった吉野作造と相似の位相をとった。

さて、加藤がいう「知人」とは、加藤勘十や山崎今朝弥を指すと思われるが、麻生のもとで日本労農結党に尽力し中央執行委員をつとめた加藤勘十が、「党組織の中心人物であつた麻生、三輪君等を先生（加藤時次郎——註）に紹介して、先生を党の顧問に推薦」（加藤勘十「憶ひ出の数々」『ありし面影』所収）したという。加藤は、日本労農党に対しても保護者的態度をとり、「尠からず、物質的にも援助」（同右）をしたようである。今日の研究*があきらかにするように、日本労農党の財政は、党の下部機構が実質上存在しないため、非常に苦しく、収入の大半は寄附金・借入金で、財政面の行詰りが案じられていた。このとき加藤の資金提供が、創立期の同党に大きな援けとなったことはいうまでもなく、麻生久は「日本労農党は、経済的には最も苦しい立場にあつた。今日にしてあの当時を考へ合はせれば、先生（加藤時次郎——註）の心からの助力なしには、日本労農党は育たなかつたであらう」（麻生久「日本労農党と加治先生」『ありし面影』所収）と述懐している。[**]

＊　増島宏・高橋彦博・大野節子『無産政党の研究』（一九六九年）。

＊＊　ただし、日本労農党の『維持費払込成績報告（昭和二年中）』（一九二八年一月七日。大原社会問題研究所蔵）には、加藤の名はみあたらない。

だが、加藤は日本労農党に、単に名をつらねたのではない。日本労農党創立発企人や結党大会には姿をみせないものの、一九二七年（昭和二）一月二六日に開かれた同党の第二回中央委員会で、加藤は社会事業部長となり（『日本労農新聞』第三号〈一九二七年二月一日〉）、彼が切り拓いてきた領域からの寄与をおこなう。『日本労農新聞』第三号は、社会事業部の「第一期」事業として、「無産者の医療救済に力を注ぐ為め実費診療所を設立する」ことを決定、敷地の「選定」を開始したことを報じている。「我党は無産者の政治的迫害に対抗し、実費診療者（ママ）は無産者の肉体的迫害に抗し、両々相俟つて無産者の解放に向つて邁進する」といい、加藤がこの計画を立案した証拠こそ提示できないものの、彼が大きく力与っていることは、うかがいしれよう。社会事業部は、さらに「消費組合運動の促進」も計画しているほか、日本労農党関西本部でも、臨時協議会を開き、大阪梅田駅附近に簡易治療所の設置を決定、家屋がみつかり次第、「加治社会事業部長と協議すること」（『日本労農新聞』第四号〈一九二七年二月一八日〉）をとりきめている。

これに先だち、日本労農党は、一九二七年（昭和二）一月二七日から二九日にかけて開いた第一回全国大会で、「イ　失業者救済制度の確立、ロ　養老院、孤児院、無料托児所等の完備、ハ　避病院その他伝染病予防対策の徹底的改善、ニ　公園の拡充」（『昭和弐年拾壱月弐拾七・八・九日東京芝公園協調会館大講堂日本労農党第一回全国大会提出本部議案及報告』大原社会問題研究所蔵）を提案し、社会事業に本格的にとりくむ姿勢をみせていた。

ほぼ同じ時期、社会民衆党は、無料診療所の公営普及や、健康保険制度による「医薬救療機関の民衆化」、「社会事業に対する小学校舎の解放」、「職業紹介所の労働組合管理」、「葬儀並に助産の無料施設」設置を要求しており（『社会民衆新聞』第二七号〈一九二七年七月三日〉）、無産政党は、政治的闘争にとどまらず、社会事業にも目をむけはじめ、無産者の生活向上・生活救済をはかっている。こうした問題関心と領域こそは、加藤がこれまで営々とおこない切り拓いてきた活動・事業にほかならず、彼はこの局面から、無産政党――日本労農党に積極的に加わり、その運動に助力した。普通選挙運動以来、七、八年ぶりの実践活動で、七〇歳にならんとしての活動である。

しかし、自己の立場を保持したまま無産政党と協調するには、あまりに無産政党相互の「争闘と排斥」が激烈であった。加藤は渦中で幾多の醜い争いをみ、「彼等の為す所往々道徳ならざるものあつて、どれだけ失望したか分らない」（「社会主義より純社会改良主義へ」）、また彼らが「社会主義の純粋な精神を没却」し、いつまでも争いつづけることに、業をにやした。そして、「凡てが一致する迄党派外に立ちて社会主義の健前(ママ)なる発達を期する外はない」*(「外遊に際して」『凡人の力』第二五〇号〈一九二七年八月一〇日〉)と、日本労農党と距離を保つことを決意、一九二七年（昭和二）夏、突如さき夫人とともに三ヶ月ほどヨーロッパへ旅立つ。出発当日の七月二〇日は、「日本労農党関係平民病院関係の見送りで駅頭は時ならぬ賑ひを呈した」(『日本労農新聞』第一五号〈一九二七年八月一日〉)というが、加藤はすでに七月七日に「渡欧に付一身上の理由より辞任申出」(『昭和弐年拾壱月弐拾七・八・九日東京芝公園協調会館大講堂日本労農党第一回全国大会提出本部議案及報告』)、社会事業部長辞任が、日本労農党中央執行委員会において承認されていた。初期社会主義運動、普通選挙運動につづく加藤の三度目の実践活動は、半年あまりで積極的な姿勢を失うのである。

＊「外遊に際して」は、ビラも作成され、知人や関係者に送附されている。

もっとも、日本労農党の人々は、無産政党に距離をとろうとする加藤の心事を解せざるためか、一一月七日のヨーロッパよりの帰国をまち、山崎今朝弥が「日本労農党の人達に頼まれ、麻生久君三輪寿壮君と高輪の邸*に伺候して院長(加藤時次郎――註)の脈をとつた」(山崎今朝弥「院長を憶ふ」『ありし面影』所収)。日本労農党としては、加藤の財政的援助を無視できなかったのであろう。ここでどのような話し合いがなされたかわからぬが、一九二七年(昭和二)一一月二八日夜の中央委員会で、麻生久の書記長選出が決定したあと、「次は、顧問、杉山(元治郎――註)。加治。会計監査、松谷(与二郎――註)。山崎(今朝弥――註)、右可決」(「中央委員会」一九二七年一一月二八日。大原社会問題研究所蔵)という経緯をへて、一一月二七日の第一回全国大会の席上、杉山元治郎とともに、加藤の日本労農党顧問就任が発表された（『日本労農新聞』第二五号〈一九二七年一二月一〇日〉）。

社会事業部長を辞し、日本労農党から離れようとした加藤が、なぜ顧問就任を諒承したのか、いやそもそも、彼はこのことを諒承していたのか、という点については、遺憾ながら不明である。「昭和参年四月拾四日午前九時速達ハガキ」と記された、加藤の「日労党幹部」あてのハガキ草稿**が残されている。ここには、「昨年夏渡欧の時既に貴党を去りたるに老生をして又顧問の名を与へられたるは甚だ懺悔に堪へず」と書き出され、「貴党後援者の一人としては御利用不苦候へ共党名丈御除き被成下度」「今後いづれの政党にも与せず敵も味方もなく無産者の同情者となつて働き度存候」としたためられている。しかし、第一回全国大会から四ヶ月をへての「除名の儀御願」であり、このかんにおこった一九二八年（昭和三）三月一五日の日本共産党などの大検挙と、それにつづく労働農民党、日本労働組合評議会、全日本無産青年同盟の三団体結社禁止の影響をうけている点は、いなめない。***実際、一九二八年（昭和三）三月一日、二日に開かれ総選挙の総括的報告、「戦績報告」がなされた日本労農党拡大中央委員会には出席、「感想」を述べているのであるから****（「日本労農党拡大中央委員会議事録」大原社会問題研究所蔵）。

加藤が明確に顧問就任を諒承しないまま、日本労農党がその件を発表、加藤はそれを黙認していたが、無産政党が政府の弾圧の対象となるに及び、直接の参加をやめることを決意し、あらためて除名を要求したというのが、この問題の真相ではなかろうか。

＊　娘時江（一九一七年一一月三〇日――）をもうけていた加藤は、一九二四年（大正一三）六月に東京芝区高輪北町四八番地へ転居、以後ここで生活していた。

＊＊　平民病院用の便箋一枚に、ペンで書かれている。加藤の自筆草稿であるが、この文面のハガキが出されたかどうかは不明である。

＊＊＊　三・一五事件の新聞記事掲載禁止がとけ、三団体結社禁止が発表されるのは、四月一〇日。ハガキ草稿が四月一四日に書かれていることは、このことを示していよう。

＊＊＊＊　「感想」の内容は記されていない。

こののち、一九二八年（昭和三）一二月二〇日に、日本労農党を中核に、日本農民党、無産大衆党など七党が合同し日本大衆党が誕生、二二日、二三日の第一回中央執行委員会で、松谷与二郎、山崎今朝弥、吉田賢一、高橋亀吉とともに、加藤は相談役に選任され、『日本労農新聞』第四五号（一九二九年一月一日）、『日本大衆新聞』第一号（一九二九年一月二〇日）に発表された。しかし、今回は、加藤はただちに相談役辞任を申し出、一月二七日の第五回常任中央執行委員会で、承認されている（『情報』第二号〈一九二九年一二月八日〉大原社会問題研究所蔵）。こうして、加藤は無産政党への公然たる直接の関与を一切断った。

とはいえ、これは、加藤が無産政党と離間し、敵対したということではない。加藤は、『無産政党の研究』によれば、「清党運動」のときに「日本大衆党常任執行委員」にあて、党機関紙たる『日本大衆新聞』が、党内一部の意見を掲載することを批判、「大衆新聞の持主たる事も辞するの止むを得ざるに立至るかとも心配せられます」との意見書を提出したという。これは、加藤が日本大衆党の機関紙発行に、大きな援助を与えていることを示唆している。また、日本大衆党結党直後に、福田狂二と進め社が、平野力三、麻生久ら党幹部の党結成にまつわる「醜行為」を暴露した「清党運動」には、加藤は離党しているため「其成行きを見て居るのみ」（「無題」『進め』第七巻第二号〈一九二九年二月〉「清党運動」に対するアンケートへの回答）と述べていた。しかしこのとき、「党と私との間に多少面白くない関係の生じ」たことをいい、除名された堺利彦を「ずゐぶん心配し」（堺利彦「加治君と私との関係」『ありし面影』所収）てもいる。「清党運動」に対し、「軽い同情すら寄」（加藤勘十「憶ひ出の数々」同右所収）せていたとの言もある。*

あるいは、堺利彦が、一九三〇年（昭和五）二月二〇日に東京府第一区より総選挙に出馬したとき、加藤は総費用三、八七八円七五銭のほぼ一割にあたる三〇〇円を寄附し、応援している**（『無産市民』第八号〈一九三〇年三月一日〉）。加藤が、堺の発行する『無産市民』に、馬島僩、布施辰治、山崎今朝弥、三輪寿壮、松永義雄、黒田寿雄、松谷与二郎、片山哲らと、いわゆる名刺広告を掲げているのも、経済的・精神的支援の一形態といえよう。

* 加藤勘十は、「清党運動がウヤムヤに結末を告げて、幹部側の圧制によつて、除名、分裂の騒ぎが繰り返されるに至つて、遂に党の関係から（加藤時次郎は——註）手を引かれるに至つた」（加藤勘十「憶ひ出の数々」）と述べ、加藤の無産政党からの引退の原因を、ここにみている。

** 堺は、結局落選している。選挙費用は「殆ど総て」寄附金に拠っており、野依秀市、吉川守圀、白柳秀湖、河崎なつ、荒畑寒村、前田河広一郎、与謝野晶子ら、多様な人々のなかに、加藤時也（一〇〇円）の名もうかがえる。

こうした加藤の態度は、かつて社会主義者たちに示したと同様、彼らと実践をともにすることは避けるものの、共感を捨てず、援助を与える保護者的対応に、ほかならない。加藤はさいごまで、この態度を貫きとおした。このかん、加藤が無産政党に要望していたのは、その合同で、彼は「吾国に於ける無産政党の分裂を最も悲しむべき現象と考へ、其大合同の一日も早からん事を待ち望」（「無産政党合同に対する提議」草稿一九二八年一二月一七日*）み、たびたび提言をおこなう。もちろん、表面上形式的に「合同」し、背後に陰謀や暗闘があることを、よしとするのではない。そのため、「同じ社会主義の流をくみながら中間派といひ右傾派といひ其色□(不明)を異にした政党が果して合同を全うし得るであらうか。合同後、再び分裂の悲運を観ないであらうか」といい、「日本的社会主義」を提唱、「国体精神に則り一君万民の大旆の下に無産者の合同を策することが最上の方策」（同右）と、国体との協調を説くような苛立ちを、みせることもあった。

加藤は、無産政党の結成と存続を自己目的とするのではなく、「眼前に苦んで居る無産階級を救済したい」（「外遊に際して」）という観点から、無産政党に関与する。このため彼は、組織の人間とはなりえなかったが、組織を優先し戦略・戦術をめぐり、互に敵対する無産政党のありようを批判、忌憚のない意見を提出しえた。肝腎の「無産階級」を見失い、「敵」をとりちがえている無産政党に対し、「社会主義の純粋な精神」を喚起させ、「根本精神」にたち帰らそうとしたのである。こうして加藤は、無産政党の合同という、もっとも深刻で重大なこの時期の課題にふれるとともに、この発言をつうじて、無産政党の周縁におり、無産政党へ真情あふれる批判と提言をおこなった数少ない人物の一人ともなった。

＊　便箋六枚に、ペンで書かれている。

情況への眼

加藤は三度目の渡欧に、「親しく欧州社会主義者の有様を見、その社会政策の施設をも究めて、予の社会政策の実行上に一転進を期せん」（「外遊に際して」）と旅立ち、ソヴィエト、デンマーク、フランス、スイス、フィンランド、スウェーデン、オーストリアを歴訪する。モスクワで、片山潜、ブハーリンと会い、久濶を叙し、松本君平にも出会い、ベルリンでは、土岐善麿を介して黒田礼二（岡上守道）に対面している。帰国後『凡人の力』に寄せた「欧州視察談」＊により、簡単に彼の報告を紹介しておこう。

「社会衛生」の観点から、加藤は、病院が国営で低廉、親切に患者を取扱うフィンランド、結婚前に健康証明書をとりかわしているスウェーデン、健康に至上の価値をおき、母性保護を実践し、育児法や産児調節に心を配るソヴィエトに好印象をもつ。これに対し、ドイツは、第一次世界大戦の疲弊が残り、「外形上は華美で整つて居るやうに見えるが、裏面はそれとは反対で苦し」（「世界大戦後の風俗並に経済状態」『凡人の力』第二五九号〈一九二八年五月一〇日〉）く、病院の状態が悪いことを指摘する。社会主義に関しては、「マルクス流の社会主義」は「停滞」し、ドイツの「共産主義」のごとき「偏頗な過激な社会主義」は容認しない方向が大勢で、ヨーロッパでは「共産主義の空想をすて、社会改良主義に向つた」（「共産主義と社会主義」『凡人の力』第二五八号〈一九二八年五月一〇日〉）と報告する。そして、日本の社会主義者に、「宗教道徳の基礎に立ち人類愛の立場から出発せんことを望む」（同右）。また、ドイツでは、青年の性慾を「挑撥」する風俗が多く、アメリカ人が経済の実権を握っていることをみ、帰途「特に支那に立寄り日本人殖民の真相を研究」した結果、「満州」殖民を疑問視するなどの観察力もみせている（「満州に於ける日本人の殖民状態」『凡人の力』第二六一号〈一九二八年七月一〇日〉）。

さらに、加藤は「人口問題、食糧問題、衛生問題、政治問題等大体は解決されて」おり、共有金で建設された公会堂や大食堂を兼ねる議事堂をもち、中流生活者が多数を占め、彼らと皇帝が直結し「戦争廃止軍備撤廃の覚悟をきめて居る」（「社会衛生に就きて」『凡人の力』第二五四号、第二五五号〈一九二七年一二月一〇日、一九二八年一月一〇日〉）スウェーデンに、「第二維新」の実現をみ、大きな感銘をうけている。こうして加藤は、ヨーロッパで、医療制度・社会衛生の充実を見学、社会改良主義のひろがりを知り、「第二維新」後の新社会のモデルまで見聞し、自己の思想と活動への確信をふかめ、帰国の途についた。

＊ 加藤は「私は視察研究の為めに渡欧したのであるから、月並の漫遊記を掲載しようとは思はない」（「社会衛生に就きて」）と述べ、「欧州視察談」の副題をもつ報告を『凡人の力』に七項目にわたり掲載している。「社会衛生に就きて」（第二五四号、第二五五号）、「宗教と政治」（第二五七号〈一九二八年三月一〇日〉）、「共産主義と社会主義」（第二五八号）、「世界大戦後の風俗並に経済状態」（第二五九号）、「満州に於ける日本人の殖民状態」（第二六一号）である。なお、連載のうち二回分しか見出していないが、『鉄道タイムス』一九二八年（昭和三）一月一日、二月一一日に、「ヨーロッパ鉄道旅行談」を掲げている。

帰国後、加藤は発表場所は『凡人の力』にほぼ限られるが、「第二維新」論や人々の生活にかかわる発言を、さかんにおこなう。なかでは、政治に対する論評が数量的にはもっとも多いが、加藤は、議会政治に無産政党が参加し影響を与え、無産者のためによりよき政治がなされることを望み、「社会改造」を一歩でもすすめようとした。

この意図は二つの展開をみせ、一方で、「背後の資本家の為めに左右されて」「欧州のやうに普く民衆の与論に傾聴すると云ふ公明正大な政治を行はう」(「保守党の出現を望む」『凡人の力』第二七一号〈一九二九年五月一〇日〉)とせず、党利党略をもっぱらにする既成政党への批判となる。「既成政党の腐敗と不誠実と無能とに民衆は既に愛想をつかして居る」(「無産党の将来」『凡人の力』第二八一号〈一九三〇年三月一〇日〉)と語気をつよめ、既成政党を論難、無産政党に望みを託す。たとえば、東京市議会に無産政党から六名の議員が選出されたとき、加藤は、「醜類」が跋扈するなかに、「防腐剤」として常に「浄化」の作用をなし「正論」を唱えるのは彼らにほかならない、と期待をよせている。

だが他方で、無産政党を俎上にあげ、一九三〇年(昭和五)二月二〇日の普選による二回目の総選挙で、無産政党が惨敗したのは、「全く根本精神の欠乏に依るもの」(同右)にほかならず、党の基盤の弱さを露呈しているという。加藤は、政党の基礎となる労働組合結成の急務を説き、その「自治的経済的団体」から資金を得、健全な党財政と安定した党運営を土台として、無産政党が合同するように提唱した。とともに、「民主々義の根本精神に触れない無産党が惨敗し、飽迄その本領に拠つて戦はんとせる左傾派が識者並に民衆の同情を贏ち得た」という指摘も、おこなう。社会主義思想の問題であるが、加藤は、無産政党にして資本家からの援助を仰ぎ、彼らとの妥協をみせた社会民衆党、日本大衆党を「純民主々義の本領に背いた」（同右）と、いわば倫理の問題として追究する。加藤は、政治の世界に倫理をもちこみ、既成政党によるあいつぐ疑獄とあわせ、無産政党の「醜体」を正すべく「政界革正」を希求した。期待をよせるだけに、無産政党への批判は手厳しいが。

こうして加藤は、政党政治のなかに無産政党をくみこみ、「社会改造」の一階梯をはかるが、究極の目標である「第二維新」の担い手としたのは、無産政党ではなく、やはり「智識無産階級」であった。このことは、彼の政治への発言が議会政治に集中し、無産政党・労働者・農民により活発に展開された社会運動・労働運動・農民運動には全く言及していないことと照応していよう。さらに附言しておけば、加藤が、無産政党の議会政治への参加という側面にのみ着目するのは、急進的な変革を忌避する姿勢によるものと思われる。彼は「無産者のデモクラシー」が許容されないのを嘆きつつも、「紳士閥、無産者の両者共兎も角一般人類として御互に道徳に立脚して行けばよい」（「デモクラシーに就きて」『凡人の力』第二六四号〈一九二八年一〇月一〇日〉）といい、「何でもかでも階級闘争の意識を以て資本家と戦ふ」（「社会主義より純社会改良主義へ」）ことを批判、「階級無差別の衆生」の救済を標榜していた。「釈迦の唯心論とマルクスの唯物論乃一致が人類を救ふものと信する」[*]ということが、晩年の彼の信条であった。

＊　加藤が扇子に書き残している言葉。加治家に遺されている。

加藤はまた、人々の生活に深刻な影響をおよぼす、時事的な問題にも発言する。浜口雄幸内閣による緊縮政策はやむをえないとしても、官吏減俸は下級の官吏を苦しめ、社会問題を激発しかねない、まず資本家からきちんと税をとりたてることが急務という。あるいは、失業問題にふれ、その真の解決は、資本主義の「改廃」にまたねばならぬとしたうえで、当面の対策として、大資本家のトラスト事業をやめて、国営的公共事業を起し「以て多くの人を使ふ事」（「如何にして失業者を救済すべきか」『凡人の力』第二八二号〈一九三〇年四月一〇日〉）を提案した。ただ、さきにふれた点と関連し、加藤は社会運動や労農運動には言及せず、治安維持法改悪や内務省特別高等警察課設置、三・一五事件や四・一六事件にみられる運動への弾圧・統制には、沈黙することは記しておこう。すべての時事問題に発言できないのは当然ながら、無産勢力の議会外での諸運動、諸活動にはさしたる関心をはらわず、傍観していた。

しかし、もっとも深刻な対外問題である中国問題には、加藤は正面からとりくむ。政党の「朝三暮四の意見」を批判し、「何処迄も吾々は支那人の永遠の友たらんことを期」（「対支問題に就きて」『凡人の力』第二六二号〈一九二八年八月一〇日〉）す立場を、あきらかにした。彼は、「支那の発展を阻害するは日本国家としてそれは確かに失敗」と述べる。また、軍隊を派遣し中国軍閥を支援、利権をはかる「軍閥外交」を拒否し、「基本を軍隊の力に置かずして、何処迄も平和と道義との精神を以て両国の親密を策する」（「日支関係の将来に就きて」『凡人の力』第二七三号〈一九三〇年七月一〇日〉）ために、「対支政策の更始一新を切望」（同右）した。

人々の日常生活に密着した問題へも、加藤は着目する。たとえば、スポーツについてである。彼は、今日の「衛生法」は「遊戯的」「紳士的」で自然に反しており、勤労こそ、民衆にとり「好適の運動法」という。同時に、一般児童には縁遠く、選抜された児童には負担を強いる、学校運動競技は、「興業的競技」であり、体育的価値に乏しい。総じて、今日の運動は見物人のための競技で、「資本家的運動法」であり、それらを改革し「平民的な一般的な運動」とすることを説いた（「現今の夏期衛生法並に学校の運動競技に就きて」『凡人の力』第二六三号〈一九二八年九月一〇日〉）。また教育問題をとりあげ、試験地獄、入学難は「智識教育偏重」のなせるわざであり、「国民教育を根本的に立て直して労働職業教育を中心」（「如何にして試験地獄を防ぐべきか」『凡人の力』第二七〇号〈一九二九年四月一〇日〉）とするように唱える。全体、今日の高等教育は「資本主義制度の産出せる教育法」であり、「支配階級」として「プロレタリヤの階級を支配」するための「資本主義者の心理に応ずる教育」（同右）にすぎない、と厳しく批判した。あるいは、加藤は、新聞が広告の掲載をはじめ、講堂の賃貸、諸種の販売部で利益をはかり、営業本位の姿勢をとる結果、害毒を与える広告を平気で掲載し、不正義を摘発する信念が衰えていることを指摘、論難してもいる。

かくして、加藤は資本主義や資本家および彼らにつらなる勢力を、政治・外交・社会・日常生活などあらゆる角度から批判し、都市民衆の立場からの主張を展開した。これまでの思想の延長であるが、より具体的に、より資本家との対抗を明確に打ち出し、多様な問題を論じた。当時のマルクス主義論者と比せば、当然立場は曖昧で、農村問題はふれていず、政治・経済問題も、政党政治そのものや金解禁などは、本格的に論じていない。いま一歩のふみこみが、望まれはするものの、加藤は現実への問題意識を保ちつづけ、さらに緊張を強めている。急進的な思想・運動の登場にともない、社会における位相こそ変化したが、彼らの問題提起を加藤なりにうけとめ、自らの見解を公表しつづけたといえる。

このかん、加藤は事業をおろそかにしていたのではない。帝都復興事業の土地区画整理により、平民食堂が芝区新幸町一番地（新橋土橋出入口前）に移転するのを契機に、「大に新装を凝し、新意匠を立て、あらゆる点に於いて、簡易と清潔、質素と美麗、軽便と豊富」（「平民食堂の新装!!!」ビラ一九二八年七月）をはかり、時間の制限を廃し、食事に改良を加えた。また、「理想的な純潔な、健全な、新らし味のある、そして改革の気に充ちた所の、一個の新劇場」（「平民演芸場の設立に就きて」『凡人の力』第二七四号〈一九三〇年八月一〇日〉）として、平民演芸場設立を計画、短時間で低廉で優秀な演劇、すなわち「平民的、大衆的の娯楽兼教化機関」を提供しようとする。加藤は、かつて劇作家を志しただけあり、平民演芸場の「建築の大体は清楚な楕円形と為し、目も耳も充分に善く通る様な物理的構造を新案」し、平民倶楽部の拡大発展、娯楽の改良、そして「大資本の圧迫、金しばり、束縛」（同右）から、芸術をときはなつことを試みた。*

さらに加藤は、今日の病院、医師は「有産階級」に奉仕しており、「多数の無産階級」には存在しないも等しく、他方、低廉医療を実践すれば医師会と対立すると述べ、公設診療所、診療公営、医薬国営を議会に請願する（「公設診療所設置に関する請願」ビラ　一九二五年一二月二九日）。ここでは、「国民の僅少なる保険の掛金」と「低廉なる診療費」による、公設診療所の運営を主張しており、いわば国民健康保険につらなる要求となっている。この請願は、翌年一月二一日に、京橋区選出の革新党代議士関直彦によって、第五一議会に提出された。**

なお、この時期は、無産勢力も都市事業にのり出す時期で、医療にかぎっても、いくつかの無産者病院の設立がみられる。東京では、一九二九年（昭和四）四月上旬に、山本宣治虐殺をきっかけとして、秋田雨雀、安部磯雄、安田徳太郎、馬島僩、堺利彦らが、自由法曹団、医療社会化聯盟、解放運動犠牲者救援会と会合した結果、いくらかの曲折をへて、翌年一月二六日に、東京府荏原郡大崎町下大崎に大崎無産者診療所、八月に、東京府南葛飾郡亀有村青砥に青砥無産者診療所が設けられた（『思想月報』第二号〈一九三四年八月〉）。この「△資本家独占の医療制度反対　△労働者無産市民は無産者病院の診療所へ」（同右）と主張する動きに、加藤は加わっていないものの、平民病院のなかには協力した人物があらわれたことをつけ加えておこう。青砥無産者診療所の患者があまり多くなったため、平民病院に応援を依頼したとき、橋爪廉三（のち平民病院駒形分院主任）ら数名が、応じたのである（藤原豊次郎「青砥無診と労医提携運動」『医療社会化の道標』所収）。自らは参画しないが、無産勢力の事業に平民病院、生活社関係者が携わることを、加藤は阻まなかった。

＊　この計画は、実現しなかった。なお土方家との関係からと思われるが、加藤は土方与志が築地小劇場を設立するさい、援助を行っているようである。

＊＊　衆議院では採択されたが、貴族院では葬り去られてしまう。

こうして加藤は、晩年まで「社会改造」の志を持続させ、都市民衆への共感と彼らを抑圧する資本家への批判を表明しつづけた。また、あらたな事業こそ開始しないものの、平民病院など、依然一〇万人をこえる患者の来院をみており（一年間の延患者数。〈表一〇〉参照）、都市民衆の救済を継続していた。無産勢力の登場による自らの位相の変化に、十分対応できたとはいえないが、彼らに真正面からむきあい、途絶えることなく思想を披瀝、事業を営んでいったのである。

おわりに

『凡人の力』第二八四号（一九三〇年六月一〇日）に掲載するため、「海軍々令部の統帥権問題に就きて」を執筆、加藤時次郎は、民衆の「経済的苦痛」の救済は大軍縮のほかはなく、ロンドン軍縮会議での海軍軍備縮小決定は「世界列強として将た日本としても当然の成行で、吾輩は軍令部が此間に異議を挟む事を遺憾とする」と述べた。そして、この稿を書きおえた翌日、一九三〇年（昭和五）五月三〇日の早朝、加藤は洗顔して数分後「アッ」と声をあげ倒れ、そのまま没した。七三歳の生涯であった。前年秋に病にかかり、茅ヶ崎の別荘や熱海で療養生活を送りつつ、所金蔵に自伝「おもひで草」を口述筆記させていたが、年あらたまり五月二七日には登院し、朝礼をおこない、手術に立合う約束をしている。また、死去の前日にも、守屋貫教と『凡人の力』原稿のうちあわせをしており、活動をつづけていくなかでの、突然の死であった。*

* 守屋貫教「故加治院長終焉の記」（『凡人の力』第二八四号〈一九三〇年六月一〇日〉）。なお、この文章は、『ありし面影』にも転載された。

加藤時次郎の葬儀は、六月一日、芝二本榎承教寺で密葬、六月五日に、同じく承教寺で本葬と告別式がいとなまれた。このとき、杉田日布（身延山法王）、山田三良（法華会代表）、清水牧三郎（信行会総代）、北里柴三郎（東京府医師会長）、金杉英五郎（東京市医師会長）、松曄（京橋区医師会長）、麻生久（日本大衆党）、荻野庫三（社会政策実行団）らが弔辞を述べたが、加藤の活動の柱である宗教・「社会改造」・事業の業績をそれぞれが紹介し、彼の死を悼んでいる。そして、六月二九日に、池上本門寺の墓所に埋骨され、石黒忠悳が墓誌を記した。戒名は、本時院医王日遠居士。このとき、さき夫人は加藤を偲び、守屋貫教、所金蔵の協力をえて、追悼文集『ありし面影』二二四ページを編み、八月三〇日に発行している。

『ありし面影』には、加藤の自伝「おもひで草」、弔辞とともに、七八名の人々による「故人に対する追憶」が掲げられている。石川三四郎、西川光二郎、岡千代彦、高島米峰、堺利彦、木下尚江、斯波貞吉、山田道兄ら、初期社会主義時代以来の友人。入沢達吉、神代貞三、長尾藻城、天谷千松、浅田繁次郎、湯目補隆、磯部検三ら医療にたずさわる人々。茅原華山、田川大吉郎、鎌田栄吉、松本烝治、岡鬼太郎、小杉為蔵、下村海南、杉村楚人冠、杉山其日庵らジャーナリスト、自由主義政治家、また、西田秀雄、加藤文雄、金子光和、立花俊道、綱脇龍妙、浦上芳武、下里是察ら宗教家や、伊井蓉峰、落合三東里、竹本津太夫、曽我廼家五郎、鶴沢友次郎ら芸能関係の人々、加藤勘十、中村太八郎、田坂貞雄、山崎今朝弥、青池晁太郎、麻生久ら無産政党や普選運動関係者が稿を寄せた。この他にも、石黒忠悳、飯田旗郎、土岐善麿、川合信水ら、実に多彩な人々が、加藤を追想しており、同書からあらためて彼の幅広く息のながい活躍のほどがうかがえる。

一方、加藤の事業のうち、もっとも長く存続したみのる会は、彼の発病以来一年あまり開かれなかったが、一一月八日に第一七四回みのる会を「加治幹事追悼演芸みのる会」として開催した。岡千代彦・加治さきが故人を偲ぶ挨拶をし、講談　肉付の面（桃川燕林）、講談　碓氷の紅葉（木村正風）、浮世節　追分（相坂小松）、漫談　時勢は移る（松本翠影）、義太夫　仮名手本忠臣蔵四段目（飯田旗郎）、惣踊り（新橋幇間連）の番組みがおこなわれ（「加治幹事追悼演芸みのる会」ビラ　一九三〇年一一月八日）、終始盛況であったという。また『凡人の力』には、毎号加藤の追憶が掲載され、第二八六号（一九三〇年八月一〇日）から毎号巻頭に、「故加治院長のモットー」あるいは「平民病院家訓」が掲げられ、彼の遺徳を偲ぶ。ちなみに「モットー」とは、「一、正義を重んずる事、二、努力忍耐の事、三、細事に拘泥せざる事、四、約束を厳守する事、五、他人に依頼せざる事、六、他人の真似をせざる事、自己は人に先んずる事」である（第二八六号のみは巻末に附されている。）

そして『凡人の力』第三五五号（一九三六年五月一〇日）は、七回忌を記念、「加治時次郎追憶号」として、荻野庫三、川合信水、加藤木乃芽、高木友枝、高木蒼梧、綱脇龍妙、長尾藻城、松本すが子、河野仁三郎、湯目補隆、清水龍山、肥田春充、川崎禎太郎、加治さきが寄稿し、三三ページで発行された。なお、一九三二年（昭和七）七月二九日には、平民病院内に「故加治院長追憶会」も生まれている（『凡人の力』第三一〇号〈一九三二年八月一〇日〉）。

事業の方はどうであったろうか。加藤の死後も継続された事業は、平民病院（地番変更により一九三一年九月から京橋区木挽町七丁目四番地と表記）、平民病院駒形分院（一九三三年一一月より平民駒形診療所となる。地番は翌一九三四年六月より浅草区駒形二丁目六番ノ一と表記）、および平民食堂で、病院は加治家が、食堂は社会政策実行団が経営していたようである。平民食堂は、一九三二年（昭和七）には、一日延利用者数が一、五〇〇名にのぼったといい（加治さき「平民食堂の今昔」『凡人の力』第三一四号〈一九三二年一二月一〇日〉）、平民病院も患者数は、漸減しつつあるが、大幅な減少はみられない。しかし、日本が軍国主義と侵略への道をまっしぐらにすすむなか、「平民」の名称を標榜しつづけることは不可能となり、一九四一年（昭和一六）一月に「新体制の組織」を「紀念」し、平民病院、駒形診療所、平民食堂はそれぞれ、加治養正病院、加治養正駒形診療所、養和食堂と「名称を変更」させられる（『凡人の力』第四一〇号〈一九四〇年一二月一〇日〉）。さらに、八月には「時局下の新体制は総てに統制併合を要求して」（『凡人の力』第四一九号〈一九四一年九月一〇日〉）いると、駒形診療所を閉鎖させられ、『凡人の力』第四二六号（一九四二年四月一〇日）からは「養和食堂」の広告も消えてしまう。残された「加治養正病院」すら、敗戦後の混乱で失われ、これに先だち『凡人の力』も、一九四三年（昭和一八）九月一〇日の第四四一号を最後に、発行がなされなかった。

こうして、あれほど多様であり多くの施設を備えていた加藤時次郎の事業は、残念ながら戦後の今日には、ひとつも残されていない。また彼の営為は、記録されまとめられることなく、人々の記憶にとどまるのみで、加藤の名をしる人も今日では少なくなった。しかし、たえず虐げられ弱い立場におかれた都市の民衆の友であり、その生活を実際に救済するとともに彼らを主体とする新社会の実現を希求した加藤の七〇年にわたる軌跡は、決して忘却されてよいものではない。昨今の都市問題の激化や市民意識の問題、社会運動の困難な状況に思いをめぐらすとき、加藤の営為の今日性に気づくであろう。加藤時次郎の思想と活動は、現代日本の社会のありようを照射するとともに、その改革に幾多の示唆を与えてくれることを、私は確信している。

あとがき（旧版）

一九七七年（昭和五二）一一月のある日、加治甚吾・時江御夫妻を訪問した私は、提示された資料の山をみて、思わず息をのんだ。そこには捜し求めていた『平民』『凡人の力』など加藤時次郎の発行した機関誌類はむろんのこと、全くみることがかなわなかった数々のパンフレット、ビラ、あるいは書簡、原稿や初期社会主義に関する機関誌までもが、うず高くつまれていたのである。それまで、機関誌『生活の力』こそ、同志社大学図書館に大半が所蔵されていたものの、『平民』は同図書館、東京大学明治新聞雑誌文庫に数部、『凡人の力』にいたっては「山本宣治関係資料」にただ一部を見出しうるのみであり、著作も一、二冊を除き所在不明、パンフレット類は、現存するかどうかもさだかではなかった。その日以来、週にいく度かずつお宅を訪問し、お話をうかがい、資料を整理することが、私の予定に加わった。

一九七〇年（昭和四五）に大学に入学した私は、おりからの市民運動や住民運動に強い衝撃をうけ、都市問題への関心をよびおこされ、〝市民〟の観点や立場から都市や都市問題を歴史的に考察したいという考えをもつようになった。対象をもっぱら農村にむけていた歴史学、とくに日本近代史では、都市の歴史は未開拓の領域が多く、いや、あきらかにされている領域がわずかにある程度で、私は当面、都市政策・都市民衆運動・都市事業という三つの領域からこの課題にせまろうとした。そして、都市事業の歴史を調べるなかで、加藤時次郎に出会ったのである。加治御夫妻のもとを、洞富雄先生や由井正臣先生の助言をえながら訪れ、資料を整理し、この資料を使用して「加藤時次郎の都市事業」（『日本史研究』第二一六号〈一九八〇年〉）を発表した。

加藤時次郎を調べたことにより、都市事業というこれまであまり重要視されてこなかった領域が、都市史やひいては近代日本の歴史を考えるさいに、決して無視できないことを私は確信するとともに、加藤時次郎という魅力あふれる人物の全体を、いつの日か論じてみたいと思うようになった。

しかし、そうした機会は思いがけずはやくやってきた。若月隆一氏の弘隆社が、旗上げの出版として『加藤時次郎選集』を刊行することになり、加治甚吾氏の監修のもと、中村愿氏の協力をえて、私は編集に携わった。『加藤時次郎選集』は、一九八一年（昭和五六）一一月に出版されたが、このとき私は同時に、加藤時次郎の評伝にも着手したのである。

本書は、以上のような問題関心と経緯の所産であるが、なによりも加治御夫妻の驚くべき努力により、資料が散逸することなく保管されていたことに多くを拠っている。御夫妻は私が初めて訪問したとき以来、たえず援助と協力を与えてくださった。厚くお礼申しあげたい。また、加藤時次郎の発掘者ともいうべき、瓜生敏一氏には論文のうえのみならず、たびたび直接に御教示をいただいた。とくに幼少時代については、さまざまな資料の提供をうけた。加藤時次郎が成長した福岡県田川の調査でうけた、西村隆治氏、西村隆二氏、山下泰雄氏の御厚情も忘れがたい。そのほかにも、多くの方々にお世話になったが、初期の調査段階でとくに松尾尊尭氏、松本克平氏にお世話になり、西川正雄氏には貴重な写真を拝借した。また、鹿野政直先生は、拡散しがちな私の関心を凝集するようにしむけ、同時に凝集点を絶対視することなく相対化し、ひろい視野で考察するよう示唆してくださった。

最後になってしまったが、出版事情の厳しいおり、本書をおくり出してくださった船橋治氏に深く感謝したい。

一九八三年五月

成田龍一

四〇年目の『加藤時次郎』

「はじめに」

『加藤時次郎』（一九八三年）は、私の最初の単行本として刊行された著作である。『加藤時次郎選集』（弘隆社、一九八一年）を編んだあと、評伝研究として執筆したが、四〇年を経てその著作を送り出してくださった船橋治さんの手によって、同じ不二出版から再刊されることとなった。あらためて読みなおし表現の幼さが目に痛いが、著者として、これ以上の喜びはない。とともに、刊行から四〇年が過ぎ、世界も日本も、さらに私が拠って立つ歴史学の状況も大きく変わった。そのような変化のなかで、『加藤時次郎』を書くまでと、書いてからの周辺を記してみたい。あたらしい「前書き」であり、「あとがき」である。

一、「初期社会主義者」・加藤時次郎

『加藤時次郎』の刊行には、いくつかの偶然とあわせ、いくつもの幸運とがあった。幸運の最たるものは、加藤時次郎のご遺族との出会いである。

加藤時次郎は、当時は、初期社会主義者として知られていた。社会主義の研究書を開けば、すぐにその名を見出す事が出来た。本書の輪郭も、「初期社会主義者」としての加藤時次郎にある。後述するように、一九七〇年代後半は歴史学―「戦後歴史学」の再編成と転換とがあわせて開始される時期であるが、私はまずは「初期社会主義者」としての加藤時次郎と取り組んだ。ただ、「初期」社会主義者とする点と、加藤の「都市事業」に着目したところに歴史学の情況に対する自己主張があった。「戦後歴史学」は実証主義とマルクス主義を根幹に持ち、理論的な柱としてのみならず、後述するように研究対象としても「社会主義」は大きな比重を占めていた。一九七〇年代に歴史学の勉強を始めた私が直面していた状況は、「戦後」の動きでもあった。

「戦後」日本では社会主義は実践活動として展開されるとともに、運動の軌跡を確かめ、課題と方針を確認するためにこれまでの活動を検証することもおこなわれていく。社会主義運動を担った当事者が運動を整理する一方、ひとつの焦点として「大逆事件」に着目し、社会主義の歴史とアクチュアリティを論じていた。大逆事件に連座した坂本清馬、および刑死した森近運平の妹が再審請求を起こしたのをきっかけとし、「大逆事件の真実をあきらかにする会」（一九六〇年設立）が発足し、『大逆事件ニュース』を刊行するのは、そうしたなかでの大きな動きであった。再審請求は棄却されたが、「大逆事件の真実をあきらかにする会」は継続し、各地における大逆事件犠牲者の顕彰は、現在に至るまで根強く実践されている。

こうした社会主義の実践・営為と知見、資料発掘の動きを背景にアカデミズムも動き出し、社会主義運動の歴史が「研究」対象となり、「運動史」として範疇化される動きとなった。私が初期社会主義に関心を有した一九七〇年代初頭は、こうした運動実践からアカデミズムへ向かう動きがみられ、その双方が共振していた時期であったといまにして思う。アカデミズムで「社会主義研究」が地歩を占めるとともに、「初期社会主義」―「大逆事件」―「冬の時代」―「社会主義の再登場」―「マルクス主義運動」といった社会運動の見取り図が提供され、高等学校の教科書でもその動きが記されるようになった。

かくして、いまではなかなか想像しがたいことだが、当時の日本の歴史学界では、社会主義者は格好の研究対象のひとつであった。歴史学研究のなかで、社会主義研究が大きな地歩を有していたことは、『角川　日本史辞典　第二版』（角川書店、一九七四年）が、大逆事件に連座し死刑に処せられた人名をすべて拾い上げていたということによく示されていよう。

一九六〇―七〇年代には、近代日本の「通史」には社会主義の展開が紙数を割いて綴られ、主要な機関誌・機関紙は『日刊平民新聞』、週刊『平民新聞』などが復刻され、平民社の刊行物を軸とする資料集も出されていた。また、幸徳秋水をはじめ主要なものだけでも、木下尚江、片山潜、安部磯雄から、管野須賀子、田添鉄二や山崎今朝弥、内山愚堂、古河力作、森近運平、大石誠之助、高畠素之、西川光二郎らの評伝が刊行され、山川均や荒畑寒村、奥宮健之らの全集・著作集もみられた。堺利彦や河上肇、あるいは大杉栄、伊藤野枝といった人物への関心も高かった。他面、『特別要視察人状勢一班』『社会主義者沿革』のような取り締まり側の資料も復刻されていた。

地域における社会主義運動の発掘をともなう研究も、松本衛士『長野県初期社会主義運動史』（弘隆社、一九八七年）にまとめられる考察が出されるなど、各地域における人物発掘もさかんであった。

文学研究からの接近もみられ、『明治文学全集』（全一〇〇巻、筑摩書房、一九六五―一九八九年）のなかには、小田切進編として二冊の「明治社会主義文学集」があった。福田英子、幸徳秋水、片山潜、堺利彦から始まり、平出修、赤羽巌穴、石川三四郎、荒畑寒村らの作品がならぶ。田岡嶺雲、高山樗陰、中里介山、児玉花外、山口孤剣から白柳秀湖、内海信之、添田啞蝉坊らにまで目を配った点に、編者の見識が示されている。『社会主義の詩』や「余は如何にして社会主義者となりしか」からの抜粋も収録されている。

だがこの時期には、「大逆事件」により「冬の時代」の閉塞状況に追い込まれて以降の社会主義運動についてては、まだ「研究」としては途上であった。一九七八年に『運動史研究』（三一書房）が発刊され、年二回のペースで一九八六年まで一七号が刊行されたが、もっぱら資料の整備に力点があったといいうる。

あらためて、「初期社会主義」といったときには、社会主義の「理想」と「理念」には共感しつつ、しかしその軌跡や、ソ連や東欧諸国など、社会主義を体制とする現状に対しては距離をもつという位置取りであった。その点を共通点として、一九八三年に「初期社会主義研究会」が設立され、私も一会員としてくわわった。一九八六年から会誌『初期社会主義研究』が刊行され、創刊号には「初期社会主義研究の現状と課題」という座談会が掲載されている。報告者の山泉進さんは、「社会主義研究」の意義を問い、その困難を導入として、「地域と人物」への着目を指摘し、問題意識と対象の変化をいい、岡野幸江さんは文学研究の視座から「フレーム」、とくに時期範囲を問題化している。

私自身は、「大逆事件」までが「初期」の範囲で、（社会主義にとっての）「冬の時代」が終わる米騒動、ないし関東大震災くらいまでが、おおよその初期社会主義者の活動時期と考えていた。一九二〇年代後半のマルクス主義を軸とする運動は、世代交代をともなっており、先行世代（＝初期社会主義者たち）とは様相を異にし、社会主義運動のあらたな段階と理解している。あらたな世代のマルクス主義者たちは、理論的でありそのゆえに観念的で、しばしば高学歴であるとの特徴を有する。

加藤時次郎は、といえば、「冬の時代」下においても「都市事業」によって活動を継続し、後には無産政党の結成にも参画する。「初期」社会主義者として、とくにそのパトロンとしての顔ももち、分厚い人間関係を有していた。「バイ＝プレイヤー」であり、「後衛」として活動し、社会主義を豊かな活動とする存在であったと思う。地域にはかかる「初期社会主義者」が活動しており、発掘をともなう顕彰が一九八〇年ころには活発で、その一端を「バイ＝プレイヤーの復権」として紹介したこともある（『歴史学のスタイル』校倉書房、二〇〇一年、所収）。

いまひとつ、書き留めておきたいのは、文学研究の動きである。文学研究における「社会主義文学」への関心は、労働文学へと赴く一方、プロレタリア文学との関係が探られていた。そのひとり西田勝さんは、大正労働文学研究会を結成し、機関誌『大正労働文学研究』（一九七八—一九八四年）を発刊している。西田さんは、資料の発掘および復刻に力を注ぎ、（上條宏之さん、荻野富士夫さんとともに、若くして自死した社会主義者である）山本飼山に関し、『定本　飼山遺稿』（銀河書房、一九八七年）も編んだ。こうしたなか、私は、（後述する労働演劇の先駆者としての）平沢計七と出会った。

こうした動きを受け、日本社会文学会が発足し（発起人、飛鳥井雅道、祖父江昭二、西田勝、堀切利高、一九八五年)、機関誌『社会文学』を発刊した。歴史学者と文学研究者の合同という感が強い。ただ、初期社会主義そのものについて、特集が組まれるには至ってはいない。

いま少し、自らとその周辺に言及しておこう。一九七〇年に大学に入学した私のまわりにあった歴史学は、(さきに記したように)いまでは「戦後歴史学」と呼ばれている。「実証」を重んじ、典拠としての資料を提示する実証主義とあわせ、マルクス主義にもとづき(「上部構造」と「下部構造」から構成される)社会構成体の移行として歴史の進展を認識していた。そのため、(「戦後歴史学」のなかで)歴史理論といえば、唯物史観を学ぶことであり、先輩たちからはその「理論」とともに、「研究史」と「資料」を読むように指導された。

とともに、一九七〇年初めには、色川大吉さんが提唱した「民衆史研究」が手触りのある歴史叙述を提供しており、私も色川史学に魅了され、そのような歴史学を学びたいと志していた。しかし、アカデミズム(＝「戦後歴史学」)にとっては「民衆史研究」はまだまだ怪しげであり警戒心が強く、私なども、まずは歴史理論とあわせ、研究史の古典——評価の定まった著作を学ぶように言われた。誘われて入ったサークルでは、色川さんの講演会を準備する一方、山田盛太郎『日本資本主義分析』、野呂栄太郎『日本資本主義発達史』あるいは、服部之総の明治維新論などの歴史学の「古典」を読む日々であった。歴史学研究会は「人民闘争」を提起し、「階級」を基調とした社会運動史研究が大きな領域となっており、そこでも「民衆史研究」への向き合い方は微妙であった。

他方、社会情況は熱気があった。一九七〇年前後の東京、大阪をはじめとする都市空間では、社会運動が活性化しており、折からのベトナム戦争に反対する市民運動があり、高度経済成長の代償のように現れた「公害」に反対する住民運動があった。また、学生運動も活発であった。入学した大学でも学生運動の余燼がくすぶっており、しばしばストライキがあり、定期試験もレポートに切り替えられることが多かった。ただ、学生運動は退潮期に入っていたことも確かであり、身の置き所は難しかった。

そうしたなかで、ひとりの学生が学内で、学生運動の党派のメンバーによって殺され、学生たちの抗議活動が起きた（樋田毅『彼は早稲田で死んだ』文藝春秋、二〇二一年）。社会運動を軸とする歴史学に直面しつつ、目の前での運動には加わりつつも、なかなかうまく歴史学としての問題化が出来ない日々であった。こうしたなか、歴史に向き合うときの「問題意識」の必要性ということも強く言われた。歴史を考える際の「対象」と「方法」の自覚化であり、「君の問題意識は？」ということが、たえず問われる状況であった。

大学院に進学するにあたり、修士論文のテーマは「都市史研究」とした。「問題意識」を「都市史研究」として表現したということとなる。ここには、「戦後歴史学」が「農村（史）研究」を基盤とし、そこから近現代日本史像を作り上げていたことに対する批判（というか戸惑い）があった。専門として対象領域が絞られていくほどに、近代日本を対象とする歴史学はもっぱら農村研究であり、私の生活歴からはほどとおい。みずからの問題を考えるために「都市史研究」を選択したというのが、実のところではあった。といっても、まだ「都市史研究」とくに近現代日本の都市を対象とした考察は領域として定まっておらず、方法も検討されず、先行研究も乏しかった。いささか大仰に言えば、近現代日本における「都市史研究」の小さな旗揚げの気分であった。

具体的なその踏みだし——第一歩として、まずは一九〇〇年代から四〇年代に、東京市を足場とし、都市空間で活躍した政治家・田川大吉郎（一八六九—一九四七年）をとりあげることとした。田川の年譜を作成することからはじめ、ご遺族を訪ね、論稿・著作を収集し分析するという歴史学として学んだ正統的な手法であった。人物研究から「都市史研究」を積み上げるという構想である。だが、田川は『都新聞』記者として、地域住民とかかわり、東京市助役として市政に尽力するかたわら、中央で活躍し『中央公論』などに論稿を掲載する。さらには、衆議院議員ともなる人物である。色川さんの提唱する「民衆史研究」からはかなりの距離がある、との思いはついてまわった。そのようななか、松尾尊兊さんの著作（『大正デモクラシー』岩波書店、一九七四年）に「加藤時次郎」の名前を見出し、「初期社会主義者」加藤の息の長い活動を知った。さらに松本克平『日本社会主義演劇史』（筑摩書房、一九七五年）には、加藤が演劇活動によって、社会主義者たちの文化的な活動を支援していることも知った。この人物を調べてみよう、というのが、加藤時次郎に入り込む始まりだった。

いまから考えると、はなはだ皮相であるが、色川さんが東京・多摩の豪農たちの活動を掘り起こし蘇らせた営みを私自身も試みたいと念じ、まだきちんと調査されていない人物に接近したいと思っていたことも、その大きな要因である。「民衆史研究」の「歩く歴史学」としての側面＝方法に、自分なりに参加したいという思いであった。

このことは、社会主義運動に参加し、大逆事件によって社会主義から離脱した加藤の「その後」

を探る営みでもある。色川さんにならっていうと、（社会主義運動の）「地下水」をくみつづける営みの探究ということとなる。資料的に加藤を追いかけ、その人物像を描くことができるか否かは、当初の段階では多分に不確定であり、きちんとした成算があったわけではない。まだまだ偶然的な要素があったものの、（田川大吉郎研究と並行した）加藤時次郎との出会いが、私の大学院時代の大きな柱となった。そして、この試みが実現する何よりの契機となったのが、ご遺族との出会いであった。

本書で記したように、加藤時次郎に関しては、すでに瓜生敏一さんの先駆的な評伝があった。郷土出身の人物として、福岡県生まれの瓜生さんははやくに加藤時次郎に関心を持たれ、評伝を書かれていたが、そこにはご遺族との接触も記されていた。私は、一面識もなかった瓜生さんに連絡を取り、ご遺族が住まわれているところを探し当て、（時次郎の娘の）加治時江さんと、夫君の加治甚吾さんご夫妻にお会いすることを得た。そこから先のことは、本書「あとがき」に記したとおりである。なお、加治さんご夫妻が大切に守られてきた、『生活の力』『平民』『凡人の力』といった機関誌類は、その後、東京大学明治新聞雑誌文庫（近代日本法制資料センター）に寄贈され、さらに「初期社会主義研究会」にも寄託されている。

二、「都市史研究」のなかの『加藤時次郎』

修士論文で主題とした「都市史研究」は、「戦後歴史学」のなかではなかなか理解を得られなかった。いまの「都市史研究」の定着ぶりをみると信じがたい事態であるが、「なぜ都市のような不健全な対象を研究する価値があるのか」と真顔で「忠告」される有様であった。近代日本の歴史像が

「農村モデル」であり、地主制を基礎に「天皇制国家」を論ずることが、歴史学的考察の根幹となっていたことによっている。加えて、農民たちによる「生産」を重視する「倫理観」が前提にあり、当時の「戦後歴史学」のもとでの近現代日本史研究において、「消費」の系は考察から外されていた。

対照的に、おりから活況を呈し始めていた「社会史研究」は、当面ヨーロッパ史を基調としていたが「ポリエドール（多面体）としての都市」をいい、歴史認識の転換を強く促していた。形態的には、「商業都市」「住宅都市」「軍事都市」「政治都市」「大学都市」「宗教都市」「観光都市」など「機能分類」に基づき、ヒトやモノ、情報が行き来し、移動する空間として都市を把握する。そして、それらが集中・集積する「都市空間」は、同時に社会集団が重層的に存在し関りを持ち合うのみならず、「欲望」の集積場所でもあるとした。消費と生産が重層化するとの歴史像——都市史像であった。

「戦後歴史学」に窮屈な思いをし、「都市史研究」をひとつの突破口としたいと願う私にとって、フランスのアナール学派による都市空間を対象とした「社会史研究」による考察はなんとも魅力的であった。とくに「生きられた空間」として都市を把握するとの提起は、「戦後歴史学」の方法のみでは都市の歴史的考察できないと思わせるものであった。そのため、私も（地域研究から）「都市史研究の自立」を主張し、近代日本史家の原田敬一さんや小路田泰直さんたちと「都市史研究会」を旗揚げしたりした。ここには、建築学、都市計画史や土木史、あるいは社会学の研究者たちにも参加を呼びかけ、学際的な営みとして「都市史研究の自立」を図った。

『加藤時次郎』において「都市事業」に着目したのは、この文脈と並行している。正確にいいなおせば、実費診療所（平民病院）・実費調剤所（平民薬局）から始まり、平民法律所、平民食堂、平民パン製造所と拡大されていく加藤の事業を「都市事業」と整理し、「都市史研究」のなかに意味づけようと試みた。大逆事件後の「冬の時代」に、加藤は、「都市事業」によって歴史に継続的に参画し「大正デモクラシー」の一翼に位置したということであり、一九一〇年代の都市の「貧民」に対して展開した加藤の救済事業を「都市史研究」の文脈でとらえようとした。

このことは、すでに議論されてきた「都市社会主義」の再評価に関わる論点でもある。初期社会主義の一員であった片山潜は、一九〇三年に『都市社会主義』を刊行し、生活上に必要な電気、ガスなどの公益事業、あるいは電車など公共交通を自治体・政府が、採算を勘案せずに経営し公共に提供することを図った。同様に、安部磯雄も『応用市政論』（一九〇八年）、『都市独占事業論』（一九一一年）を著わし、市民生活を軸に市政を講じた。片山は「都市社会主義」を社会主義の「応用」といい、安部もまた、市政に社会主義を「応用」することを主張し『応用市政論』の主張としていた。片山・安部らの「都市社会主義」は、都市生活と社会主義とを接合させる議論であり「自治」をその要とする議論となっていた。だが、直接行動論の議論が活性化する時期での提起であり、「戦後」における社会主義研究も「都市社会主義」には冷淡であった。大逆事件と幸徳秋水に関心をよせる「戦後」の研究者たちも、（先述のように）幸徳たちに好意的で、（対抗していた）片山・安部ら議会政策派への評価が低かった。そのことが、「都市社会主義」への評価にも連動していたといいうる。加藤に関して付言すれば、加藤自身は人脈的には幸徳秋水・堺利彦らに近かったが、実践としては「都市社会主義」に近接しており、双方を架橋する位置を示しているといいうる。

しかし本書の刊行と重なるようにしてなされた一九八〇年代における中曽根康弘内閣以降の（新自由主義思想に基づく）「民営化」の流れは、あらためて「都市社会主義」の意義を提起することとなろう。あらためて「都市史研究」の広がりのなかで加藤の「都市事業」を見るとき、第一に、（一九〇五年の日比谷焼討事件をその始まりとする）都市民衆騒擾と「都市事業」との関係が、この文脈から論点となる。すなわち「都市民衆」の一九〇〇―一〇年代の様相は、もっぱら都市における「騒擾」を中心に描かれてきたが、「都市事業」によって、（加藤のような）他の階層―存在との関係で考察することを促すこととなる。

私自身はひとつの方向性として、民本主義者―弁護士との関係を提示したことがあるが（「都市民衆騒擾と民本主義」『近代日本の統合と抵抗』第三巻、日本評論社、一九八二年、所収）、『加藤時次郎』では、「都市民衆」と（中産階級による）「都市事業」との関係を考察することとなった。

第二は、「大正デモクラシー」の豊饒性である。「都市民衆」の直接行動にとどまらぬ「中産階級」による救済活動もそのひとつとして付け加えることができるとの論点である。よく知られているように、大逆事件という「ムチ」とあわせ、政府は、「恩賜」による医療救済として「恩賜財団　済生会」（一九一一年）を設置する「アメ」の政策をとる。このとき加藤は、対極的な立場と思想から、「都市貧民」の主体化を図りつつその救済を実践する。

加藤が「実費診療所」を「平民病院」と改称し、救済の対象を明示したこと、とくに一九一七年に「社会政策実行団」を旗揚げしたことは、その流れのなかであらたな意味を持つことは、すでに本書に記したとおりである。政治的な権利の拡大にとどまらぬ、民本主義の実践の広がりを示している。

また、第三に「都市事業」に焦点を充てれば、米騒動以降の「改造の時代」には、政府や地方団体も「社会事業」に本腰を入れ「貧民救済」を本格化する。都市問題の中核としての貧困問題への対策が厚みを増し、「都市空間」での重要な施設―「場」となる。そのことを、加藤はいち早く実践的に示したと言いうる。

こうした論点をもとに、私は「都市史研究」を自立させようと考え、あらためて田川大吉郎を「都市政策家」と規定し、加藤時次郎を「都市事業家」の文脈で把握し、さらに「都市民衆運動」を加えて、「都市史研究」への三方向からの接近を構想するに至った。「都市政策」と「都市事業」、そしていまひとつ「都市民衆運動」を、それぞれ人物に代表させ、その総体としての「都市史研究」を描き出そうと考えたのである。

あらたな「都市民衆運動」の方向を代表する人物としては、当面、高木益太郎や布施辰治をその候補として考えていた。ともに、「都市空間」における土地と建物をめぐって生じた借地問題と借家問題の解決を、社会運動として展開した弁護士たちである。

高木は、『法律新聞』を主宰・刊行する一方、日露戦争後に勃発した借地をめぐる都市住民たちの紛糾に直面し、借地人の権利としての「借地権」の確立を主張した。他方、布施は、借家人・間借り人が家主の都合で退去を迫られる事態に対し、借家人の権利を擁護すべく、一九二〇年代前半に借家人同盟を結成し、借家人運動を展開した。

実際には、高木と布施のそれぞれの活動の一端を、論文として記したにとどまったが（前掲「都市民衆騒擾と民本主義」、「一九二〇年代前半の借家人運動」『日本歴史』一九八一年三月）、心づもりとしては、評伝研究のかたちをとる「都市史研究」の構想を有していた。

また、社会主義者・堺利彦の東京市会議員選挙へ立候補（一九二九年三月）と、当選してからの市会議員としての活動、さらにおりからの東京ガス料金値下げ運動への参画も考察した（「都市構造転換期における堺利彦」一九八八年。のち、『近代都市空間の文化経験』に所収　岩波書店、二〇〇三年）。東京市の「都市構造」が転換する時期に、堺が「無産市民」の育成を図り、「小市民」との連携を目指す運動を展開した、という趣旨である。初期社会主義の考察と都市史研究との接点を、加藤時次郎とは異なる方向を取り上げることによって具体化しようとの目論見ではあった。

これらの考察の念頭にあったのは、おりから一九七〇—八〇年代の目の前の「都市空間」で展開される動きである。「都市政策家」として実際の自治体で活躍し、都市経営の議論を出され実践にふみ出された田村明さん（横浜市）であり、葉山俊さん（藤沢市）、高寄昭三さん（神戸市）、さらに広島市長を務められた平岡敬さん、横浜市長の飛鳥田一雄さんらの活躍である。おりから、『岩波講座現代都市政策』（全一一巻、岩波書店、一九七二—七三年）が刊行された時期であった。都市行政にかかわった経験をもとに、都市論を講ずる柴田徳衛さんの『現代都市論』（東京大学出版会、一九六七年）、磯村英一さんの著作（『明日の都市問題』ダイヤモンド社、一九六三年。『都市政策論』学陽書房、一九八三年）、さらに宮本憲一『都市経済論』（筑摩書房、一九八〇年）は指針として、いつも手元にあった。

また、「都市事業」の領域では、野本三吉さんの横浜寿町での活動に心惹かれるものがあった。野本さんは横浜市職員として、「生活館」と名付けられた施設を拠点に、直接に日雇いの労働者と接する活動をおこない、『生活者』という個人誌でその報告をし、そこでの実践報告やそのなかでの想いを綴っていた。『不可視のコミューン』（社会評論社、一九七〇年）という著作があるように、野本さんは、生活点を根拠としたコミューン―共同体を構想し、その活動を実践されていた。

さらに各地で展開される社会運動――「都市民衆運動」は、実践活動のなかから、甲田寿彦『わが存在の底点から』（大和書房、一九七二年）、中村紀一『住民運動〝私〟論』（学陽書房、一九七六年）、宮崎省吾『いま、「公共性」を撃つ』（新泉社、一九七五年）などの著作を生み出していた。それぞれに「都市問題」「公害問題」「住民問題」の現場に身を置き、主体的な運動によって「問題」の解決を図り、経過を描くとともに、「都市空間」に向き合う姿勢と論点を提示した。「問題」に直面し活動し「運動」を展開するなか、それを報告するとともにひとつの理論・論理を提供する著作群であった。

かくして、「都市政策」「都市事業」「都市民衆運動」は、都市生活における「問題」―解決のための「運動」―対策としての「政策」というつらなりとなる。いまから考えると未熟なものだが、『加藤時次郎』を相対化し、その先を「都市史研究」として展開するための構想であった。

こうしたなか、近代日本経済史家の石塚裕道さんにお誘いを受け、より具体的な都市史の過程を記す、『東京都の百年』（山川出版社、一九八六年）の共同の執筆にもかかわった。「県民一〇〇年史」のシリーズの一冊であるが、東京のばあいは、当然のことながら「都市空間」を舞台とする都市史の叙述となった。石塚さんは、資本主義経済の拠点として都市を把握しており、社会経済史の方法によって「都市史研究」を開拓された先駆者のひとりであり、「農村（史）研究」が主流をなす「戦後歴史学」では例外的な存在であった。

その知見をもとに近現代東京の歴史に取組まれることになり、共同執筆を誘ってくださったのだが、願ってもない機会であった。実際の執筆には使用しなかったが、関東大震災の記録や、戦時期の社会事業—厚生事業の資料などを、この過程で収集した。

『東京都の百年』は、さきの三極—三層を意識して構成することになったが、通史として「都市文化」や、（犯罪や衛生などをも含む）「都市民衆生活」を扱うことにもなる。石塚さんもこのことを強調された。この点も、私にとっては幸いなことであった。「都市政策」「都市事業」「都市民衆運動」の三極—三層構造を規定するものとして、私自身も「都市民衆生活」を遠景に意識することとなったのである。

「都市文化」「都市民衆生活」への関心は、次項でふれる「社会史研究」との重なりも有するが、とくに文学研究者・前田愛さんの多大な影響を受けていたことを、あわせ記しておきたい。前田さんは残念なことに早くに亡くなられてしまったが、『都市空間のなかの文学』（筑摩書房、一九八二年）は、近現代日本文学を（一）都市空間を視点として読み解き、作品のなかの都市空間を考察するとともに、（二）作品を生みだす営みを、都市空間のなかでの営みとして考察するという画期的な著作であった。「生きられた空間」として「都市空間」を考察する視点と方法を前田さんから学んだが、その領域を、私自身はぼんやりと「都市民衆生活史」と考えていた。

前田さんは、空間の概念を、都市計画史、建築史との交流を交えながら展開する。一九七〇―八〇年代の「都市史研究」は、前田さんの影響が強く、「都市空間」の探究といった面が強かく、建築史・土木史の方々の発言も目立ったが、かかる背景がある。『東京都の百年』でも、こうした側面を意識していた。

また、『東京都の百年』の刊行後には、吉見俊哉さんの『都市のドラマトゥルギー』(弘文堂、一九八七年)にも接した。社会学には「都市社会学」の領域があり、私もそれなりに文献を読んでいたが、吉見さんの都市論は「盛り場」を正面に据え、「上演論的アプローチ」を方法としており、見知っていた都市社会学とは大いに異なっていた。やはり空間論として展開されているといえようが、かかる議論を学びながら、私自身の「都市史研究」に「都市文化」「都市民衆生活」の領域が加わることになった。

こうして、『加藤時次郎』上梓後は、「政策」「運動」「事業」という三層、さらに「都市文化」「都市民衆生活」を加えた「都市史研究」の叙述へと向かうはずであった。その構想の一端は、(『近代日本の軌跡』の一冊として、私が編者となった)『都市と民衆』(吉川弘文館、一九九三年)の序論「近代都市と民衆」として記すこととなった(のち、『近代都市空間の文化経験』に所収)。

しかし、そうした構想が実現しなかったのは、いくつかの理由がある。ここに至っても、なおも「都市史研究」に不寛容な歴史学(「戦後歴史学」)の嫡流派の存在もあるにはあった。また、ようやく「都市史研究」に着手した「戦後歴史学」は、私が考えていた「方法としての都市史」――「都市史研究」をテコとして歴史学の認識や方法を転回することに強い拒否反応を示し、徒労感を有したことも小さな要因としてはある。しかし、主たる理由は、「社会史研究」の直接の洗礼であった。そのことによって、私自身の軌道修正をすることとなった。

三、「社会史研究」のなかの『加藤時次郎』

加藤時次郎に取組んだことは、医学・衛生の観点から歴史を考える回路となった。「都市文化」「都市民衆生活史」の領域と重ね合わせながら述べてみると、都市空間のなかの「身体文化」の探究ということになる。より具体的には、(一)(のちにはっきりすることになるが)「病む身体」からの歴史への接近であり、(二)感染症をきっかけとしての公衆衛生――すなわち、「近代」の導入の意味探究であり、さらには(三)慢性感染症を入口としての看病(ケア)というジェンダーの領域への開眼である。

第一の点は、まずは医学の歴史思想史的な意味が入り口となった。医学思想の中川米造さんの仕事(『医学を見る眼』日本放送出版協会、一九七〇年。『医とからだの文化誌』法政大学出版局、一九八三年)や川喜田愛郎さんの考察(『近代医学の史的基盤』上下、岩波書店、一九七七年)は、人文学の世界と自然科学の世界を架橋するものとなった。医と倫理という問題系にも、目をひらかれた。

また、第二は、新型コロナウイルスの感染拡大を経験したいまでこそ、公衆衛生のもつ歴史的な意味――監視と衛生の関係は認知されているが、その先鞭をつける仕事が提供されていた。安保則夫『ミナト神戸・ペスト・スラム』(学芸出版社、一九八九年)や、のちに『コレラの世界史』(晶文社、一九九四年）としてまとめられる見市雅俊さんの研究などを読んでいた。

見市さんが寄稿する論文集『青い恐怖、白い街』（平凡社、一九九〇年）はそのタイルに魅了されたが、「健康」と「感染症」が織りなす「近代都市空間」のなかの差別と、監視の網の目とは、『加藤時次郎』を執筆しているときには、見えにくい問題系であった。

第三の点は、慢性感染症としての結核と性病に関してである。当初は強権的に導入された衛生意識であったが、コレラなど流行地域がはっきりする急性感染症と異なり、結核に代表される慢性感染症は、いつどこで罹患するか分からないため、衛生意識を内面化することとなる。またいったん罹患すると、症状が長く続くため治療が長引き看護を必要とする。そのとき、女性が「母」として、「妻」として、「嫁」として看護を分担することがしばしばであり、ジェンダー問題として顕現する。さらに性病は、性的関係により、男性と女性の関係、とくに買売春と関連することが多かった。

おりから、近代日本史家のひろたまさきさんからお誘いを受け、「女性史研究」に参加し、女性史（そのころは、まだジェンダー史としては、考えられていなかった）からの都市空間史をも課題とすることとなった。


いずれも加藤時次郎の思想と行動を見るとき、執筆時には展開できなかったものの、論点として掘り下げることができる問題系である。医学・衛生と社会・歴史の関係の探究は、立川昭二『病気の社会史』（日本放送出版協会、一九七一年）や、川上武『現代日本医療史』『現代日本病人史』（ともに勁草書房、一九六五年、一九八二年）などによって切り拓かれていた。実際、私自身、立川さんや川上さんの考察によって、加藤時次郎の実践を意味づけていた。

しかし、ここで接したのは、医療・衛生の論点を、さらにあらたな課題として提起する研究群であった。別言すれば、おりからの「社会史研究」と接点を有する「近代性」の評価をめぐる論点の提供である。

医学・衛生の普及は、病を軽減するが、同時に、（医学・衛生を論拠としての）差別や排除、あるいは序列化もおこなう。一方向的に医学・衛生の普及を描くことは出来ず、両義的・複眼的なまなざしが必要と思われた。かくして、「社会史研究」として、加藤時次郎が実践した課題を追求することになった。

ほぼ同じ時期に、東京外国語大学に職を得たことが、この動きを決定的とした。ちなみに、現在の歴史学の疾病研究はハンセン病研究など、疫学的方向に入り込んでおり、個別の疾病に個別の観点から接近し、萎縮しているように見受けられる。

さいしょの職場の東京外国語大学では、各地域の歴史を研究する人びとによって海外事情研究所という場が設けられ、そこで活発な議論がなされていた。二宮宏之さん（フランス社会史）、山之内靖さん（経済学）、上村忠男さん（思想史学）や、『新しい世界史』（全一二巻、東京大学出版会、一九八六—八九年）のメンバーである増谷英樹さん（ドイツ・オーストリア史）、清水透さん（メキシコ史）、藤田進さん（アラブ史）らが中心であった。そのほか、地域研究を相対化するように、人文学・社会科学を展開する伊豫谷登士翁さん（グローバリゼーション研究）、島薗進さん（宗教学）、岩崎稔さん（哲学・社会思想）らもいた。

思い出すだけでも、錚々たる面々によって、「戦後歴史学」はむろん、「民衆史研究」とも異なる方法と関心によって、あらたな対象がとりあげられ議論されていた。参加した初回の会合は、上村さんが翻訳された、ギンズブルク『夜の合戦』の合評会であり、ギンズブルクの描きだす世界とそれをめぐっての議論は文字通り白熱したもので、いまでも鮮烈な記憶として残っている。

かかる経験によって、あらためて『加藤時次郎』は、「戦後歴史学」によって発見された対象を、「民衆史研究」の関心と方法によって「都市史研究」のなかに位置付けた作品として、私のなかにまとめ上げられることとなる。（「民衆史研究」を含む）「戦後歴史学」の学び棄て・学び直し（アンラーニング）によって、『加藤時次郎』の方法―認識が再自覚化された。

だが、『加藤時次郎』の転回は、加藤時次郎自身の実践のなかにも見出せる。加藤の再解釈のなかに、「社会史研究」と連なる論点―接点も浮上してくる。そのひとつとして、加藤の『第二維新』（一九二一年）をはじめとする一九二〇年代の活動をあげうる。加藤は、みずからの改革を社会の次元におき、長い射程に位置付けていくが、その営みには、さらに多様な論点と可能性をはらんでいたことがあきらかとなる。そのことを論ずるために、「問い」のかたちを変え、加藤の営みを「社会史研究」のなかで把握したときには、どのような論点があり、どのような展開となるかを記してみよう。

第一は、「都市史研究」の文脈で議論した「コミューンとしての都市事業」を、あらためてひとつの「ユートピア運動」として論じることの可能性である。「コミューン」と「ユートピア」に関しては見田宗介さんの原理論的な考察があるが、ここでは「ユートピア運動」としての再把握としての意味合いに力点をおいて論じてある。

『加藤時次郎』本文では、同じく初期社会主義者・オーウェンの「工場村」やフーリエの「ファランジュ」の流れで、加藤の「都市事業」を意味づけた。しかし「ユートピア運動」として論ずることによって、「社会改良」のはしりとしてではなく、共同生活——協働・協同生活の動きをより焦点化した把握となる。「生産」とともに、協働生活による「交換」として、より広範な人類史のなかでの局面がみえてくる。「消費」を組み込んだ、より包括的な生活協同体形成を目論む実践ということである。

いささか大仰に聞こえるかもしれない。だが、『加藤時次郎』の本文中に記したように、同時期には加藤と同様の（私が「都市論史上の実験」とした）平沢計七、賀川豊彦、奥むめおらの実践が存在していた。このとき、その実践はいずれも消費組合に関与していた。（現在では生活協同組合となる）消費組合は、人びとの生活に密着し、生活の場を根拠とするがゆえに「消費」に着目し、共同購入による廉価の供給を、ひとつの柱としていた。「生産」を軸とする思考と実践に対し、共同出資のもとでの共済を重視し実践する運動体であった。加藤はすでに一九〇四年に直行団で消費組合の設立を検討しており、生涯を通じての事業も、こうした流れの一翼にあったといいうる。

この論点は、「初期」社会主義をマルクスを座標軸とした「社会主義」によって理解していたということへの反省へと連なる。初期マルクスに着目しつつ、マルクスが有していたヨーロッパ中心主義と進歩主義を批判し克服しようとする山之内靖さんの営みは、その点を衝くものであった。

おりから、一九八〇年代初頭の日本では、国内の「地域」が独立し、あらたな共同体を建設するともに、その崩壊を描く「ユートピア小説」が提供されていた。井上ひさし『吉里吉里人』（新潮社、一九八一年）、五木寛之『戒厳令の夜』（新潮社、一九七六年）、あるいは西村寿行『蒼茫の大地、滅ぶ』（講談社、一九七八年）などである。なかでも『吉里吉里人』は、吉里吉里国の独立に当り「医療立国」をひとつの柱としており、加藤時次郎の「都市事業」と重なる発想を有していた。

第二の接点は、人間存在のレベルで歴史を考察する視点である。二宮宏之さんの提唱する「参照系としてのからだとこころ」（『歴史学再考』日本エディタースクール出版部、一九九四年）は、歴史を考察するにあたり、人間の「こころ」と「からだ」という根底から把握しなおそうという問題提起であった。加藤自身が（医師であることによって）、人間の身体の領域に踏み込んでいることを、『加藤時次郎』では一節を設けて論じ、「産む身体」に着目していることを記した。その目からするとき、二宮さんの議論は問題領域をさらに大きく広げ、深い理解によって歴史を考察する理論となり、実に魅力的なものであった。

そもそも加藤は（病者という）「病む身体」の救済から出発し、娯楽によって「楽しむ身体」を提供し、平民食堂は「食べる身体」を対象としている。人間としての存在―生活の領域に深く入り込み、事業対象を拡大していった。「社会史研究」の視線は、かようにして加藤の事業実践と社会構想の根底を論理化し、さらに「こころ」と「からだ」の観点から、歴史そのものを把握することを促すこととなる。

加えて加藤時次郎は、性の領域に踏み込んでいることも、二宮さんの議論を参照することによって、より考察が深められよう。医師として、妊娠と産児調節とを根底におくと本書では分析したが、人間関係の結節点のひとつとしての性へと、加藤自身、議論を展開していることに目を向けていた、ということである。妊娠、あるいは性病への言及からさらに、あらたな人間関係として——性を媒介とする人間的可能性へと向かうことであり、加藤の発行したパンフレット『性欲と道徳』『性欲の自由と制限』などの再考察が可能となる。また、ここから社会政策実行団の事業をとらえ直すことも出来、その所産のひとつとして、『平民』「家庭欄」の新設も意味づけられることになろう。

第三の『加藤時次郎』と「社会史研究」の接点は、宗教の持つ役割への着目である。島薗進さんは、宗教学と宗教史、宗教の現在と歴史、理性とスピリチュアリズムなどを論じ、人間の心性に入り込み、その内的な過程をたどりなおし宗教に接近する。すなわち、いっけん対立するように見える宗教にかかわる現象と要因を、その相関関係で把握する議論を提供している。宗教を論ずるにあたり、たえず両義的な価値を見出していることとなる。

その視点に学ぶとき、加藤時次郎が、晩年に、日蓮宗に帰依したことの意味に思いが至る。仏教国民同盟を組織し、「凡人の力」による社会変革を志し、自力更生を促す加藤は、社会改革を、自己変革と重ね合わせおこなうことを明示しているが、その意味探究をさらなる課題とするということである。

この論点は、社会改革を長い射程で考える営みともなっていく。「釈迦の唯心論とマルクスの唯物論乃一致が人類を救ふものと信する」と加藤が扇子に記した文言（本文三三一ページ）は、老年に至っての言と単純化することなく、一九二〇年代後半の社会状況のなかで考察されることになろう。

加藤の日蓮宗への帰依と無産政党への参画に関しても、自ら関連付けてはいないが大きな論点となる。おりしも、一九二〇年代後半に至り、マルクス主義に基づく社会変革が、理論的にも実践的にも台頭するなかでの動きである。飛躍を承知でいえば、マルクス主義の文明史的位置という、大きな射程での考察に連なる事例ということができる。

さらに第四には、山之内さんや伊豫谷登士翁さん、岩崎稔さんらとともに、私も加わった総力戦体制論——戦時総動員体制論との関係で、加藤時次郎を再検証する営みもなされよう。総力戦論は、アメリカ・コーネル大学のV・コシュマン、B・ドバリー、酒井直樹さんらとの共同研究の成果であるが、一九三〇年代以降の総力戦体制は、人びとの自発的で主体的な営みを介して、総動員体制を作り上げていったとの議論である（山之内靖『総力戦体制』ちくま学芸文庫、二〇一五年。伊豫谷・岩崎・成田編）。そのほかにも、アメリカ・コロンビア大学のキャロル・グラックさん、ハーバード大学のアンドリュー・ゴードンさん、オーストラリアのNYU（オーストラリア国立大学）のテッサ・モーリス・スズキさんらとの交流もあった。「日本」の経験を、「日本」の文脈に閉じずに、ひろく「世界」との関係で考察するとの営みのなかで総力戦体制論が提供できたと思っている。

総力戦体制論は、世界と日本の転換期にあたる一九三〇年代の歴史的位置づけにかかわる議論である。一九一〇—二〇年代における民主主義を掲げる主体的な運動が、一九三〇年代以降には総動員体制への一齣となるが、従来はここに前者の敗北と、一〇・二〇年代と三〇年代の断絶を見出していた。これに対し総力戦体制論は、人びとの主体の一貫性を指摘し、一〇・二〇年代と三〇年代との連続性をいうのである。この議論によるとき、加藤時次郎の「ユートピア運動」実践の歴史的評価も一筋縄ではいかなくなる。『加藤時次郎』では、その構想を北一輝と比較したが、「自治論」とともに一九三〇年代の戦時思想として考察することが可能な論点である。

付言すれば、このとき、（加藤と同様に）「都市論史上の実験」を実践していた賀川豊彦や奥むめおは、戦時総動員体制との関連では危い姿勢をとっている。自発性をもとにした総動員体制に、自ら参画して行ってしまうのである。奥むめおの場合について「母の国の女たち」（山之内・コシュマン・成田編『総力戦と現代化』柏書房、一九九五年）で検討したが、社会矛盾を手持ちの資源（理論と実践）で解決しようとしたとき、「天皇制」にからめとられてしまうこととなった。

加藤時次郎自身は、一九三〇年に亡くなっており、その後の状勢の転変には関与することがなかったが、しかし、そのユートピア希求ゆえに「天皇制」に多くの思索者が足元をすくわれたことは近代日本史―社会史の直面する課題であった。

あらためての「あとがき」――二一世紀の『加藤時次郎』

一九九〇年前後、「社会主義」に激変が生じる。一九八九年にベルリンの壁が崩壊し、そのことによって東ヨーロッパ諸国の体制が揺らぎ、ついに一九九一年にはソ連も「崩壊」するに至った。社会主義の実践は、「ソ連社会主義」（一国社会主義）をはじめとして検討が始まり、ロシア革命以降の歩みが再検討され、多民族国家としての「ソ連」に言及されるなど、大きな変化が生じた。

この過程で、マルクス主義をめぐる「検討」もなされ、「知」の領域においても社会主義のもつ影響力が急速に減じていった。批判的な言及以上に、マルクス主義離れが目立ち、唯物史観による歴史の法則性も、かつてのような説得力を失うこととなった。

一九七〇年代に、制度化され、硬直した社会主義体制を相対化し、社会主義の掲げた理念を受け継ぐため、「初期社会主義」という立場をとったのだったが、その後「社会主義」そのものが衰弱し魅力を喪失している。資本主義とその体制に対する、ひとつの選択肢であったはずの社会主義が、抑圧と独裁の体制として認識されてきてしまっている。

だが、社会主義をめぐって、あらたな動きが見られてきていることも書き留めておきたい。ひとつは、資本主義に対抗する可能性をめぐるなかでのマルクスの読み直しであり、いまひとつはアナーキズムへの関心の高まりである。

前者の動きのなか、評論家・柄谷行人さんは、消費者としての労働者に着目し、(「生産様式」に取って代る)「交換様式」との観点から、人類史をたどりなおす(『力と交換様式』岩波書店、二〇二二年)。また、環境破壊との関係で資本主義を批判する斎藤幸平さんは、「コモン」を手掛かりに「コミュニズム」を論ずる。「社会の共有材」である「コモン」が資本主義によって解体されており、そのコモンを「自治」と連動させて「再生」するという議論であり、資本主義のもとでの「平等」の回復を希求する営みとして提起する。資本によってからめとられる「包摂」を指摘し、資本主義に対抗する「「自治」を育むボトムアップ型の組織」――「アソシエーション」を説き、(二〇一一年の「ウォール街占拠運動」に代表される)「水平的な直接民主主義にもとづいた反資本主義的活動」が提起した運動に着目するとともに、「二〇世紀型の民主集中制」に代わる関係を探る「「自治」の力を耕す、〈コモン〉の現場」 松本卓也・斎藤編『コモンの「自治」論』集英社、二〇二三年)に着目する。あわせマルクス（主義）が前提としていた「成長」に対しての批判をおこない、「脱成長」の視点によってマルクスを再読―再解釈する。

『加藤時次郎』と関連させれば、「場所」――コミュニティ（コミューン）に着目し「下からの運動」（アソシエーション）として、資本主義を超克する拠点を見出しているといいうる。かかる議論は、「資本主義」への批判的考察に関心が向けられ、そこに社会主義から導き出された「コモン」と「自治」の議論が重ねられている。

こうした議論を見渡し、社会学者・大澤真幸さんは『新世紀のコミュニズムへ』（NHK出版、二〇二一年）との議論をし、「コモン」（大澤さんは「コモンズ」という）の範囲=内容を「自然環境」「ヒトゲノム（ヒトが種として継承してきた遺伝子）」「知的所有権」の三者とする。現在のグローバルな資本主義にとっての「本質的な不平等」「本質的な葛藤」の領域であり、この領域に「コモンズ」の確立をいう。

すなわち、大澤さんもまたコミュニズムを「自由」と「平等」をともに実現する社会とし、双方を「実効的」にすることを図る。「社会主義」の建設ではなく、「資本主義」を超えることを課題とし、そこに「コモンズ」の議論――その展開としてのコミュニズムを提起しているといいうる。

こうした議論は、昨今の社会運動論における大杉栄や伊藤野枝らアナーキズムに対する関心と接点を有している。アナーキズムに関わる一冊として、田中ひかる編『アナキズムを読む』（皓星社、二〇二一年）は、アナーキズム文献の紹介をおこなう。「アナキズムの夜明け」として、プルードン、クロポトキンから大杉や伊藤、さらに金子文子、高群逸枝らの著作を紹介し、「アナキズムの夢とその時代」として渡辺政太郎、望月桂、秋山清らの生き方が紹介される。特徴的なことは、幅広くアナーキズムを捉え「暮らしのなかのアナキズム」に着目することである。編者の田中さんによる「序章」は「支配がない状態」を「理想的な人間関係や社会のあり方」のひとつとし、そのための「さまざまな思考や実践、態度」をアナーキズムとしている。歴史に学びつつ、〈いま〉の拘束からの離脱が「アナーキズム」の「総称」のもとに再提示されている。田中ひかる編『国境を越える日本アナーキズム』(水声社、二〇二四年)として「日本アナーキズム」の再検討も始められた。

二一世紀初頭における状況認識――課題設定が、社会主義・アナーキズムに言及しつつ、かように展開されている。こうしたなかでの本書『加藤時次郎』の再刊は、緊張感をともなうとともに、あらたな読みの可能性があることを強く願うものである。

『加藤時次郎』は幸いにも、新聞書評で取り上げられ、「「医は仁術」の医師像」として紹介された。「後衛であったために、加藤時次郎の名は歴史から長い間、消え去っていた。いま、この医は仁術という道を、医者として、社会改良家として歩んだ人物の評伝が世に出たのである。著者の努力を高く評価したい」と記された(『毎日新聞』一九八三年一〇月一〇日)。このころの新聞書評の常として、評者の署名はなされていないが、ロシア史家の菊地昌典さんと思われる。著作を出すことの重みを実感したが、菊地さんとは、ついに面識のないままであった。

また、「本書は日本社会主義運動を支えた後援者のプロフィールを鮮明ならしめ、さらに大正デモクラシーの多面性を再検討させる点においても、日本近代史研究における近来の問題作といえよう」と『加藤時次郎』の帯文を書いて下さった松尾尊兊さんは、さらに私信で「一書、恐るべし」ということばを紹介してくださった。松尾さんは「自信がつくこと」と言葉を添えられたが、私はそれ以上に、その後の広がり、環境の変化を経験し、あらためて著作の持つ意味の大きさを実感しつづけている。今回はその帯文を気鋭の歴史家・藤原辰史さんが書いて下さった。まことにうれしいことであり、本書『加藤時次郎』の幸運を思う。

冒頭に記したように、『加藤時次郎』は、私の最初の著作である。まだ定職はおろか、まとまった業績もない駆け出しのものの著作が、あらたに活動を開始した出版社の重要な時期に刊行されたことの重みを噛みしめている。決断をしてくださった不二出版の船橋治さんには、あたらめて深くお礼を申し上げます。その船橋さんが再びその著作を世に出してくださることを、実にありがたいことと思い、感謝の念に耐えません。

また、小林淳子社長、実際の担当をしてくださった乗木大朗さんにも深く感謝いたします。最初の刊行に携って下さった山本有紀乃さん、大野康彦さんとも、お付き合いをいただいていることを思うと、『加藤時次郎』が作りだしてくれた繋がりの深さに思いが至ります。

みなさまに心より深くお礼を申し上げます。

二〇二四年二月

成田龍一

加藤時次郎年譜

西暦	年号	年齢	年譜	社会のできごと
一八五八年	安政五年	一歳	一月一日、豊前国田川郡香春村に、医師吉松元簡・きくの次男として生まれる。	六月、日米修好通商条約調印。
一八六二	文久 二	五	この頃、元簡がきくと離婚したため、祖父加治利八のもとへ預けられる。	
一八六三	三	六	一〇月、母きく死亡。	
一八六七	慶応 三	一〇	この頃、豊前国田川郡位登村に移る。伊藤浚明の私塾に通う。	一〇月、大政奉還。一二月、王政復古。
一八七〇	明治 三	一三	小笠原藩の藩校育徳館に入学を願い出るが拒絶される。	九月、平民に氏の称を許す。
一八七二	五	一五	五月、村上仏山の私塾水哉園に入門する。	八月、学制を頒布する。
一八七三	六	一六	一月、長崎医学校で正則ドイツ学を学ぶ（翌年二月まで）。	
一八七五	八	一八	二月、叔父吉松文治を頼って上京。四月、壬申義塾で正則ドイツ学を学ぶ。九月、大学医学部予備校でドイツ学を学ぶ。	
一八七六	九	一九	五月、大学予備校が廃止されたため、外国語学校に編	四月、済生学舎開校さ

西暦	和暦	年齢	事項	社会事項
			入し、ドイツ学を学ぶ。九月、警視裁判医学校に入学する。	れる。
一八七八年	明治一一年	二一歳	四月、警視裁判医学校が廃止されたため、大学医学部予科第三級に編入。	
一八八〇	一三	二三	八月、大学医学部を退学する。九月、済生学舎に入学する。この年、瓜生駒太郎と「敬神ノ起意」を執筆。	この年、コレラが各地で流行する。
一八八一	一四	二四	この頃、狂言作者を志していた。	一〇月、「明治一四年の政変」。
一八八三	一六	二六	二月、加藤せんと結婚、加藤姓を名のる。三月、警視庁梅毒病院副当直医となる。医術開業試験に合格する。	二月、大日本私立衛生会が結成される。
一八八四	一七	二七	二月、京橋区医となる。三月、家督を相続する。九月、長男時也生まれる。この頃、大日本通俗衛生会に参加し、さかんに活躍する。	この年、激化事件が多数おこる。
一八八六	一九	二九	三月、千住加藤病院を開設。この年、コレラに感染したという。	この年、コレラが再び流行する。
一八八七	二〇	三〇	六月、大日本通俗衛生会幹事に選出される。	
一八八八	二一	三一	五月、東京乳牛倶楽部を結成する。七月、ドイツ留学へむけて、日本を出発する。	
一八八九	二二	三二	四月、瘭疽に関する論文で学位を得る。エルランゲン大学、ブレスラウ大学などで学んでいた。	二月、大日本帝国憲法が発布される。
一八九〇	二三	三三	八月、ベルリンで開かれた、第一〇回国際医学会に出席。	一一月、第一回帝国議

一八九三年	明治二六年	三六歳	一〇月、帰国。この年、東京市京橋区水谷町に加藤病院を設立する。この頃、せんと離婚する。	会が開かれる。
一八九四	二七	三七	六月、加藤病院を、東京市京橋区木挽町に移転する。	七月、日清戦争はじまる。
一八九六	二九	三九	二月、神奈川県青木台に、加藤病院分院を設ける。	
一八九八	三一	四一	一一月、『千代田新聞』を創刊する。	一〇月、社会主義研究会設立される。
一八九九	三二	四二	四月、『千代田日報』を創刊する。九月、父元簡死亡。	
一九〇一	三四	四四	五月、東京市会議員補欠選挙に出馬し落選。社会問題講究会に参加する。七月、理想団発会式に参加する。榊原さきと結婚。	五月、社会民主党結成されるが、禁止される。
一九〇三	三六	四六	一〇月、週刊『平民新聞』発刊のために、七五〇円を提供する。一一月、平民社相談役となる。一二月、直行団第一回団員会が開かれる。	一一月、平民社が結成され、週刊『平民新聞』が刊行される。
一九〇四	三七	四七	一月、『直言』を創刊する。四月、直行団で貸屋問題演説会を開く。六月、直行団で、消費組合を計画する（設立は一二月）。この年、『直言』に健筆をふるう。	二月、日露戦争はじまる。八月、片山潜がアムステルダムの万国社会党大会に出席する。
一九〇五	三八	四八	一月、『直言』を、週刊『平民新聞』後継紙として、平民社に提供する。この頃、社会主義者と積極的に交流	一月、週刊『平民新聞』廃刊される。九月、日

西暦	和暦	年齢	事項	社会
			している。	露戦争非講和運動が各地で展開される。
一九〇六年	明治三九年	四九歳	二月、普通選挙全国同志会で、座長をつとめる。日本社会党評議員となる。三月、電車賃値上反対運動に参加。一二月、さき夫人とともに渡欧。	一月、日本社会党が結成される。この年、ストライキが頻発する。
一九〇七	四〇	五〇	八月、シュトゥットガルトで開かれた第七回万国社会党大会に出席し、移民問題で発言する。	一月、『日刊平民新聞』が刊行される。二月、直接行動派と議会政策派の論争はじまる。
一九〇八	四一	五一	九月、帰国。	
一九〇九	四二	五二	三月、片山潜らとともに、水曜会を結成する。	
一九一〇	四三	五三	一二月、売文社顧問に名をつらねる。	五月、大逆事件の検挙はじまる。
一九一一	四四	五四	一月、大逆事件で刑死した幸徳秋水らの死体を解剖しようとしたが、果せなかった。二月、済生会に対する意見を内務大臣へ提出する。九月、鈴木梅四郎とともに、実費診療所を開設する。	一月、幸徳秋水ら一二名の死刑が執行される。二月、貧民済生に関する勅語が出される。
一九一二	明治四五年 大正元年	五五	三月、実費診療所横浜支部を設ける。七月、実費診療所浅草支部を設ける。『社団法人実費診療所に対する同業者の讒誣中傷に就て』刊行。	八月、友愛会創立される。一二月、第一次護憲運動はじまる。

一九一三年	大正二年	五六歳	この頃、みのる会を結成する。	
一九一四	三	五七	二月、『生活の力』を創刊する。実費診療所四谷支部を設ける。九月、片山潜送別会を開く。一一月、実費診療所大阪支部を設ける。この年から翌年にかけ、実費診療所に対する医師会の反対運動があいつぐ。	一月、『へちまの花』が刊行される。シーメンス事件が暴露される。七月、第一次世界大戦はじまる。
一九一五	四	五八	六月、実費診療所支部の設置に当局の許可が必要となる。一一月、加藤病院を改組して、平民病院を開設する。	
一九一六	五	五九	六月、『平民医学』発行。七月、実費診療所を東京市芝区芝口へ移転させる。実費調剤所（のち平民薬局）を設置する。九月、実費診療所理事・医務長を辞職、診療所と訣別する。平民病院横浜分院を設ける。一一月、平民病院大阪分院を設ける。一二月、平民法律所を開設する。	一月、吉野作造が民本主義の論文を発表する。九月、工場法が施行される。
一九一七	六	六〇	三月、『生活社の事業』刊行。四月、ブハーリンが、平民病院を訪れる。六月、社会政策実行団を発足させる。『社会政策実行団趣旨』刊行。平民病院名古屋分院を設ける。九月、『平民の友』発行。一〇月、『生活の力』を『平民』と改題する。一二月、普通選挙同盟	四月、日本工業倶楽部が設立される。一一月、ロシア一〇月革命でソヴィエト政権が成立する。

			会委員となる。平民病院駒形分院・渋谷分院を設ける。	
一九一八年	大正七年	六一歳	一月、平民食堂を開設する。『平民』附録に「普通選挙」をつける。普通選挙同盟会演説会開催をめぐり、社会主義者の非難をあびた。三月、『予の平和思想並に日本国をして世界大公園たらしむるの私見』刊行。六月、堺利彦と再び交際をはじめる。一二月、原敬首相へ意見書を提出する。	八月、シベリア出兵宣言。米騒動が各地で展開される。一一月、第一次世界大戦おわる。一二月、新人会が結成される。この頃より、公設の社会事業施設が多くなる。
一九一九	八	六二	一月、平民銀行設立を計画する。五月、社会政策実行団を、共同生活会と改称、近藤廉平を顧問とする。一一月、平民パン製造所を設け、平民パン製造を開始する。	一月パリ講和会議が開催される。三月、朝鮮独立運動おこる。五月、中国で排日運動おこる。
一九二〇	九	六三	一月、『労働組合早わかり』刊行。二月、中産階級団発会式に参加する。共同生活会を、再び社会政策実行団と改称。三月、新婦人協会発会式に参加する。五月、平民病院渋谷分院を閉鎖する。七月、加治姓に復帰する。この頃、閉鎖された事業や、除名された人物が目立つ。	二月、普選大示威行進がおこなわれる。三月、戦後恐慌おこる。

一九二一年	大正一〇年	六四歳	一月、『結婚の革命』刊行。六月、義太夫のレコードを吹き込む。七月、初めて、宗教に関する論文を発表。一〇月、『第二維新』刊行。平民社労知組合を開設する。	一〇月、大日本労働総同盟友愛会が、日本労働総同盟と改称する。
一九二二	一一	六五	三月、サンガー夫人来日で、活躍する。五月、日本産児調節研究会を結成、『小家族』発刊を援助する。七月、露国飢饉救済大演芸会を催す。九月、平民病院名古屋分院を閉鎖する。『平民』に家庭欄を新設する。一〇月、コドモ倶楽部を開始する。この年、日蓮宗に帰依する。	三月、全国水平社創立大会。四月、健康保険法公布。六月、対露非干渉同盟会が結成される。七月、日本共産党が結成される。この頃、アナ・ボル対立が激化する。
一九二三	一二	六六	一月、『世界戦後の独墺に於ける基督教社会主義』刊行。八月、英語版『第二維新』刊行。九月、関東大震災で横浜の施設が壊滅する。一一月、『大正維新と帝都の復興』刊行。平民病院が復旧する。	九月、関東大震災。このとき朝鮮人虐殺、大杉栄虐殺、平沢計七らの虐殺がおこる。
一九二四	一三	六七	六月、東京市芝区高輪北町へ転居する。この頃、宗教関係の論文が目立つようになる。	一月、第二次護憲運動はじまる。
一九二五	一四	六八	二月、『産児調節評論』同人となる。四月、『平民』を『凡人の力』と改題する。七月、自由仏教団設立を提起するが実現しない。この頃、産児調節運動を熱心に	四月、治安維持法公布。五月、普通選挙法公布。

			おこなう。	
一九二六年	大正一五年 昭和元年	六九歳	一月、公設診療所設置に関する請願をおこなう。五月、『性慾の自由と制限』、『訂正増補　第二維新』刊行。	三月、労働農民党が結成される。
一九二七	昭和　二	七〇	一月、日本労農党社会事業部長となる。二月、仏教国民同盟を結成する。五月、『性慾と道徳並に性病撲滅新論』刊行。七月、さき夫人と三度目の渡欧に出発。一一月、帰国。一二月、日本労農党顧問となる。	三月、金融恐慌。五月、第一次山東出兵。
一九二八	三	七一	一二月、日本大衆党相談役となる（翌年一月、辞任）。	三月、三・一五事件起る。
一九二九	四	七二	二月、妊娠調節公認期成会を設立、産児調節建議案の議会提出を計画する。八月、『日蓮聖人を中心としたる革命的新仏教』刊行。この年、一〇月頃より、体調をくずしはじめる。	三月、山本宣治暗殺される。一〇月、世界恐慌はじまる。
一九三〇	五	七三	五月三〇日、死亡。八月、追悼集『ありし面影』刊行。	
一九四一	一六	没後 一一年	一月、平民病院・平民食堂が、それぞれ加治養正病院・養和食堂と改称される。	
一九四二	一七	一二年	四月、養和食堂が閉鎖される。	
一九四三	一八	一三年	九月、『凡人の力』が廃刊される。	
一九七〇	四五	四〇年	一月、さき夫人死亡。	
一九八一	五六	五一年	一一月、『加藤時次郎選集』刊行。	

〈著者紹介〉

成田 龍一 （なりた りゅういち）

1951年、大阪市に生まれる。早稲田大学文学部、同大学院で日本の近現代史を学ぶ。初期社会主義研究が出発点であったが、次第に19－20世紀にかけての文化、思想の考察に関心をひろげる。同時に、都市の歴史の重要さを主張し、近年では、戦後日本史についても考えている。

東京外国語大学で日本史（日本事情）を教えたあと、日本女子大学で30年間、社会史を教えた。文学や映画を用いて、日本の近現代史を考える講義をおこなう。2020年に退職し、現在、日本女子大学名誉教授。また、中学校、高等学校の教科書にも携わっている。

主な著作

【テーマに即して】

・『大正デモクラシー』（岩波新書、2007年）
・『戦後史入門』（河出文庫、2015年）
・『歴史論集』（全３冊、岩波現代文庫、2021年）

【通史として】

・『近現代日本史との対話』【幕末・維新—戦前編】【戦中・戦後—現在編】（集英社新書、2019年）

【歴史教育について】

・『歴史像を伝える』（岩波新書、2022年）

新版 加藤時次郎（かとうときじろう）

2024年４月23日第１刷発行

著 者 成田 龍一

発行者 小林 淳子

発行所 不二出版㈱
〒112-0005 東京都文京区水道2-10-10
TEL 03-5981-6704 FAX 03-5981-6705
振替 00160・2・94084
https://www.fujishuppan.co.jp
E-mail：administrator@fujishuppan.co.jp

印刷・組版・製本／昴印刷

 ISBN 978-4-8350-8754-2 C0021

不二出版　関連図書

初期社会主義思想論　荻野富士夫著

赤羽巌穴、高山樗陰、正岡芸陽、山縣悌三郎、安部磯雄、石川啄木、土岐哀果、山本飼山、河上肇、大杉栄、荒畑寒村、堺利彦——、日本社会主義史の初期の群像・その思想と行動。

A5判上製・函入・七二〇頁・定価九、三五〇円（税一〇％込）　＊一九九三年一〇月刊

民衆史の狼火を 追悼 色川大吉　三木健編著

〈序文〉追悼 色川大吉先生（我部政男）

第Ⅰ部　色川大吉 追悼記事集成　新川明・鎌田慧・渡辺京二・成田龍一・我部政男・実川悠太・望月由孝・新井勝紘・大門正克・桜井厚・奥武則・高島千代・下嶋哲朗・成田龍一・増田弘邦・鈴木義治ほか

第Ⅱ部『沖縄と色川大吉』書評録　安里英子・砂川哲雄・三木健・伊佐眞一・伊高浩昭・戸邉秀明・大里知子・成田龍一ほか

〈特別寄稿〉色川さん、ありがとう（上野千鶴子）〈編集後記〉色川山脈の登山道（三木健）

四六判並製・二一〇頁・定価一、九八〇円（税一〇％込）　＊二〇二二年五月刊

沖縄と色川大吉　三木健編著

序―沖縄の文化・精神・友情に触発され―（色川大吉）

第Ⅰ部　沖縄への視座（色川大吉）　1、自由民権と沖縄／2、民衆史の旅／3、民俗誌探訪／4、沖縄の未来へ／5、随想

第Ⅱ部　沖縄からの視座（新川明・川満信一・比屋根照夫・我部政男・三木健・仲程昌徳・上間常道・下嶋哲朗・増田弘邦・仲松昌次）

色川民衆史の地平―「あとがき」に代えて―（三木健）

A5判並製・三四四頁・定価二、五三〇円（税一〇％込）　＊二〇二一年九月刊